대통령의 철학

대통령의 철학

정의로운 나라를 위한 리더의 품격

초판 1쇄 발행   2017년 3월 27일

지은이   강수돌
편집   김영미
북디자인   정은경디자인

펴낸곳   이상북스
펴낸이   송성호
출판등록   제313-2009-7호(2009년 1월 13일)
주소   03970 서울특별시 마포구 성미산로 5길 72-2, 2층.
전화번호   02-6082-2562
팩스   02-3144-2562
이메일   beditor@hanmail.net

이 도서의 국립중앙도서관 출판예정도서목록(CIP)은 서지정보유통지원시스템 홈페이지
(http://seoji.nl.go.kr)와 국가자료공동목록시스템(http://www.nl.go.kr/kolisnet)에서
이용하실 수 있습니다.(CIP제어번호: CIP2017006290)

대통령의 철학

강수돌 지음

**정의로운 나라를 위한
리더의 품격**

정의로운 대통령,
정의로운 나라를 꿈꾸며

"대한민국은 민주공화국이다." 그리고 "대한민국의 주권은 국민에게 있고, 모든 권력은 국민으로부터 나온다."

대한민국 헌법 제1조다. 민주공화국(民主共和國)은 입헌군주제나 독재 국가와 달리 왕이나 독재자 또는 기득권 집단이 아니라 국민(國民)이 주인이다.[1] 즉 국민의, 국민에 의한, 국민의 정부가 나라를 경영하고, 입법·사법·행정 등이 국민을 위해 존재하는 나라가 민주공화국이다.

대통령은 취임할 때 다음과 같은 선서를 한다. "나는 헌법을

---

[1]   원래 국민이란 한 국가에 소속된 구성원들이다. 이론적으로는 국가나 민족 개념이 추상적 공동체이자 이데올로기적 성격을 지니지만, 학술 이론서가 아닌 대중 교양서인 이 책에서는 시민 내지 민중, 보통사람들과 동일한 의미로 국민이라 칭한다.

준수하고 국가를 보위하며 조국의 평화적 통일과 국민의 자유와 복리의 증진 및 민족문화의 창달에 노력하여 대통령으로서의 직책을 성실히 수행할 것을 국민 앞에 엄숙히 선서합니다." 이 선서는 대단히 엄중하다. 대통령이란 글자 그대로 헌법 및 법률을 준수하고 국가를 지키며 평화 통일과 국민 복리, 문화 창달을 위해 성실히 일해야 한다.

만일 이런 일을 제대로 수행하지 못하거나 수행하지 않는다면 그 대통령은 탄핵감이다. 2016년 12월에 박근혜 대통령이 국회에서 압도적 다수의 찬성으로 탄핵 소추 의결되고, 2017년 1월 초부터 헌법재판소에서 본격적으로 ①국민주권·법치주의 위반, ②대통령 권한 남용, ③뇌물수수 등 형사법 위반, ④생명권 보호 의무 위반, ⑤언론 자유 침해 등 5가지 사유를 중심으로 탄핵 심판을 진행하게 된 것도 바로 이런 배경에서다.[2]

여기서 국가(國家)란 무엇인가? 온 국민이 사는 집이다.[3] 따라서 국가를 잘 지킨다는 것은 온 국민이 잘 살도록 세심하게 보살핀다는 것이다. 흔히 남용되는 국익(國益)이란 말도 추상적 조국과 민족의 이익이 아니라 온 국민의 이익, 다시 말해 공익으로 해석하는 것이 옳다. 즉 민주공화국의 대통령은 공공의 이익을 위해

---

2 "헌법 전문가 11인 '2월 말-3월 초 탄핵인용 결정'-박근혜 대통령 탄핵심판 전망", 〈시사저널〉, 2017. 1. 9.

3 원래 국가를 '국민의 집(가정)'으로 본 사람은 노동자 출신의 스웨덴 총리 페르 알빈 한손(Per Albin Hansson, 1885-1946)이다. 그는 사랑의 보금자리인 가정에 특권, 차별, 부패가 없듯이 국민의 집인 국가도 그래야 한다는 철학 아래 재무장관 에른스트 비그포르스(Ernst Johannes Wigforss, 1881-1977)와 함께 오늘날 스웨덴이 최고의 복지 사회가 된 토대를 닦았다.

일해야 한다. 그 구체적 과업이 국민 복리, 문화 창달, 평화 통일이다. 따지고 보면 문화 창달이나 평화 통일조차 결국은 국민 복리, 즉 국민 행복에 기여해야 한다. 우리가 애써 민주공화국을 쟁취하고 또 그것을 더욱 발전시키고자 촛불을 들고 광장으로 나가는 것도 결국은 온 국민이 행복하게 살기 위해서다.

그러나 현실은 어떤가? 과연 우리는 행복한가? 특히 최근 수년 사이 대한민국 청년들 사이에 널리 퍼진 '헬조선' 담론은 결코 우연히 만들어진 게 아니다. 2016년 10월 말부터 본격 터져 나오기 시작한 '박근혜-최순실 게이트'는 대한민국의 민낯을 보여주기에 충분했다. 그것은 한마디로 '재벌-국가 복합체'로 상징되는 기득권 세력들, 즉 '내부자'들이 정치경제, 사회문화, 교육종교 등을 통째로 농락한 것이었다. 그리고 그 밑바닥에는 우리들 대부분이 걸려 있는 돈 중독, 권력 중독, 약물 중독, 알코올 중독, 경제 성장 중독 증상이 깔려 있다. 이것이 상하를 막론하고, 남녀노소를 막론하고 우리 모두에게 벌어진 일이다.

아직도 파헤쳐야 할 진실의 사각지대는 무궁무진하고 우리의 사회적 과제는 산처럼 쌓여 있다. 멀리는 친일 잔재 세력의 부정부패 행위와 각종 농간, 박정희 독재 시절에 돈과 권력을 마음대로 주무른 세력과 그 부역자들에 대한 진상 조사, 그리고 동시에 그 과정에서 억울하게 피해를 당하고 상처 입은 사람들의 명예 회복 및 치유, 나아가 최근의 '박근혜-최순실 게이트'에서 아직도 해명·단죄되지 못한 문제들이 있다. 물론 이와 더불어 이명박 정부 당시의 '사·자·방' 비리(4대강, 자원외교, 방산비리) 역시 명백히 밝혀져야 한다. 그것만이 아니다. 백남기 농민의 죽음으로 상징되는 한국 농업 및 농촌의 죽음, 나아가 반도체 공장 노동자 황유미 씨의 죽음으로 상징되는 2천 만 한국 노동자들의 고통을 유발하는 구조적 문제들에 대한 규명, 또한 지금도 학교와 학원을 오가며 재미없는 공부에 시달리는 수백만 명의 어린이와 청소년들, 게다가 대학을 졸업해도 오갈 데 없어 아직도 '취업준비생'의 모습으로 학원과 독서실을 전전하는 청년들, 특히 가정과 직장을 오가며 각종 차별과 멸시 등에 이중 삼중으로 시달리는 '워킹맘'들, 그리고 각종 신체장애와 그로 인한 사회적 무시로 집 밖에 나가기가 겁나는 수십만 장애우들, 또 나이가 들어도 사회적 존경을 받기는커녕 '쓸모없는' 존재로 치부되는 수십, 수백만의 노인들… 이 모든 이들이 겪는 번뇌와 고통의 뿌리를 해명하고 정의로운 대책을 마련하는 일이 모두 우리의 사회적 과제다.

그러나 불행히도 우리의 이런 사회적 과업은 가정, 학교, 직장, 국회, 정부, 그리고 카페나 술집 등에서 일상적으로 토론되지 못하고 설사 토론이 되더라도 '뿌리'까지 건드리는 일은 드물다. 특히 일반 시민들이 공식 '정치'에 참여하는 길은 선거 내지 투표뿐인데, 사람들은 대체로 양대 정당(일례로, 새누리당과 민주당) 사이에서만 왔다 갔다 한다. 앞서 말한 사회적 과제를 뿌리째 해결하려면 사태의 파악에서부터 대안 제시까지 보다 근본적 접근이 필요한데, 우리는 내면의 두려움 탓에 대체로 근본 대안을 회피하는 경향이 있다.

그러나 다행스럽게도 2016년 10월 말 이후 무려 1천 만 명 이상 참여한 '촛불시위'는 새로운 가능성을 보여 주었다. 그것은 제도권 정당이나 기득권 세력이 일반 시민들에게 요구하는 수동적 태도를 벗어나 일반 시민들이 '권력'의 원천으로서 직접 집단 목소리를 내기 시작했기 때문이다. 촛불로 상징되는 집단지성이야말로 제도권 정당이나 기득권 세력이 휘두르는 '국가 권력'의 폭력성을 넘어 진정한 민중의 힘(국민 권력)을 보여 주었으며 새로운 사회를 창조할 수 있는 가능성을 보여 주었다. 2016년 말에 이뤄진 7차례의 청문회 및 박근혜 대통령 탄핵 소추, 그리고 특검에 의한 '박-최 게이트'의 엄정한 수사 등 일련의 변화 역시 결국은 1천 만 명 이상 모인 촛불시위의 결과라 할 수 있다. 촛불이 진정한 힘이요, 희망인 까닭이다.

그런데 과연 우리는 촛불광장을 넘어 '헬조선'을 제대로 바꿀 수 있을까? 한 사회를 바꾸는 일을 개혁이라 한다면, 과연 우리는 대한민국을 어떻게 개혁할 수 있을까? 역사적으로 우리는 1894년의 동학농민혁명이 요구한 사회개혁, 그리고 1945년 이후 해방정국에서 조선 민중이 요구한 사회개혁, 나아가 1960년 4·19 혁명기 민주 시민들이 요구한 사회개혁, 또한 1987년 6월 이후 민주 시민과 노동자들이 요구한 사회개혁 요구의 연장선에 서 있다. 그리고 우리는 어린이부터 노인층에 이르기까지 대한민국 모든 남녀노소가 겪는 삶의 고통을 정직하게 직시하고 이를 제대로 해결해 나갈 사회적 과제 앞에 놓여 있다.

2016년 12월 9일, 국회에서 박근혜 대통령 탄핵 소추가 의결되었고, 그 뒤 2017년으로 넘어오면서 헌법재판소에서 탄핵 심판 절차가 진행되었다. 시간이 흐를수록 탄핵의 명분이 더욱 분명해지자 조기 대통령선거가 확실시되어 많은 후보들이 자신의 비전과 구상을 제시하고 있다. 그런데 내가 보기에 대부분의 제안들은 '헬조선'을 제대로 극복하기엔 역부족이다. 아니 어쩌면 그 방향이나 설계 자체에 문제가 있을지 모른다. '헬조선'을 인간답게 사는 세상으로 바꾸려면 단순히 '집수리' 정도만으로는 부족하고 아예 '새 집'을 다시 지어야 하기 때문이다. 바로 이런 맥락에서 이 책은 대한민국을 사람 사는 나라로 만들기 위해 아예 새 집을 짓는 마음으로 다시 설계하자고 제안한다. 그리고 그 세부 구조와 내용을 하나씩 제시하려 한다.

그 설계도 구상 과정에서 이 책이 유의한 점은 크게 3가지다. 이것은 비슷한 맥락에서 나온 다른 책들에 비해 이 책이 갖는 차별성이기도 하다.

첫째, 현재 '헬조선'의 깊은 뿌리에는 '재벌-국가 복합체'가 깃들어 있다고 보기에, 참된 사회개혁은 이 '재벌-국가 복합체'를 총체적으로 바꿔야 한다. '재벌-국가 복합체'는 사실상 중독 시스템이다. 물론 그 정점에는 대통령이 있다. 이 중독 시스템은 핵심 인물들이 권력이나 돈에 중독된 것이 핵심이지만 그 기저에는 경제성장 중독증이 깔려 있다. 우리가 '헬조선'이라는 집에 대해 부분 수리가 아니라 이를 전면적으로 허물고 새로 짓자고 하는 까닭이다.

둘째, 그렇다고 해서 '재벌-국가 복합체'의 핵심 세력, 즉 기득권 세력과 그들이 주도한 구조만 문제인 건 아니다. 그 주변에서 각종 보조 역할을 한 '부역자'들 역시 문제이며, 나아가 전체 인구의 90퍼센트에 해당하는 우리와 같은 보통사람들 역시 문제가 될 수 있다. 다시 말해 '권력의 원천'인 국민들조차 그 생각과 느낌, 일상의 행위 속에서 기득권 세력들이 제시한 프레임에 갇혀 있다는 것이다. 이 책은 바로 우리 자신의 느낌과 생각, 행위 전반까지 깊이 성찰해야 한다고 강조한다.

셋째, 같은 맥락에서 우리 모두가 던져야 할 질문이 있다. 그것은 '과연 어떻게 살아야 잘 사는 것일까?' 하는 질문이다. 우리는 자동차를 타고 낯선 곳에 갈 때면 거의 자동으로 '내비게이션'을 켠다. 내비게이션에 목적지를 찍고 거기에 제시된 경로를 잘 따라가야 목적지에 도착한다. 그런데 우리는 하나밖에 없는 인생을 살면서 '인생 내비'는 잘 켜지 않는다. 과연 우리의 인생 목적지는 어디인가? 그것은 누가 뭐래도 행복한 삶일 것이다. 누구나 행복하게 살기 위해 공부하고 일하지 않는가? 그런데 우리는 어떻게 살고 있나? 무엇이 참된 행복인가? 그 행복의 경로는 어떻게 되는가? 이 책은 바로 이런 질문들에도 답하려 한다. 그래야 진정 행복한 나라를 만들 수 있기 때문이다.

모든 대한민국 사람들이 행복하게 살기 위한 경로를 그 구조와 행위의 모든 측면에서 재설계하고 마치 우리가 꿈에 그리던 집을 처음 짓는 것처럼 완전히 새로운 집을 지어야 한다. 그래야 비로소 '헬조선'을 넘어 누구나 인간답게 살 수 있는 새 세상을 맞이할 수 있다. 그것은 요컨대 '정의로운 대한민국'이다. 그리고 바로 그 여정에서 나는 '따뜻하고 정의로운' 대통령을 원한다. 따뜻한 대통령이란 사회적 약자들이 겪는 고통에 공감하는 사람이며, 정의로운 대통령이란 사회적 약자나 억울한 사람들이 생기지 않도록 사회 구조와 풍토를 일관되게 바꾸어 내는 사람이다. 이 책에 담고자 한 내용들도 바로 이 '따뜻하고 정의로운' 대통령이 지녀야 할 철학과 비전, 그리고 대안이라 생각하는 것들이다. 촛불광장에서 이웃들과 함께 불렀던 노래를 되새겨 본다. 거기에 내 생각도 보탠다.

> 어둠은 빛을 이길 수 없다
> 거짓은 참을 이길 수 없다
> 진실은 침몰하지 않는다
> 우리는 포기하지 않는다
> 그리고 우리는 '정의로운 대통령'을 원한다
> 우리와 아이들이 살아갈 정의롭고 평화로운 세상을 위해!

　이 책을 쓴 데는 이상북스 송성호 대표의 노고와 격려가 큰 힘이 되었다. 좋은 책을 통해 살기 좋은 나라를 만들고자 하는 송 대표의 굳센 의지가 정의로운 사회를 지향하는 내 마음과 결합되어 이 책이 나오게 되었다. 모쪼록 이 책이 정의로운 대통령, 정의로운 나라에 대한 국민적 합의를 이루는 데 기여할 뿐 아니라 나부터 정의로운 삶을 사는 데 좋은 길잡이가 되면 여한이 없겠다. 이 책을 읽고 토론하는 독자들의 진정한 행복을 기원한다. 고마운 일이다.

2017년 3월
세종시 조치원 서당골에서 강수돌

차례

제1부

나라 살림살이의 기본 철학

유구한 역사와 전통에 빛나는 우리 대한국민은 3·1운동으로 건립된 대한민국임시정부의 법통과 불의에 항거한 4·19민주이념을 계승하고, 조국의 민주개혁과 평화적 통일의 사명에 입각하여 정의·인도와 동포애로써 민족의 단결을 공고히 하고, 모든 사회적 폐습과 불의를 타파하며, 자율과 조화를 바탕으로 자유민주적 기본 질서를 더욱 확고히 하여 정치·경제·사회·문화의 모든 영역에 있어서 각인의 기회를 균등히 하고, 능력을 최고도로 발휘하게 하며, 자유와 권리에 따르는 책임과 의무를 완수하게 하여, 안으로는 국민 생활의 균등한 향상을 기하고 밖으로는 항구적인 세계 평화와 인류 공영에 이바지함으로써 우리들과 우리들의 자손의 안전과 자유와 행복을 영원히 확보할 것을 다짐하면서 1948년 7월 12일에 제정되고 8차에 걸쳐 개정된 헌법을 이제 국회의 의결을 거쳐 국민투표에 의하여 개정한다. 1987년 10월 29일.

– 대한민국 헌법 전문(前文)

경제사학자 칼 폴라니(Karl Polanyi)는 1944년 명저 《거대한 전환》(*The Greate Transformation*)에서 토지, 노동, 화폐 등 상품화해서는 안 되는 것들이 상품화되는 바람에 사회가 경제에 억눌리게 됨으로써 우리 삶이 뒤틀렸다고 설명했다. 70년 이상이 지난 지금의 대한민국에도 딱 들어맞는 이야기다.

　대한민국 헌법 정신은 "안으로는 국민 생활의 균등한 향상을 기하고 밖으로는 항구적인 세계 평화와 인류 공영에 이바지"함으로써 결국에는 "우리들과 우리들의 자손의 안전과 자유와 행복을 영원히 확보할 것"을 다짐하고 있다. 모두 좋은 말이다.

국민 생활의 균등한 향상은 기본 생계(식·주·의)의 충족과 삶의 질을 골고루 드높인다는 뜻이며, 세계 평화와 인류 공영에 이바지한다는 것은 세계 여러 나라들과 우호적 관계를 맺으며 상호 발전을 도모한다는 것이다. 그리하여 결국 현 세대 우리 자신은 물론 후손들의 안전과 자유, 행복을 추구하는 것이 헌법의 기본 정신이라 말하고 있다.

나는 이런 헌법의 기본 정신을 제대로 지키고 실현하기 위해서는 나라 경영, 즉 나라 살림살이의 기본 철학이 바로 서야 한다고 생각한다. 그것은 돈이나 권력을 탐욕적으로 추구하는 것이 아니라 국민의 기본 생계 및 삶의 질을 서서히 고양하는 것이다. 그러면서도 세계 평화와 인류 공영에 이바지하려면 우선은 곡물(식량)자급률을 70퍼센트 이상으로 높여 곳간을 든든히 함과 동시에 부족한 물자를 조달하기 위해서는 (한반도의 일부인 북한은 물론) 세계 각국과 우애와 호혜의 관계를 맺어야 한다. 그래야 모든 사람들에게 안전과 건강은 물론 자유와 평등이 보장되고 마침내 행복한 삶을 보장할 수 있다. 한 나라의 대통령이라면 적어도 이 정도의 국정 철학을 가져야 하지 않을까?

이런 국정 철학을 가지기 위해 대통령과 국민 모두가 땅에 대한 철학, 돈에 대한 철학, 그리고 사람에 대한 철학을 올바로 정립할 필요가 있다. 앞서 말한 칼 폴라니의 말처럼 땅과 돈, 사람에 대한 철학이 어떻게 정립되는가에 따라 '헬조선'이냐 아니면 '행복한 대한민국'이냐 하는 우리 미래가 결정될 것이기 때문이다.

대한민국이라는 국가가 '헬조선'을 넘어 행복한 나라로 거듭나기 위해서는 부분적 집 수리로는 안 된다. 아예 새로운 집을 지어야 한다. 집을 새로 짓기 위해서는 일단 땅을 구한 다음 기초 공사를 튼튼히 해야 한다. 이 기초 공사가 잘되어야 기둥이나 벽, 지붕이 웬만한 지진에도 허물어지지 않고 오래간다.

그렇다면 한 사회의 기초 공사란 무엇일까? 그것은 우리 사회를 구성하는 가장 중요한 토대에 해당하는 땅, 돈, 사람을 보는 기본 철학이다. 이 기본 철학이 어떻게 정립되는가에 따라 5천 년 역사를 지닌 대한민국이 '헬조선'의 방향으로 계속 가느냐, 아니면 제대로 방향 전환을 해서 '행복한 대한민국'의 방향으로 가느냐가 결정될 것이다.

1장

땅에 대한 철학

제3조 대한민국의 영토는 한반도와 그 부속 도서로 한다.

제23조

①모든 국민의 재산권은 보장된다. 그 내용과 한계는 법률로 정한다.

②재산권의 행사는 공공복리에 적합하도록 하여야 한다.

③공공필요에 의한 재산권의 수용·사용 또는 제한 및 그에 대한 보상은 법률로써 하되, 정당한 보상을 지급하여야 한다.

제35조

①모든 국민은 건강하고 쾌적한 환경에서 생활할 권리를 가지며, 국가와 국민은 환경보전을 위하여 노력하여야 한다.

②환경권의 내용과 행사에 관하여는 법률로 정한다.

③국가는 주택개발정책 등을 통하여 모든 국민이 쾌적한 주거생활을 할 수 있도록 노력하여야 한다.

제121조

①국가는 농지에 관하여 경자유전의 원칙이 달성될 수 있도

록 노력하여야 하며, 농지의 소작제도는 금지된다.

②농업생산성의 제고와 농지의 합리적인 이용을 위하거나 불가피한 사정으로 발생하는 농지의 임대차와 위탁경영은 법률이 정하는 바에 의하여 인정된다.

제122조 국가는 국민 모두의 생산 및 생활의 기반이 되는 국토의 효율적이고 균형 있는 이용·개발과 보전을 위하여 법률이 정하는 바에 의하여 그에 관한 필요한 제한과 의무를 과할 수 있다.

제123조

①국가는 농업 및 어업을 보호·육성하기 위하여 농·어촌종합개발과 그 지원 등 필요한 계획을 수립·시행하여야 한다.

②국가는 지역간의 균형 있는 발전을 위하여 지역경제를 육성할 의무를 진다.

③국가는 중소기업을 보호·육성하여야 한다.

④국가는 농수산물의 수급균형과 유통구조의 개선에 노력하여 가격 안정을 도모함으로써 농·어민의 이익을 보호한다.

⑤국가는 농·어민과 중소기업의 자조조직을 육성하여야 하며, 그 자율적 활동과 발전을 보장한다.

땅은 상품이 아니라 공공재다

정의로운 대통령은 우선 땅에 대한 철학이 명확해야 한다. 결론적으로 나는 땅이 부동산으로 둔갑하는 것, 그래서 재산 증식의 수단이 되는 것에 반대한다. 한마디로 땅을 상품화해서는 안 된다. 그리하여 난개발과 투기, 자연 훼손을 뿌리 뽑아야 한다. 그 이유는 이렇다.

첫째, 현재의 빈부 격차와 빈익빈 부익부 현상의 원인 중 땅의 사유화가 큰 이유가 되고 있기 때문이다. 어떤 사람은 10년 넘게 노동해서 성실히 모아도 겨우 될까 말까 하는 거액을 약삭빠른 투기꾼들이 땅 장사를 해서 1년 만에 가볍게 벌어들인다. 10년 넘게 노동한 사람이 억울해서 살맛이 안 날 지경이다. 나아가 그런 분위기 속에서 약삭빠른 투기꾼, 요즘 용어로는 '기획 부동산' 업자 같은 이들이 전국에 창궐한다. 심지어 기업들조차 정상적인 생산과 판매를 통해 돈을 버는 게 아니라 부동산 투자로 일확천금을 거둬들이기도 한다. 정의로운 나라를 건설하는 데 이런 부분은 상당한 걸림돌이 된다.

둘째, 땅을 상품화하다 보니 헌법의 '경자유전(耕者有田)의 원칙', 즉 농민이 땅을 갖고 있어야 한다는 원칙이 무너지고 있기 때문이다. 그리하여 이제 농지는 택지로 둔갑하고, 그것도 단독주택이 아니라 아파트 등 대규모 주거 단지로 변모한다. 땅의 상품화로 인해 농민들이 농사보다 시세 차익에 더 관심을 갖게 되고 사회적으로는 농업의 황폐화도 일어난다. 그 결과 곡물자급률이 현재 20퍼센트 정도로 추락해 나라 살림살이가 대단히 위험해졌다.

아무리 '제4차 산업혁명' 따위를 외친들 우리 스스로 먹을거리를 생산하지 않으면 누가 우리 밥상을 차려 줄 것인가?

셋째, 땅이 상품화되는 가운데 공장 부지나 자동차 산업을 위한 도로 개설, 대형 아파트 단지 건설, 그로 인한 농지 파괴 및 난개발, 자연 훼손 등 우리 삶의 근본 토대가 망가지기 때문이다. 예로부터 '삼천리금수강산'은 조상 대대로 내려온 사회적 유산이다. 그리고 앞으로 우리 후손들에게 고이 물려주어야 할 자산이기도 하다. 그러나 우리는 지난 50년 동안 이른바 '경제 개발' 또는 '발전'을 한답시고 전 국토를 급격히 훼손해 버렸다. 이명박 정부 아래서는 이른바 '4대 강 살리기'라는 미명 아래 무려 22조의 혈세를 들여 4대 강의 물 흐름을 막고 식수를 오염시켰다. 이런 대대적 국토 파괴는 더 이상 복구가 불가능할 정도다. 나라의 토대 자체가 엉망이 되고 말았다.

이와 같은 이유로 우리는 더 이상 땅을 상품화하지 말고 전 국민의 공동 재산, 즉 공유재로 만들어야 한다. 농지는 농민에게 사용권을 주되 사망 시 또는 더 이상 농사를 짓지 않을 시 회수하면 된다. 집 짓는 땅은 저렴하게 빌려주고 개인은 건물 값만 부담하게 하면 된다. 즉 우리가 집을 사고 팔 때는 공유재인 땅에 대한 값은 제외하고 자신이 부담한 건물 값만 받으면 된다. 그렇게 되면 땅은 온전히 보전되고 집값 또한 크게 오르지 않을 것이다. 건물이 낡으면 값이 싸져야 정상이다. 이런 방식은 이미 중국이나 싱가포르 같은 나라들에서 실시하고 있다. 이런 식으로 땅이 전 국민의 공유재가 되어야 이 땅에서 태어난 모든 이들이 자손 대대로 살아갈 토대가 제대로 보존되지 않을까?

쾌적한 환경에서 생활할 권리

소득·자산 불평등 → 교육 불평등 → 취업 불평등 → 임금 불평등 …

헌법에 따르면 "모든 국민은 건강하고 쾌적한 환경에서 생활할 권리를 가지며, 국가와 국민은 환경보전을 위하여 노력하여야 한다"고 규정하고 있다. 환경권과 더불어 환경의 의무를 동시에 말하는 셈이다. 그리고 국가는 "국토의 효율적이고 균형 있는 이용·개발과 보전"을 위해 노력해야 옳다.

이런 맥락에서 헌법은 국민의 재산권은 보장하되 그것이 공공복리에 적합하게 사용되도록 명시하고 있다. 특히 국가는 농지가 '경자유전의 원칙'을 어기지 않도록 관리해야 하며 농업 및 어업을 보호·육성하기 위해 노력해야 한다. 나아가 지역간 균형 있는 발전을 도모하고 중소기업을 보호·육성하는 것이 국가의 과제다. 이것이 땅의 경제와 관련한 헌법 정신이다.

이런 헌법 정신이 제대로 지켜지기 위해서라도 우선 집이나 땅 등 '부동산' 소유에 따른 불로소득을 막아야 한다. 나아가 도시와 농촌의 균형 있는 발전 및 서울과 지방의 균형 있는 발전을 올바로 추진하기 위해서라도 땅이 부동산으로 상품화되지 않게 해야 한다. 그래야 자산 및 소득으로 인한 불평등 현상을 상당 정도 고칠 수 있다.

생각해 보면 현재 한국 사회는 다중 불평등 현상을 보이는데,

소득·자산 불평등이 교육 불평등을 부르고 이는 취업 불평등을 부르며 결과적으로 임금 불평등이 초래된다.[1]

물론 현재 우리나라 국민들의 주요 자산인 땅과 집은 이미 고도로 상품화된 상태이며, 이 부동산(집과 땅) 시장에 기대어 먹고 사는 사람도 상당히 많다. 도시는 물론 시골조차 곳곳에 부동산이나 공인중개사가 넘치지 않던가.

집이나 땅 주인도 많지만 전세나 월세 살이를 하는 사람도 전 인구의 절반 가까이 된다. 한국의 주택보급률은 이미 오래전에 100퍼센트를 넘어 이론적으로는 가구당 한 채씩 배분될 수 있지만, 현재까지도 자가 주택 보유율은 50퍼센트밖에 되지 않는다. 집과 관련해 빈익빈 부익부 현상이 나타나고 있다.

땅도 마찬가지다. 전국의 산지나 농지, 택지, 나아가 섬이나 해안 등까지 급속한 속도로 '부재지주'들의 손에 넘어갔다. 부재지주란 자신이 살거나 농사를 짓지 않으면서 재산 증식의 수단으로 (또는 투자 개념으로) 땅을 소유하는 것이다. 특히 처음엔 별로 비싸지 않은 땅도 도로나 택지 개발, 도시 (재)개발 등이 이뤄지는 경우 급속히 가격이 상승한다. 성실히 일해서 저축한 일반 노동자에 비해 땅에 투자를 잘한 (머리가 잘 돌아가거나 도시개발 정보를 많이 가진) 사람이 동일한 기간에 수십 배 많은 돈을 벌게 된다면 이 얼마나 불공정한 일인가? 그러니 돈 있는 이들이 재산 증식을 위해 우선 땅부터 사 놓으려 하지 않겠는가? 그 결과 오늘날 한국 사회의 토지 소유 분포를 보면 10퍼센트의 극소수가 90퍼센트의 땅을 갖

---

1   "소득 넘어 주거·교육 등 다층적 불평등…최대 피해자는 '청춘들'", 〈경향신문〉, 2016. 7. 13.

고 있다. 더 심하게는 1퍼센트의 극소수가 99퍼센트의 땅을 가졌다고 할 수 있다.

물론 지금 당장 모든 땅을 탈상품화하기는 어렵다. 단기간에 그것이 가능할 것이라고 보지 않는다. 하지만 근본적으로 우리는 땅에 대해 '우리 모두의 것'이므로 '조상이 주신 땅을 잘 쓰고 보존해 후손에게 잘 물려주자'는 자세를 가져야 한다. 이런 점에서 우리는 1854년 북미 인디언 시애틀 추장이 당시 미국 대통령에게 쓴 편지를 상기할 필요가 있다.[2]

워싱턴 대추장이 우리 땅을 사고 싶다는 전갈을 보내왔다. (⋯) 그대들은 어떻게 저 하늘이나 땅의 온기를 사고 팔 수 있는가? 우리로서는 이상한 생각이다. 공기의 신선함과 반짝이는 물을 우리가 소유하고 있지도 않은데 어떻게 그것들을 팔 수 있다는 말인가? 우리에게는 이 땅의 모든 부분이 거룩하다. 빛나는 솔잎, 모래 기슭, 어두운 숲속 안개, 맑게 노래하는 온갖 벌레들, 이 모두가 우리의 기억과 경험 속에서는 신성한 것들이다. (⋯) 우리는 안다. 땅이 인간에게 속하는 것이 아니라 인간이 땅에 속하는 것임을. 만물은 마치 한 가족을 맺어 주는 피와도 같이 맺어져 있음을 우리는 알고 있다. 인간은 생명의 그물을 짜는 것이 아니라 다만 그 그물의 한 가닥에 불과하다. 그가 그 그물에 무슨 짓을 하든 그것은 곧 자신에게 하는 짓이다. (⋯) 결국 우리는 한 형제임을 알게 되리라.

2 "시애틀 추장의 연설-우리는 결국 모두 형제들이다", 〈녹색평론〉 창간호, 1991년 11-12월; 김종철 편저, 《녹색평론 선집 I》, 녹색평론, 1998, pp. 16-21.

이 편지에 드러나는 바와 같이 당시 북미 원주민들은 땅을 사고판다는 논리 자체를 이해하지 못했다. 사람이 땅을 소유하는 것이 아니라 오히려 사람이 땅에 속한다는 것, 사람이 땅의 일부라는 것이 그들의 철학이었다. 게다가 땅과 사람, 나무와 하늘, 공기와 물, 심지어 벌레와 새, 바위 등 세상 만물이 연결되어 있으며 궁극적으로 형제자매라는 태도를 갖고 있었다.

사실 멀리 갈 것도 없이 한반도의 남쪽 대한민국에도 약 50년 전 농어촌에는 바로 이런 정신과 태도가 지배적이었다. 아이가 태어나면 마을에서 또래 아이들과 어울려 살았고 어른들은 협력해 집도 짓고 품앗이나 두레로 농사도 함께 지었다. 당시만 해도 부동산이니 공인중개사니, 나아가 기획 부동산이나 토지 개발 같은 개념은 거의 존재하지 않았다. 그렇게 약삭빠르게 설치는 사람들도 없었고 그런 행위 자체에 대한 사람들의 윤리적 태도가 달랐다. 한마디로 땅을 함부로 대하지 않는 마음이 있었다.

라틴어로 땅을 후무스(humus)라 하는데, 이는 부엽토를 뜻하기도 한다. 굳이 성경을 언급하지 않더라도 인간 존재(human being)라는 말조차 '흙'에서 나온 것임이 확실하다. 그리고 이 흙은 세상의 가장 낮은 곳, 사람의 발바닥 아래 있는 것이란 뜻에서 겸손(humility)을 뜻하기도 한다. 그렇다. 원래 인간 존재란 흙에서 나와 흙으로 돌아가는 것이다. 그러니 어찌 인간이 땅의 주인이라 할 수 있는가? 오히려 인간은 땅 앞에서 겸손해야 하며, (땅을 통해 먹을거리 등 삶의 토대를 얻는다는 뜻에서) 인간 생명의 은인이기에 감사해야 한다. 그러나 오늘날 개발 광풍의 현실과 부동산 투기 및 난개발의 현실, 그리고 그를 통한 졸부들의 속물적인 모습을 보면 과연 인간이 얼마나 타락해야 끝이 날 것인가 하는 의구심마저 생긴다.

우리가 땅 앞에 겸손해야 하는 또 다른 이유는 이제까지 우리가 경제성장을 위해 석탄 및 석유를 채굴하고 그외 각종 광물과 나무를 구하느라 땅이 고갈될 대로 고갈되어 더 이상 삶의 토대 역할을 하기 어려워졌다는 데 있다. 요컨대 우리는 '우리가 앉아 있는 나뭇가지를 스스로 자르는' 어리석음의 극치에 와 있다. 이제 살아남기 위해서라도 겸손해져야 한다.

하지만 현재의 우리가 이런 근원적 태도를 다시 가지기엔 우리는 땅으로부터 너무 멀리 분리되었다. 따라서 지금부터 새롭게 시작하려면 우선 우리의 정신 속에서부터라도 땅과 하나가 되는 방향성을 정립해야 한다. 우리 인간이 땅의 일부라는 철학을 갖되, 그런 방향으로 한 걸음씩 나아가는 제도와 정책을 하나씩 정비해 나가야 한다.

이런 면에서 최근 일각(예: 이재명, 남기업)에서 제안하는 국토보유세와 토지배당금, 그리고 백지신탁제 아이디어를 적극 검토할 필요가 있다.[3] 국토보유세란 원래 19세기 미국의 사상가 헨리 조지(Henry George, 1839-1897)가 《진보와 빈곤》(Progress and Poverty)에서 제시한 아이디어를 오늘에 되살린 것으로, 전국의 모든 토지를 인별로 합산해 과세하는 것인데 연간 15.5조 원을 거둘 수 있다고 한다. 한마디로 불로소득(토지특권이익)을 환수함으로써, 한편으로는 불로소득을 제거하고 다른 편으로는 전 국민에게 토지배

3　남기업, "바보야, 문제는 부동산 특권이야", 〈프레시안〉, 2017. 1. 25.

당의 이름으로 기본소득을 제공하되 지역 상품권으로 제공해 소득분배 개선과 지역경제 활성화를 도모할 수 있다. 나아가 생활에 필요하지 않은 땅과 집을 보유한 고위 공직자들이나 일반인들의 경우, 이를 공적 기관에 신탁하도록 하는 백지신탁제도를 실시하는 것도 좋다. 그렇게 되면 부동산 투기를 통해 천문학적 불로소득을 얻는 사람들이 점차 줄어들 뿐 아니라 그런 이들이 공직에 진출해 사익을 추구하는 과정에서 (강이나 산, 농지 등 국토 보전이나 도시 개발 등과 관련해) 공공 정책을 왜곡하는 어리석음을 예방할 수 있다.

특히 농지에 대해서는 농민들이 사용권을 갖고 마음 편히 농사를 짓도록 해야 하며, 현재 20퍼센트 수준의 곡물자급률을 70퍼센트 이상으로 높이기 위해서는 농산물의 수급 계획을 잘 세운 뒤 생산된 농산물을 농협을 통해 전량 구매하는 방식 또는 (특히 유기농업을 중심으로) 농민 공무원제를 도입해 농민들이 안정적으로 농사에 매진할 수 있도록 하는 방식을 도입할 필요가 있다.

나아가 갈수록 자가 주택 보유의 장점인 시세차익(불로소득)의 가능성을 차단할 필요가 있으며, 동시에 저렴한 실비의 월세만 내고도 안정적 생활이 가능하도록 공공임대 주택을 대거 늘려나가야 한다. 동시에 아이들이 마음껏 뛰어놀 수 있는 놀이 공간이나 공원도 많이 만들어야 한다. 또 청년들이 각종 공연도 하면서 문화를 만들고 즐길 수 있는 야외 공연장이나 실내 공연장 같은 것도 많이 만들어야 한다. 특히 최근 독신자들이 급증하는 현실에 비추어 (주거비 부담이 큰 1인 가구주가 전국적으로 520만 명이다. 전체 1912만 가구의 27.2퍼센트 차지) 독신자 주거 공간을 많이 확충하되, 이들이 커뮤니티 센터 등에서 이웃을 만나고 문화를 즐기며 동아리 활동을 함께할 수 있는 공적 공간도 늘려 나가야 한다.

자기 집이 없는 사람들은 '남의 집 살이'로 인한 서러움과 더불어 주거비 부담이 크다. 통계청에 따르면 전체 국민의 월 주거비 부담은 20만 원 정도밖에 되지 않는 것으로 나왔지만, 국민의 약 절반 정도가 자가 주택을 보유하고 있어 평균치를 낮추었을 뿐 아니라 주택 융자로 인한 이자 부담은 주거비가 아닌 '비소비지출' 항목으로 잡히기 때문에 실제보다 과소평가된 면이 있다.[4] 게다가 집주인이 갑자기 전세금이나 월세를 대폭 올리는 경우, 많은 사람들은 급하게 다른 주거 공간을 찾아야 한다. 돈이 없으면 주거 환경이 점점 열악해진다. 헌법에 보장된 '쾌적한 환경에서 생활할 권리'가 심하게 침해될 수 있다. 이런 면에서 독일과 유럽 여러 나라들처럼 월세 살이를 하는 이들에게 소득 수준을 반영해 주거보조금을 주거나 (주인이 임대료를 올리더라도) 단위면적당 얼마 이상 올리지 못하게(예, 물가상승률 미만) 하는 정책들이 필요하다.

그나마 다행으로 최근에 "정부는 올해(2017년) 공공임대 주택 공급량을 12만 호로 늘리고 뉴스테이 공급도 전년대비 1.5배 늘린 4만 2000호로 잡았다. 디딤돌대출 등 정책모기지 공급은 올해 44조 원으로 늘리고, 신혼부부 전세대출 우대금리도 0.7퍼센트포인트 확대한다"고 발표했다.[5]

그러나 이 정도로는 미흡하다. 갈 길이 멀다. 향후 신규 주택단

---

4 "월평균 주거비가 19만 원이라고?", 〈중앙일보〉, 2017. 1. 13.

5 "공공요금 잡고, 주거비 부담 덜어 주고… 서민 물가 다잡기", 〈헤럴드경제〉, 2017. 1. 19.

지 건설 시엔 공공임대 주택과 사유 주택의 비율을 6:4에서 점차 7:3, 나아가 8:2 식으로 바꿀 필요가 있다. 그리하여 약 20-30년 뒤에는 더 이상 자가 주택 보유의 장점이 없어지고 오히려 공공 임대 주택이 대세 내지 상식이 되는 풍토가 정착되어야 한다. 이 것이 오늘날 독일이나 프랑스 등 유럽 여러 나라들이 보여 주는 해법이다. 그래야 국민 모두의 생계 안정과 삶의 질이 동시에 고양된다.

2장

돈에 대한 철학

제23조

①모든 국민의 재산권은 보장된다. 그 내용과 한계는 법률로 정한다.

②재산권의 행사는 공공복리에 적합하도록 하여야 한다.

③공공필요에 의한 재산권의 수용·사용 또는 제한 및 그에 대한 보상은 법률로써 하되, 정당한 보상을 지급하여야 한다.

제119조

①대한민국의 경제 질서는 개인과 기업의 경제상의 자유와 창의를 존중함을 기본으로 한다.

②국가는 균형 있는 국민경제의 성장 및 안정과 적정한 소득의 분배를 유지하고, 시장의 지배와 경제력의 남용을 방지하며, 경제주체간의 조화를 통한 경제의 민주화를 위하여 경제에 관한 규제와 조정을 할 수 있다.

제126조 국방상 또는 국민경제상 긴절한 필요로 인하여 법률이 정하는 경우를 제외하고는, 사영기업을 국유 또는 공유로 이전하거나 그 경영을 통제 또는 관리할 수 없다.

돈은 삶의 수단인가 목적인가

사람들에게 돈이 삶의 목적인지 수단인지 물어 보면 아마도 대부분은 돈은 삶의 수단이라고 말할 것이다. 그러나 실제 현실에서 사람들이 살아가는 모습을 보면 마치 삶이 수단이고 돈이 목적인 것처럼 보인다. 돈을 벌기 위해 생활과 심신을 모두 희생시키고 있기 때문이다.

많은 청소년의 꿈이 '돈을 많이 버는 것'이라는 현실, 그리고 초등학생조차 '연금이 나오기 때문에' 공무원이 되는 것이 꿈이라 말하는 것이 현실이다. 나아가 비판적 지성으로 진리 탐구와 대안 제시에 매진해야 할 대학마저 돈벌이를 위한 취업 준비 기관으로 변모해 버렸다. 막상 취업한 이들조차 돈벌이를 위해 장시간 노동을 해야 하고 부당한 명령에도 복종해야 한다. 인간다운 삶, 행복한 삶을 위해 적절한 방식으로 돈을 버는 게 아니라 돈벌이를 위해 삶이나 행복, 심지어 인간성마저 포기하기 일쑤다. 요컨대 사람이 돈의 주인이 아니라 노예가 된 것이 오늘날 우리가 경험하는 세상의 비극이다. 따라서 이제부터라도 사람이 돈의 주인이 되도록 철학과 태도를 바로 세워야 한다. 그런 논리에 의거해 국가의 제도와 정책, 사회 구조를 새로 짜야 한다.

그런데 우리 헌법을 보면 우선은 자유민주적 기본 질서를 바탕으로 하고서 사적 소유권, 즉 재산권을 보장한다. 따라서 특별한 경우를 제외하고는 민간 기업을 국유나 공유로 할 수 없다고 명시하고 있다. 물론 균형 성장, 적정 분배, 남용 방지, 주체 조화를 통한 경제 민주화를 위해 국가가 경제에 개입(규제와 조정)할 수 있다.

여기서 과연 '자유민주적 기본 질서'란 무엇일까? 이에 대해서는 이미 1990년 4월 헌법재판소 전원재판부가 보다 상세하게 명시한 바 있다. 즉 자유민주적 기본 질서란 구체적으로 기본적 인권의 존중, 권력 분립, 의회제도, 복수정당제도, 선거제도, 사유재산과 시장경제를 골간으로 한 경제 질서 및 사법권의 독립 등을 말한다.[1] 다시 말해 3권 분립이나 복수정당 및 선거제도와 같은 정치 질서, 기본 인권 존중과 같은 사회 질서, 나아가 사유재산 및 시장경제와 같은 경제 질서 등이 곧 자유민주적 기본 질서의 핵심이다. 특히 그중에서도 사유재산과 시장경제 등의 경제 질서야말로 자유민주주의의 골간을 이룬다.

이는 다시 무엇을 말하는가? 사유재산 및 시장경제를 부정하는 체제는 '반체제'가 된다는 뜻이기도 하며, 다른 말로, 대한민국은 자본주의 경제 질서를 근간으로 한다는 뜻이기도 하다. 물론 이는 헌법 1조 2항의 "모든 권력은 국민으로부터 나온다"는 국민주권 조항이나 제10조의 행복추구권에 비춰 볼 때 자기 모순적인 면이 존재한다. 모든 권력이 국민으로부터 나오고 국민들이 행복을 추구할 권리가 있다면, 당연히 행복한 나라를 만들기 위해 국민들이 나서서 정치경제적 질서 자체까지 결정할 수 있기 때문이다. 그러나 현 시점에서는 사유재산과 시장경제라는 경제 질서 자체를 부정할 수 없다. 다만 국가의 정책적 필요에 의해 일정한 규제나 조정은 가능하다. 이것이 돈과 관련한 사회 구조의 기본

---

[1]   이병태, "민주적 기본 질서", 《법률용어사전》, 법문북스, 2011.

틀이다.

여기서 나는 사유재산이나 시장경제 자체를 부정할 필요를 느끼진 않는다. 하지만 국민주권과 행복추구권을 염두에 둘 때 사유재산과 시장경제를 제한하거나 수정할 필요는 매우 크다. 물론 국가적으로 볼 때 사유재산과 공유자산의 비중이 일정 정도 유지될 필요가 있지만, 특히 국민 행복을 위해 토지·농업·교통·주거·교육·의료·노후 등의 문제는 사회 공공성 차원에서 풀어야 하기 때문이다. 나아가 시장경제는 기본적으로 경쟁을 통한 이윤 추구를 근간으로 하기 때문에 그 이론적 정당화 논리와는 달리 자원 낭비, 노동 착취, 환경 파괴, 불평등과 양극화 등의 문제를 초래하기 때문이다.

사유재산과 시장경제를 한마디로 압축하면 돈벌이다. 그것도 무한 경쟁을 전제로 하는 돈벌이다. 그러나 현재 우리 모두가 경험하듯이 무한 경쟁에 기초한 돈벌이 시스템은 인간성, 형평성, 생태성을 심각하게 침해할 뿐 아니라 궁극적으로는 효율성조차 저해하고 만다.

이런 면에서 나는 나라 전체의 살림살이를 경영함에 있어 3가지 원리의 균형과 조화를 강조하고 싶다. '정의로운 대통령'이라면 적어도 나라 경영의 3가지 원리를 명확히 인식하고 지혜롭게 조화를 추구해야 한다. 그 첫 번째 원리는 민주 정책의 원리, 두 번째 원리는 시장 효율의 원리, 세 번째 원리는 마을 자치의 원리다.

첫째, 민주 정책의 원리가 적용되어야 하는 분야는 앞서 말한 대로 토지·농업·교통·에너지·주거·교육·의료·노후 등의 영역이다. 이 영역들은 시장 원리와 달리 국민 행복을 위해 민주적인 정책들이 주도적 역할을 해야 한다. 이른바 '사회 공공성' 원리가 민주 정부의 경영 철학이 되어야 한다. 이를 위해서는 당연히도 (군림형이 아니라) 서번트 리더십, (거래형이 아니라) 변혁적 리더십, (립서비스가 아닌) 진정성 리더십이 필요하다. 동시에 일반 국민들은 참여와 연대의 정신으로 사회 공공성 원리를 구현하는 데 집단지성을 발휘해야 한다. 보다 구체적으로는 개인과 기업이 공정하게 설계된 조세 정책에 적극 협력해야 하고, 또 정부는 조세 수입을 투명하게 관리하며 특히 사회 공공성 제고를 위해 조세를 효과적으로 사용해야 한다.

둘째, 시장 효율 내지 시장 경쟁의 원리가 적용되어야 하는 분야는 옷 · 그릇 · 과자 · 가방 · 휴대전화 · 컴퓨터 등 일상생활에 필요한 각종 소비재 영역, 그리고 그런 소비재를 생산하기 위한 기계나 설비 등의 생산재 영역이다. 나아가 언론 · 서적 · 영화 · 스포츠 · 게임 · 여행 등 국민의 문화생활과 관련된 영역도 시장 효율 원리에 맡기면 된다. 물론 국가는 시장 경쟁이 공정하게 이뤄지는지, 독과점의 폐해가 발생하지 않는지, 생산 · 소비 · 유통 과정에서 각종 오염이나 자연 파괴가 일어나지 않는지, 그러면서도 전반적 자원 배분이 효율적으로 이뤄지는지, 그리고 마침내 국민의 삶이 효과적으로 향상되는지 등의 문제에 대해 깊은 관심을 갖고 규제와 조정을 해 나가야 한다.

셋째, 마을 자치의 원리가 적용되어야 할 분야는 그야말로 마을 단위의 주민 자치, 마을 축제, 마을 도서관, 마을 인문학 모임, 마을 기업, 동네 가게(자영업), 마을 공동육아, 마을 놀이터 및 공원, 마을 학교 등 마을 공동체 차원에서 할 수 있고 또 하면 좋은 분야들이다. '한 아이를 키우는 데 온 마을이 필요하다'는 말처럼 마을 공동체는 한 사람이 태어나 성장하며 살아가는 데 가장 친밀한 사회적 토대를 제공한다. 인도의 독립운동가이자 사상가인 마하트마 간디(Mohandas K. Gandhi)가 "인도의 장래를 위해 70만 개의 마을 공화국이 필요하다"고 한 것처럼, '마을 공화국'이 많아지고 이들 사이에 우애와 환대의 관계(네트워크)가 증진될수록 참된 민주주의는 더욱 잘 구현될 것이다.

요컨대 민주 정책과 시장 경쟁, 마을 자치 등 세 원리가 균형과 조화를 잘 이룬다면, 우리는 '헬조선'을 넘어 자부심을 갖고 살 수 있는 새로운 나라를 만들 수 있다. 그러면 우리는 더 이상 돈의 노예가 아니라 돈의 주인, 나아가 삶의 주인으로 살아갈 수 있다. 아이들은 아무 두려움 없이 멋진 사회적 꿈을 꿀 수 있고, 어른들은 큰 걱정 없이 아이를 낳아 기르며 행복한 살림살이를 꾸릴 수 있는 것이다.

얼마나 벌어야 충분한가

리처드 이스털린(Richard Easterlin) 교수가 1974년, 한 논문에서 발표한 '이스털린의 역설'이란 이론이 있다. 사람들이 아무리 돈을 많이 벌어도 행복하지 않을 수 있다는 내용이다. 물론 돈을 벌어야 기본 생계가 충족되니 일정 정도까지는 당연히 돈을 벌수록 행복도가 올라간다. 하지만 일정한 선을 넘어가면 제아무리 많이 벌어도 행복감은커녕 불안감과 스트레스가 커진다.

더욱 흥미로운 것은 이스털린 교수가 그 논문을 쓰고 수십 년 후 새로 쓴 논문에서 자신의 이론이 가장 잘 들어맞는 나라 중 하나가 한국이라고 언급했다는 사실이다. 그렇다. 대한민국은 1960년대 초 1인당 국민소득이 80달러 남짓이었다. 그러던 것이 최근엔 2만 5천 달러 내외를 기록할 정도니 지난 50여 년 사이에 우리는 평균 300배 이상 부자가 되었다. 이것은 사실이다(그래서 수많은 노인들에게 '박정희 신화'가 먹히는지도 모른다). 그러나 과연 우리는 모두 부자가 되었으며, 또 부자가 된 만큼 행복해졌을까?

이에 대해 '그렇다!'고 자신 있게 말할 사람은 아마도 전체 인구 중 10퍼센트 안쪽일 것 같다. 소득 분포의 하층 30퍼센트 정도의 사람들은 '죽지 못해' 산다고 말할 가능성이 높고 나머지 60퍼센트 이상의 사람들은 생계나 자식 걱정에 불안과 걱정을 늘 안고 산다. 특히 집 사느라 많은 빚을 진 사람들, 자동차나 주택 할부금, 심지어 비싼 옷을 할부로 사거나 대학 등록금을 대출한 사람들은 늘 돈에 쪼들린다. 물론 그럼에도 불구하고 백화점이나 고급 식당 같은 데 가 보면 사람들이 넘쳐난다. 아마도 부자들이나 이른바 중산층도 꽤 많이 생긴 탓일 것이다. 또는 다른 사람들에게 뒤지지 않기 위해, '남부럽지 않게' 산다는 걸 보여 주기 위해 무리하게 과소비를 하는 경우도 적지 않다.

그런데 여기서 톡 까놓고 말해 보자. 과연 우리는 '지금' 행복한가?

한때 '부자 되세요!'라는 말이 텔레비전에서 인사말처럼 유행했다. 얼핏 들으면 기분 좋은 인사 같지만 곰곰 생각해 보면 이렇게 천박한 인사도 없다. 사람과 사람 사이에 인간미, 즉 사람 냄새가 나야 하는데 여기에선 돈 냄새가 풀풀 나지 않는가? 우리가 이렇게 속물이 되어 가도 좋을까? 그리고 언론과 같은 대중매체가 이런 속물주의를 퍼뜨리는 것이 옳은가? 더구나 그런 속물주의의 유행에 대해 우리 사회는 얼마나 건강하게 대응했는가?

로버트 스키델스키(Robert Skidelsky)와 에드워드 스키델스키(Edward Skidelsky)라는 영국의 학자(아버지와 아들)가 쓴《얼마나 있어야 충분한가》(*How much is enough?: the economics of the good life*, 부키)라는 책이 있다. 이들은 묻는다. 약 100년 전 영국의 저명한 경제학자 J. M. 케인스(Keynes, 1883-1946)가 한 예언, 즉 약 100년 뒤엔 자본 축적과 기술 진보 등으로 사람들의 생활수준이 4-8배 높아지고 하루에 3-4시간만 일해도 풍요로운 삶을 누릴 것이라는 예견이 과연 맞았는가? 당시 케인스는 1930년에 쓴 "우리 후손을 위한 경제적 가능성"이란 에세이에서 "2030년이면 대부분의 사람이 주당 15시간만 일해도 물질적으로 풍요로운 사회가 될 것이다"라고 했다. 결론은? 절반은 맞았고 절반은 틀렸다. 왜 그런가?

사실 자본 축적과 기술 진보는 결국 생산력의 폭발적 발전으로 이어졌다. 스키델스키 부자에 따르면, 객관적이고 물질적인 토대는 구축되었으나 인간의 무한한 탐욕으로 인해 풍요로운 삶 또는 여유로운 삶이 실현되지 않았다. 이 말은 마하트마 간디의 명언, "인간의 필요를 위해서는 지구 하나로도 충분하지만 인간의 탐욕을 위해선 지구가 서너 개 있어도 모자란다"는 통찰과 일맥상통한다.

물론 인간의 탐욕이 무한해서 결코 '충분함'을 모른다고 한 것은 매우 중요한 지적이다. 그러나 무한한 탐욕을 채울 수 있는 사람은 아무리 많이 잡아도 전체 인구의 10퍼센트 정도다. 그렇다면 과연 또 무엇이 문제인가?

내가 보기엔 그간 인간이 생산력을 발전시켜 오며 인간다운 삶의 토대인 공동체적 관계들을 무너뜨리고 자연 생태계와의 균형을 심각할 정도로 망가뜨렸다는 점이 가장 심각하다. 먼저 공동체적 관계란 무엇인가? 복잡한 얘기가 있겠지만 간단히 두레나 품앗이, 이웃사촌으로 상징되는 상부상조하는 관계들이라고 할 수 있다. 그리고 자연 생태계와의 균형이란 무엇인가? 그것은 인간이 자연을 파괴하거나 군림하지 않고 생명에의 외경심을 잃지 않는 것이다. 요컨대 우리는 그간의 경제성장 과정에서 개인적 성공과 출세의 욕망 앞에서 성장 중독, 돈 중독, 권력 중독 등에 빠진 나머지 인간다움과 자연스러움을 상실해 버렸다. 결국 철학 없는 생산력의 발전이 생산관계, 나아가 사회관계 및 자연관계를 심각하게 파괴한 것이다. 그 결과 우리는 결코 풍요롭고 여유로운 삶을 살 수 없게 되었다.

나아가 인간이 생산력을 발전시켜 얻은 과실을 공정하게 또는 골고루 나누는 데 실패한 점도 지적되어야 한다. 흔히 정부나 기업가들은 '트리클 다운 효과'(trickle-down effect)를 강조한다. 기업이 돈을 많이 벌면 마치 위에 있는 그릇의 물이 차서 아래로 넘치듯 중소기업이나 노동자, 농민, 소비자가 모두 혜택을 보게 된다는 것이다. 그러나 현실은 그 반대다. 윗물이 흘러넘치기는커녕 맨 위의 커다란 그릇을 채우기 위해 저 아래의 지하수까지 모두 뽑아 올린다. 다시 말해 저 위의 대기업이나 재벌의 큰 그릇을 채우기 위해 중소기업, 골목 상권, 노동자, 농민, 소비자, 지역 사회 등이 밤낮으로 일하고도 정당한 자기 몫을 찾아갈 수 없었다. 이것이 현실이다. 나는 이를 트리클 다운에 상반되는 '펌핑 업 효과'(pumping-up effect)라 부른다.

사실 대한민국이 오늘날 '헬조선'이 된 것도 바로 이런 '펌핑 업 효과'가 수십 년 간 지속된 결과가 아닐까? 이런 불공정한 구조를 바로 고쳐야 사람답게 살 수 있는 세상이 될 것이다.

여기서 이스틸린의 역설로 돌아가 보자. 이스틸린 교수에 따르면, 돈을 많이 벌어도 행복해지지 않는 지점이 존재한다. 그런데 이스틸린은 왜 그런 역설이 나타나게 되었는지에 대해서는 명확하게 설명하지 못했다. 내 생각엔, 돈벌이로 상징되는 삶의 양을 키우는 과정에서 우리도 모르는 사이에 '삶의 질'이 파괴되기 때문에 아무리 돈을 많이 벌어도 행복하기 어렵다는 결론이다.

그렇다면 과연 '삶이 질'은 무엇인가? 이것은 사람이 사람답게 살아가는 데 필수인 질적 차원이다. 삶의 양적 차원인 식·주·의와 같은 기본 생계를 해결하는 데 필요한 자원(주로 돈)은 당연히 확보되어야 한다. 그러면 삶의 질적 차원은 무엇인가? 이를 크게 네 차원으로 정리하면 다음과 같다.

첫째, 개별적 차원에서 건강하고 여유롭게 사는 것, 둘째, 상호적 차원에서 서로 존중하고 평등하게 사는 것, 셋째, 사회적 차원에서 인정스런 공동체 안에 사는 것, 넷째, 생태적 차원에서 조화로운 생태계를 유지하는 것이 바로 그것이다. 일례로, 우리가 아무리 돈을 많이 벌고 높이 출세해도 건강을 잃고 아무런 여유 시간을 누리지 못한다면 무슨 소용인가? 또 아무리 부자가 되어도 사람과 사람 사이에 시기와 질투가 넘치고 서로 경멸하며 차별을 주고받는다면 과연 행복할 수 있을까? 게다가 우리나라가 아무리 잘살게 되었다 하더라도 마을이나 이웃, 지역 사회 등 공동체적 관계가 모두 깨지고 모든 사람이 (오직 자기 살 길만 도모하는) 각자도생(各自圖生)을 꾀한다면 과연 우리 삶은 어떻게 될까? 나아가 우리나라가 제아무리 선진국이 되고 세계 10대 경제 강국이 된다 한들 물과 공기, 흙이 모두 오염되어 더 이상 마실 물도 숨 쉴 공기도 건강한 먹을거리를 생산할 토양도 없다면 과연 우리는 어떻게 살아갈 수 있을까? 바로 이런 점에서 우리는 '삶의 양'과 동시에 '삶의 질'을 생각해야 한다.

흥미롭게도 이런 삶의 4가지 차원은 앞 책에서 스키델스키 부자가 강조한 7가지 기본재와 매우 유사하다. 스키델스키 부자는 우리가 물질적으로는 이미 충분히 성장했으니 이제는 아리스토텔레스가 말한 '좋은 삶'(good life)에 초점을 맞추어야 한다고 강조한다. 이때 좋은 삶이란, 그저 많은 이들이 바라는 삶이 아니라 바랄 만한 가치가 있는 삶을 뜻한다. 저자들은 "우리가 소비와 일에 줄곧 중독돼 있는 것은 무엇보다도 좋은 삶이라는 이념에 대한 공적인 논의가 사라졌기 때문"이라며 "정치적으로 조금만 용기를 낸다면 좋은 삶과 좋은 사회라는 이념을 중심부의 원래 자리로 되돌려 놓을 수 있다"고 한다. 바로 이런 점에서 좋은 삶과 좋은 사회에 대한 사회적 토론을 개방적으로 벌여 나가야 한다.

스키델스키 부자가 강조한 7가지 기본재는 건강, 안전, 존중, 개성, 자연과의 조화, 우정, 여가 등이다. 이들에 따르면, 영국의 경우 1974년 이후 경제적으로는 성장했지만 기본재의 성장이 정체돼 있다. "정책과 사회 공동의 목표는 경제성장이 아니라 기본재를 사람들이 쉽게 얻을 수 있도록 돕는 경제 구조를 만드는 데 둬야 한다"는 것이 이들의 핵심 주장이다.

이 7가지 기본재는 앞서 내가 말한 4가지 차원의 '삶의 질'과 대체로 맞물린다. 건강과 안전과 여가는 첫 번째 차원, 개성과 존중은 두 번째 차원, 우정은 세 번째 차원, 그리고 자연과의 조화는 네 번째 차원이다. 결국 경제성장이 되더라도 삶의 질이 같이 고양되어야 행복하고 여유로운 삶이 가능하다.

그러나 영국이나 미국과 마찬가지로 한국 역시 경제성장에는 목을 매고 달려 왔지만 이러한 삶의 질을 고려하며 균형과 조화를 꾀하는 정책은 별로 취하지 않았다. 물론 정치가나 행정가들, 나아가 이론가들이 말로는 행복이나 삶의 질을 강조했다. 하지만 실제로는 겉치레 포장에 불과했고 그들이 집착한 것은 돈벌이에 다름 아닌 경제성장과 그것을 체계적으로 가능하게 하기 위한 권력 장악이었다.

그래서 다시 묻는다. 얼마나 벌어야 충분한가? 그것은 기본 생계 해결과 삶의 질 향상을 위해 필요한 만큼일 것이다. '적정 소득'이다. 물론 그 정도를 명확한 숫자로 표시하긴 어렵다. 어쩌면 이 질문은 처음부터 잘못된 것인지 모른다. 오히려 질문은 이래야 한다. 무엇을 위해 버는가? 그렇다. 기본 생계를 해결하고 삶의 질을 향상하기 위해서다. 한마디로 행복한 삶을 위해 일하고 번다.

다음 질문이 있다면 '얼마나' 벌어야 하는가이다. 그러나 이것은 이론으로 제시할 수 없다. 실제 삶의 과정에서 경험으로 정해

질 수밖에 없다. 즉 민주적인 사회적 토론을 통해 우리가 함께 찾아가야 한다. 실제로 유럽의 선진 복지 국가들이 복지 사회를 체계적으로 구축할 당시의 소득 수준은 지금 우리보다 훨씬 낮은 1만 달러 수준이었다.[2] 반면 미국의 1인당 국민소득은 5만 달러, 일본의 경우는 3만 달러 수준이지만 유럽의 복지 국가들에 비해 '복지 빈곤'을 드러내지 않는가? 이것은 물질적 소득 수준이 아니라 사회적 공유 가치가 무엇인가에 따라 복지 사회 구축 여부가 결정됨을 말해 준다.

사회적 공유 가치 중 가장 중요한 것이 바로 '삶의 질'이다. 이스털린 교수의 말처럼 소득 수준이 높아져도 그만큼 행복해지지 않을 수 있다는 역설을 그 누구보다 바로 우리 대한민국 국민들이 매일 체험하고 있기 때문이다.

돈의 추상성 vs. 삶의 구체성

2016년 11월에 불거진 '박근혜-최순실 게이트'에서 드러난 바와 같이, 돈과 권력에 중독된 이들은 수십억 원이나 수백억 원, 심지어 수조 원을 예사로 생각한다. 일례로 박근혜 대통령은 1년에 옷값으로 무려 20억 원을 썼다고 한다.[3] 공식적으로 대통령의 월급은 2천 만 원 정도다. 그런데 어떻게 연봉의 열 배가 넘는 돈을 옷

2　"한국인, 2040년엔 3000만 명으로 감소?", 〈프레시안〉, 2016. 7. 10.

3　"'옷값 미스터리'…靑 '대통령 사비로 최순실에 지불'", 〈뉴시스〉, 2016. 10. 27.

값으로 쓸 수 있을까?

그 수수께끼의 열쇠는 최순실에게 있었다. 바로 미르재단과 K 스포츠재단을 통해 재벌들로부터 수억 원에서 수백억 원에 이르는 돈을 체계적으로 받았던 것이다. 물론 이것은 공식적으로 알려진 것이다. 이 게이트가 드러나기 전에도 최순실(과 정윤회)은 비밀스런 경로를 통해 천문학적인 돈을 끌어 모으고 보통사람들이 상상하기 어려울 정도로 초호화판 생활을 영위했다. 정유라 일가는 독일에서 한 달에 1억 원 이상 쓰며 생활했고,[4] 나중에 알고 보니 삼성이 최순실과 정유라를 위해 3년 동안 수백억 원을 지원하는 계약까지 맺었다.[5]

그렇다면 삼성은 왜 정유라를 위해 수백억 원을 기꺼이 썼을까? 이것 역시 결국은 돈 때문이었다. 삼성은 한편으로 재벌 3세 이재용의 (선친 이건희로부터의) 경영권 상속을 위해, 또 한편으로는 삼성물산과 제일제당의 합병을 매개로 수조 원의 돈벌이를 가능하게 하기 위해 일종의 은밀한 '마중물'이 필요했다.[6]

그런데 이들의 돈은 돈 이상의 의미를 가진다. 돈이 곧 권력으로 이어지기 때문이다. 재벌들의 소위 '갑질' 논란이 바로 그 증거들이다. 최근 몇 년 사이 재벌 2·3세들의 폭력과 횡포가 많이 보

---

4 "최순실 딸 정유라, 한 달 생활비 1억+α…자금 출처는?", 〈헤럴드경제〉, 2016. 10. 20.

5 "삼성 박상진, '정유라 지원' 논란 직후 최순실과 회동 정황 포착", 〈머니투데이〉, 2016. 1. 20; "김기춘, 삼성의 정유라 승마 지원도 깊이 관여", 〈JTBC〉, 2016. 1. 21; "최순실 '삼성이랑 빨리 계약해야 하니까 페이퍼컴퍼니 만들어라'", 〈경향신문〉, 2016. 1. 24.

6 "이재용 형사처벌로 끝일까", 〈한겨레21〉, 2017. 1. 16.

도되었다. 한화그룹 김승연 회장의 3남 김동선은 만취한 상태로 술집 종업원을 폭행하고 이후 출동한 경찰 순찰차까지 파손해 구속영장이 청구되었고, 대한항공 조원태 사장은 2005년에 자동차 운전 중 접촉사고가 날 뻔한 상대 차량 여성을 폭행한 전력이 있음에도 최근 사장으로 승진했다. 이런 일들은 미국의 〈월스트리트저널〉(WSJ)에 보도된 바 있다.[7] '땅콩 회항' 사건으로 유명한 대한항공 부사장 조현아는 당시 박 모 사무장을 폭행하고 폭언을 퍼부었고 심지어 항공법을 어겨 가며 이미 출발한 비행기를 되돌리기까지 했다.[8] 가장 압권은 2016년 1월 19일 새벽에 일어났다. 그것은 재벌 3세 이재용 삼성전자 부회장이 박근혜-최순실 측에게 이런 저런 방식으로 약 430억 원에 해당하는 사실상의 뇌물을 건넨 정황이 확인되었음에도 법원의 구속 심사에서 풀려난 일이다.[9] 물론 이재용 부회장이 2월 17일 결국 구속되긴 했으나,[10] 이 모든 사례들은 요컨대 누구에게나 돈이 곧 권력이 될 수 있음을 보여 준다.

반면 사회의 아래쪽에서 힘겹게 살아가는 노동자들은 단돈 몇 천 원 때문에 해고를 당하기도 한다. 돈이 권력자의 손에 의해 밥줄을 끊는 칼이 될 수 있는 것이다. 전주에서는 어느 버스 기사가

7   "WSJ, 한국 재벌 2-3세 '갑질' 폐해 집중 조명", 〈한겨레〉, 2017. 1. 10.
8   "폭력의 역사-기업 총수 일가의 난동·폭행·갑질", 〈경향신문〉, 2016. 12. 30.
9   "2400원 버스 기사의 바람, 대한민국 유전무죄·무전유죄 변하지 않아", 〈시사저널〉, 2016. 1. 24.
10   "79년 만에 무너진 삼성공화국 그보다 더 중요한 사회의 진일보", 〈민중의 소리〉, 2017. 2. 17.

수익금 중 단돈 2400원을 기재 누락하고 회사로부터 횡령했다는 혐의로 해고를 당했다. 더구나 거의 비슷한 시기에 무려 430억 원의 뇌물 제공죄 혐의를 받는 이재용 부회장은 불구속 수사 결정이 내려져 자유롭게 되었기 때문에 이 버스 기사는 더욱 억울했다.[11] 이미 한국 사회에는 '유전무죄, 무전유죄'라는 풍토가 단단히 자리 잡고 있다. 그러다 보니 사람들은 더욱 돈을 많이 벌어야 큰소리 칠 수 있다고 믿는다. 가능하면 더 빨리 더 높이 올라가 더 많은 돈과 권력을 주무르고자 하는 욕망이 대다수 사람들을 사로잡는다. 이런 잘못된 풍조를 제대로 바꾸지 않는 한, 돈이 없어 억울함을 느끼는 사람들이 계속 대량 생산될 수밖에 없다.

한편 돈의 추상성과 달리 인간의 삶은 대단히 구체적이다. 멀리 갈 것도 없이 내 삶을 잠시 들여다본다. 나는 아침에 눈을 뜨면 아내나 아이들과 간단한 인사를 나눈다. 행복한 순간이다. 그리곤 창밖을 내다보며 강아지 두 마리와 고양이 두 마리와 인사를 나눈다. 혹시 밥이나 물이 없으면 한 바가지씩 떠다 준다. 살갑게 꼬리 흔드는 아가들이 참 귀엽다. 페트병에 담긴 오줌이나 생태 화장실에서 나온 똥거름을 조심스레 거름 간으로 내놓기도 한다. 거름을 자급해 뿌듯하다. 겨울에는 감나무나 대추나무 가지를 적당히 잘라 준다. 봄이 되면 땅을 일구고 상추씨, 호박씨, 그리고 감자도 심는다. 풋고추 모종과 방울토마토 모종을 심고, 어느 정도 크면 대를 세워 준다. 새싹이 나오고 하루하루 키가 커 가는 모습을 보노라면 마치 아기가 자라나는 것 같은 느낌을 받는다.

11   "2400원 버스 기사 '재벌은 풀려나고 난 해고되고'", 〈노컷뉴스〉, 2016. 1. 21.

겨우내 차가운 흙과 눈 아래서 추위를 견디고 올라온 부추를 하나씩 잘라 물로 잘 씻어 된장에 찍어 먹으면 이게 바로 시골 사는 즐거움임을 느낀다. 봄의 기운은 봄대로 좋고 따가운 햇살이 내리쬐는 여름은 여름대로 좋다. 울긋불긋 단풍으로 수놓는 가을은 가을대로 좋고, 하얀 눈이 내려 산천을 수놓는 겨울은 겨울대로 좋다. 자연의 품속에서 자연과 더불어 사는 삶은 시시각각 살갑게 다가온다. 비 오면 비 오는 대로 좋고 해가 비치면 해가 비치는 대로 좋다. 빗물을 큰 통에 받아 재활용을 할 때면 물 한 방울도 귀하게 느껴진다.

아이 셋을 키우면서도 아내와 나는 교육 문제와 관련해 상대적으로 큰 갈등이나 번뇌 없이 잘 살아온 것 같다. 1995년 3월, 큰아이가 처음 초등학교에 입학할 때, 학부모가 된다는 설렘보다는 치열한 경쟁 구도에서 우리 아이가 과연 제대로 자랄 수 있을까 하는 불안감이 컸다. 그래서 아내와 나는 앞으로 자녀 교육을 어떻게 할 것인지 나름의 원칙을 정했다. 첫째는 아이들이 몸 건강, 마음 건강을 지키며 크는 게 가장 중요하다는 것, 둘째는 또래 친구들과 잘 어울리며 지내는 것도 매우 중요하다는 것, 그리고 셋째는 아이가 스스로 하고 싶은 일이 생겼을 때, 즉 아이의 꿈이 생기면 힘이 닿는 한 아이의 꿈과 의지를 지지해 주는 것이 중요하다는 것 등이었다. 돈의 논리는 무한대를 향해 달리지만 삶의 논리엔 충분함의 미학이 작동한다.

그뒤 큰 아이는 공립 초등학교와 공립 중학교를 거쳐 대안 고등학교로 진학했다. 고교 시절을 행복하게 보냈다. 그런데 당시 초등학교에 다니던 둘째와 막내 역시 대안학교로 가고 싶다고 해서 둘째와 셋째는 교육부 학력 인정도 되지 않는 (그래서 나중에 진학을 위해 검정고시를 보아야 하는) 비이가 대안 중·고등학교에 진학했다. 그 과정에서 이런 저런 고민과 우여곡절도 없지 않았지만 그때마다 우리 부부와 아이들은 '가족회의'를 통해 열린 소통을 해 나갔고, 그러는 가운데 아이들의 몸과 마음은 자연스럽게 자라났다. 일반 학교의 기준으로 보면 학력이 매우 낮은 편이라 할 수 있었지만 스스로 생각하고 주체적으로 행위하는 능력과 문제 해결력은 매우 잘 발달했다고 본다. 대안학교의 특징 중 하나는, 전국에서 친구들이 모여들다 보니 방학 때면 친구 찾아 전국을 휘젓고 다닌다는 것이다. 요컨대 아이들을 어디에 떨어뜨려 놓아도 제 앞가림하며 잘 살아갈 수 있는 자신감을 길러 주는 것이 대안교육의 핵심인 것 같다. 그렇게 아이들이 느끼고 원하는 바에 우리 부부는 대체로 수용적으로 지지했고 그 덕에 아이들도 잘 큰 것 같다. 달리 말해 엄마 아빠가 미리 그려 놓은 설계도에 따르도록 아이들을 채찍질한 것이 아니라, 아이들이 스스로 걸어가는 길을 느긋이 지켜보며 여건이 닿는 대로 정서적 지지와 경제적 지지를 해 주었다. 물론 아직도 아이들의 미래는 불확정적이고 걱정도 많다. 하지만 다른 편에선 아이들이 남에게 피해를 주지 않으면서 자기 앞가림을 해 나갈 것이고, 또 다른 이들과 협동하며 원만하게 잘 살아갈 것이라 믿는다.

이렇듯 인간의 삶은 매 순간 어떻게 느끼고 어떻게 생각하며 어떻게 행위하는가 하는 과정의 연속이다. 결국 인생은 속도나 높이가 아니라 과정과 느낌이다.

이제 돈의 추상성과 삶의 구체성에 대해 정리해 보자. 당연히 출발점은 우리의 삶이다. 먹고 자고 입기 위해(식·주·의), 나아가 일정한 삶의 질을 누리기 위해 우리는 돈을 필요로 한다. 그렇다고 무조건 돈을 많이 번다고 삶의 질이 높아지고 행복도가 높아지는 것은 아니다. 따라서 기본 생계나 자녀 교육 등을 위해 필요한 만큼 벌어야겠지만 우리가 절대 잊어선 안 되는 것은 우리 모두가 삶의 질을 망가뜨릴 정도로 돈벌이에 집착해서는 안 된다는 점이다. 즉 돈벌이도 좋지만 삶의 질을 침해하지 않는 범위에서, 오히려 삶의 질을 고양하는 방향으로 이뤄져야 바람직하다. 바로 이것이 내가 지난 55년 이상 살아오면서 깨우친 점 중 하나다.

동시에 깨달은 점은 우리의 삶이 개인적 차원을 넘어 사회적 차원을 가진다는 것이다. 즉 집집마다 사람들이 각자 더 많은 돈을 벌어 남부럽지 않게 살자며 앞만 보고 달린다면 우리는 늘 쳇바퀴에 갇힌 다람쥐 꼴이 된다. 개별소득에만 초점을 맞춰 살 때 그렇다. 그러나 우리가 주거, 육아, 교육, 의료, 노후 문제를 사회적으로 해결할 수 있다면, 우리가 일을 해서 번 돈을 쓸 곳은 그렇게 많지 않다. 옷이나 가방, 휴대폰 등을 사는 데 드는 돈, 그리고 책이나 영화, 연극, 여행 같은 데 쓰는 돈 등, 잘 생각해 보면 그렇게 많은 돈이 들진 않는다. 따라서 향후 '헬조선'을 제대로 바꾸고자 한다면, 개별소득을 넘어 기본소득이나 사회소득을 구축하고 확장할 필요가 있다.

3장

사람에 대한 철학

제1조
① 대한민국은 민주공화국이다.
② 대한민국의 주권은 국민에게 있고, 모든 권력은 국민으로부터 나온다.

제7조
① 공무원은 국민 전체에 대한 봉사자이며, 국민에 대하여 책임을 진다.
② 공무원의 신분과 정치적 중립성은 법률이 정하는 바에 의하여 보장된다.

제10조 모든 국민은 인간으로서의 존엄과 가치를 가지며, 행복을 추구할 권리를 가진다. 국가는 개인이 가지는 불가침의 기본적 인권을 확인하고 이를 보장할 의무를 진다.

제11조
① 모든 국민은 법 앞에 평등하다. 누구든지 성별·종교 또는 사회적 신분에 의하여 정치적·경제적·사회적·문화적 생활

의 모든 영역에 있어서 차별을 받지 아니한다.

②사회적 특수계급의 제도는 인정되지 아니하며, 어떠한 형태로도 이를 창설할 수 없다.

제19조 모든 국민은 양심의 자유를 가진다.

제21조 ①모든 국민은 언론·출판의 자유와 집회·결사의 자유를 가진다.

제22조 ①모든 국민은 학문과 예술의 자유를 가진다.

제32조

①모든 국민은 근로의 권리를 가진다. 국가는 사회적·경제적 방법으로 근로자의 고용의 증진과 적정임금의 보장에 노력하여야 하며, 법률이 정하는 바에 의하여 최저임금제를 시행하여야 한다.

②모든 국민은 근로의 의무를 진다. 국가는 근로의 의무의 내용과 조건을 민주주의 원칙에 따라 법률로 정한다.

③근로조건의 기준은 인간의 존엄성을 보장하도록 법률로 정한다.

④여자의 근로는 특별한 보호를 받으며, 고용·임금 및 근로조건에 있어서 부당한 차별을 받지 아니한다.

제33조 ①근로자는 근로조건의 향상을 위하여 자주적인 단결

권 · 단체교섭권 및 단체행동권을 가진다.

제34조

①모든 국민은 인간다운 생활을 할 권리를 가진다.

②국가는 사회보장 · 사회복지의 증진에 노력할 의무를 진다.

제36조

①혼인과 가족생활은 개인의 존엄과 양성의 평등을 기초로 성립되고 유지되어야 하며, 국가는 이를 보장한다.

②국가는 모성의 보호를 위하여 노력하여야 한다.

대한민국 헌법은 국민이 권력의 원천이자 행복하게 살 권리를 가진 주체임을 명시하고 있다. 모든 사람은 평등하며 인간 존엄성을 보장받아야 한다. 그래서 각종 자유와 권리를 헌법이 보장하고 있는데, 그중 특히 양심의 자유와 인간다운 삶의 권리는 핵심이다. 이것은 다른 말로, 자본이나 권력이 국민의 양심을 왜곡하거나 인간다운 삶을 침해할 수 없음을 헌법이 명시한 것이다. 그러나 현실은 어떤가?

불행히도 현실은 다르다. 국민에게서 나간 권력은 시장이나 군수, 시의원이나 시장, 도지사, 국회의원, 그리고 대통령에게 건너간 뒤 어느새 낯설게 되돌아와 심지어 국민을 감시하고 억압하기 일쑤다. 나아가 오랫동안 국민들의 사상 세계를 지배해 온 국가보안법은 영화 〈자백〉에서 잘 나타나듯 양심의 자유와 인간다운 삶의 권리를 무참히 침해한다. 〈자백〉은 국정원으로 상징되는 권력 기관이 온갖 정치적 위기를 돌파하고 지배 세력의 헤게모니를 공고히 하기 위해 남파 간첩조차 얼마든 자의로 만들어 낼 수 있음을 보여 준다.

이런 일이 왜 일어날까? 그 이유는 '권력의 배신'이다. 이것은 무엇인가? 민주공화국의 권력은 국민에게서 나온다. 국민이 가진 권력이란 무엇인가? 그것은 국민이 국가의 주인으로서 스스로 생각하고 행동하는 역량(competence)이다. 즉 국민의 권력이란 민주역량으로서의 힘(power)이다. 그런데 바로 이 권력이 정치가 내지 통치자들의 손으로 넘어가면, 그것은 더 이상 국민의 민주적 역량으로서의 권력이 아니라 오히려 국민을 관리의 대상으로 여기는 정치경제적·사회문화적 의사결정을 하는 영향력(influence)으로 돌변한다. 즉 정치권력이란 국민을 관리와 통제의 대상으로 삼는 힘(power)이다. 그리하여 이제 국민들은 더 이상 '역량으로서의 권력'을 행사하기보다 전문가 내지 소수의 정치 엘리트가 독점하는 '영향력으로서의 권력'에 의해 통제당한다. 그 규제 수단이 이른바 입법, 사법, 행정, 경찰, 군대, 국정원 등이다. 이것이 곧 권력의 배신이다.

'박근혜-최순실 게이트'에서도 잘 드러나듯 특히 문화계 블랙리스트가 존재하여 여당이나 정부에 순종적이지 않은 인사들에게 각종 불이익이 가해졌다.[1] 권력의 배신이 공개적으로 드러난 대표 사례다. 마침내 2017년 1월 21일엔 대한민국 역사에서 비

---

1 "의혹에서 실체로… '블랙리스트' 사태의 결정적 순간들", 〈뉴스타파〉, 2017. 1. 25.

교적 큰 획을 긋는 일이 일어난다. 그것은 지난 50년 이상의 세월 동안 공안부 검사와 검찰총장, 법무부장관, 나아가 대통령 비서실 장까지 거치며 반북·반공·공안 세력의 핵심 역할을 해 온 김기춘이 당시 문화부장관이던 조윤선과 나란히 구속된 일이다.[2] 두 사람이 무려 1만 명에 이르는 문화계 블랙리스트의 작성과 적용에 책임 있는 당사자였다고 특검과 재판부가 판단했다. 물론 박근혜 대통령도 이 블랙리스트로부터 결코 자유로울 수 없다.[3]

그러므로 앞으로 우리가 만들어야 할 새로운 사회는 '사람 귀한 줄 아는 사회'가 되어야 한다. 아이들은 두려움 없이 꿈을 꿀 수 있고 어른들은 두려움 없이 아이 낳고 기를 수 있어야 한다. 또 아이들은 자신의 취향이나 재주에 따라 하고 싶은 공부를 즐기며 할 수 있고, 나중에도 적재적소에 배치되어 보람과 기쁨을 느끼며 일할 수 있어야 한다. 일을 하고 월급을 받더라도 다소 차이는 존재하되 자부심을 손상할 정도의 차별이 존재해선 안 된다.

더 중요한 점은 '돈보다 사람', '돈보다 생명'이란 태도를 일관되게 지키는 것이다. 돈벌이를 위해 사람의 건강과 인격, 심지어 생명까지 경시하는 풍토는 사라져야 한다. 가정은 물론 학교나 직장, 사회 일반에서 사람들의 느낌과 생각, 목소리와 행위가 모두 존중되어야 한다. 열린 토론과 소통을 통해 더 나은 대안과 해법을 찾아가는 풍토를 널리 만들어 나가야 한다. 돈벌이의 효율

---

2   "김기춘 구속까지 25년 걸렸다", 〈미디어오늘〉, 2017. 1. 24.

3   "박근혜 대통령, '블랙리스트 지시' 보도 중앙일보 상대 소송", 〈동아일보〉, 2017. 1. 26.

과 지배력 강화를 위해 사람을 단순한 도구로 여기거나 통제 및 감시의 대상으로 만드는 풍조는 철저히 지양되어야 한다. 인간은 한갓 돈벌이의 수단이나 소모품이 아니라 언제 어디서건 존중받아야 할 인격체이기 때문이다.

우리는 모두 행복할 권리가 있다

OECD는 1960년 전 세계적으로 잘사는 나라들로 구성되기 시작한 경제협력개발기구(Organization for Economic Cooperation and Development)다. 한국은 (1996년 김영삼 정부 때) 29번째로 가입한 후발 주자다. 현재 회원국은 모두 34개국으로, 유럽에서는 오스트리아·벨기에·덴마크·프랑스·독일·그리스·아이슬란드·아일랜드·이탈리아·룩셈부르크·네덜란드·노르웨이·포르투갈·스페인·스웨덴·핀란드·스위스·영국 등이 속하고, 동유럽에서는 체코·헝가리·폴란드·슬로바키아·슬로베니아·에스토니아 등이 속하며, 북미에서는 미국·캐나다·멕시코 등이, 남미에는 칠레가, 그리고 중동을 포함한 아시아와 오세아니아에서는 터키·이스라엘·일본·한국·호주·뉴질랜드 등이 속한다.

그런데 언론이나 SNS에 많이 알려진 '대한민국 OECD 1위 50관왕!'이란 게 있다. 성급하게 선진국 클럽에 가입하다 보니 화려한 경제성장의 외양과 달리 대한민국 국민들의 삶의 실상이 부실하다는 점이 많은 지표들에서 드러난 것이다. 그 50관왕의 내용은 이렇다.

자살률, 산업재해 사망률, 남녀 임금 격차, 노인 빈곤율, 노인 교통사고 사망률, 결핵환자 발생률, 결핵환자 사망률, 자살 증가율, 공교육비 민간 부담, 어린이 불행지수, 청소년 불행지수, 공공 사회복지 지출 비율, 저출산율, 고등교육 국가 지원 비율 최저, 청소년 흡연율, 성인 흡연율, 가장 낮은 최저임금, 저임금 노동자 비율, 자동차 접촉 사고율, 인도에서 교통사고율, 보행자 교통사고 사망률, 어린이 교통사고 사망률, 교통사고 사망률, 학업시간, 환경평가 최악, 이혼 증가율, 당뇨 사망률, 남성 간질환 사망률, 대장암 사망 증가율, 심근경색 사망률, 온실가스 배출 증가율, 노령화지수, 가계 부채, 국가채무 증가율, 실업률 증가폭, 대학교육 가계 부담, 낙태율, 과학 흥미도 낮은 순위, 중년 여성 사망률, 사교육비 지출, 15세 이상 술 소비량, 독주 소비량, 조세 부담 증가 속도, 노동시간, 식품물가 증가율, 양주 소비율, 사회안전망 미비, 정치적 비전 부재, 낮은 교사 만족도, 짧은 직장인 유급휴가 등이 바로 그것이다.

사실 최근 '헬조선' 담론이나 'N포 세대' 담론, '금수저, 흙수저' 담론 등의 배경에는 바로 이런 최악의 지표들이 한몫을 담당하고 있다. "세계 10대 경제 강국" 또는 "자동차 산업 빅 파이브" 등의 화려한 외모와 달리 다양한 차원에서 삶의 실상이 엉망진창이 되고 있다는 얘기다. 일례로 최악의 가계 부채 수준과 사교육비 지출에서 1등을 자랑하는 대한민국의 청소년 행복지수가 꼴찌이며, 최고의 대학진학률을 자랑함에도 대학교육 가계 부담은 최대다. 실업률 증가폭도 최고인데다 산재 사망률도 변함없는 1위다. 일상적으로 스트레스에 시달리다 보니 술 소비량도 세계 최고다.

그러니 어느 청년들이 '과감하게' 결혼하고 아이 낳아 기를 생각을 하겠는가? 최저 출산율과 최고 이혼 증가율, 최고 자살률을 기록하는 배경이다.

그런데 통계청에서 이 문제를 자체 검토해 50가지 모두 사실에 부합하는 건 아니라고 발표했다. 이 50가지 지표 중 앞부분 14가지(자살률, 산업재해 사망률, 남녀 임금 격차, 노인 빈곤율, 노인 교통사고 사망률, 결핵환자 발생률, 결핵환자 사망률, 자살 증가율, 공교육비 민간 부담, 어린이 불행지수, 청소년 불행지수, 공공 사회복지 지출 비율, 저출산율)만 사실에 부합하고 나머지는 정확하지 않거나 근거가 없다는 의견이다.[4] 오히려 정부 입장에서는 R&D 투자 비중이나 인터넷 접속률, 고등교육 인구나 개인소득에 대한 세금 등 긍정적 측면에서 상위권을 차지하는 지표들에 대해서는 의도적으로 무시한 해석들이라고 보았다.

실제로 대한민국은 인터넷 강국으로서 언제 어디서나 인터넷 접속이 가능하고 심지어 무료 와이파이도 손쉽게 접할 수 있다. 5천 만 국민 중 초등 고학년 이상이 되면 거의 전부가 1인당 하나 이상의 스마트폰을 갖고 있는 것도 기록적이다. 나아가 자녀에 대한 교육열과 고등학생의 대학진학률(80퍼센트 내외)도 세계 최고 수준이다. 유럽 선진국들의 경우 35퍼센트 내외 수준이니 그들의 두 배가 넘는다. 그러니 대한민국 국민들의 학력 수준은 세계 최고라 해도 과언이 아니다. 적어도 (졸업장에 나타난) 형식상으로는 말이다. 또 24시간 문을 여는 편의점이나 대형 마트, 전화만 하면

---

4   "OECD 50관왕의 헬조선? 악의적 해석 자제해야…", 〈데일리안〉, 2016. 3. 8.

언제 어디든지 배달을 해 주는 시스템, 세계 최고로 빠르게 배달해 주는 택배 시스템, 가전제품 등과 관련해 세계 최고 속도를 자랑하는 A/S 시스템 등도 있다. 나아가 전국을 비교적 저렴한 철도망과 고속도로로 이었을 뿐 아니라 전 지방도의 4차선 도로화, 전국의 고속철도화가 한창 진행 중이지 않은가? 이래서 대한민국은 '돈'만 많으면 천국이라는 이야기가 나올 정도다.

하지만 이런 자랑거리들조차 어떤 면에서는 자랑거리가 아니라 부끄러운 이야기가 될 수 있다. 가령 인터넷 강국인 덕택에 우리는 급속도로 공동체적 관계망을 잃고 개별화된 관계들만 겨우 유지하고 있다. 가족과 이웃, 친구들과의 살가운 대화 대신 각자 스마트폰을 들고 전 세계의 네트워크 위에서 부지런히 '친구 맺기'와 '좋아요'를 선택한다. 가슴과 눈빛과 마음으로 하는 대화나 토론 대신 손가락 연대만 부지런히 한다. 정보는 흘러넘치되 우정은 메말라 간다.

또 그 세계적 교육열은 어떤가? 과연 우리가 진리, 정의, 자유를 향한 탐구열을 지지해서 자녀들에 대해 높은 교육열을 보이는 걸까? 이에 대해 '그렇다'고 말할 사람은 거의 없다. 사태의 진실은 한편으로는 한국의 사회경제 시스템을 볼 때 '일류 대학'에 진학하지 않으면 자녀의 미래가 어둡다고 보는 데에, 다른 한편으로는 자녀가 '일류 대학'에 진학해 줘야 부모의 체면이 서거나 마음 깊은 곳의 열등감을 세탁할 수 있다고 느끼는 데에 존재한다.[5]

바로 이런 삶의 진실들을 우리가 정직하게 인정한다면, 지금부

5　강수돌, 《나부터 교육혁명》, 그린비, 2003; 강수돌, 《더불어 교육혁명》, 삼인, 2015 참조.

터라도 새롭게 시작해야 한다. 그 모든 것의 출발점은 '우리 모두는 행복할 권리가 있다'는 헌법 10조의 정신이다. 한마디로 행복 추구권이다. 결국 어느 사회건 사람이 중요하다면, 바로 그 사람들이 행복하게 살아야 한다는 것, 따라서 대통령이나 어떤 정치가도 국민의 행복을 위해 헌신해야 하는 것, 바로 이것이 우리 모두가 공유해야 할 상식이 아닐까?

그래서 우리는 국민의 행복을 위해 사회 구조를 어떻게 고쳐 나가야 하는지에 대해서도 심층 토론을 해 나가야 할 뿐 아니라 그런 사회로 변화하는 데 선구적 역할을 담당할 사람들, 예컨대 대통령, 도지사, 시장, 국회의원, 시의원 등 주요 인사들을 어떻게 하면 잘 뽑을 수 있을지에 대해서도 열심히 토론해 나가야 한다.

우리는 법 앞에 평등하다

"모든 국민은 법 앞에 평등하다. 누구든지 성별 · 종교 또는 사회적 신분에 의하여 정치적 · 경제적 · 사회적 · 문화적 생활의 모든 영역에 있어서 차별을 받지 아니한다." 헌법 11조다.

2017년 1월 중순, 특검은 이재용 삼성 부회장의 뇌물죄와 국회 청문회 위증죄 등을 문제 삼아 구속영장을 청구하며 이렇게 말했다. "경제도 중요하지만 정의가 더 중요하다."

그렇다. 경제보다 정의가 더 중요하다. 이렇게도 말할 수 있다. 사회가 정의롭게 바로 서야 비로소 경제도 건강하게 바로 선다.

과연 경제란 무엇인가? 부자가 더 부자 되게 하는 것이 경제인가? 아니다. 빈부격차 없이 골고루 잘사는 것이 참된 경제다. 경제란 말도 결국은 경세제민(經世濟民), 즉 세상을 잘 다스려 백성들이 잘살게 돕는 것 아니던가? 영어의 이코노미(economy) 역시 오이코스(oikos, 가정)와 노미아(nomia, 경영), 즉 살림살이에서 출발하지 않았던가? 사람들이 잘 먹고살도록 하는 것이 바른 경제요 바른 정치다.

그런데 불행히도 우리 사회에서 '법 앞의 평등'은 구호에 그칠 뿐, 실상은 '유전무죄, 무전유죄'로 통한다. 이것이 공공연한 비밀이다. 박근혜-최순실 등에게 무려 430억 넘게 뇌물을 바친 재벌 기업가는 불구속 수사를 받지만, 단돈 2400원 횡령죄 혐의를 받은 버스 노조 활동가는 구속 수사를 받은 것이[6] 대조적이었다. 그 뒤 특검의 보강 수사로 2월 17일 새벽 이재용도 구속되었다.

독일의 대통령은 친구에게 약 90만 원짜리 호텔 숙박을 제공받았다는 이유로 대통령 자리에서 물러났지만,[7] 50여 개 재벌들에게서 무려 700-800억 원대의 돈을 모금한 박근혜-최순실 등은 그것이 밝혀지기 시작한 2016년 여름 이후 12월의 국회 청문회와 검찰 수사, 국회에서의 탄핵 의결과 특검, 2017년 1월 이후 헌법재판소에서의 탄핵 심판 절차를 거치는 수개월 동안 '아니오'나 '모르쇠'로 일관하며 후안무치한 모습을 보였다.

특히 2017년 1월 25일 최순실이 특검에 체포되어 조사를 받으러 가면서 "자백을 강요받고 있다, 억울하다" "이것은 자유민주주

---

6 "심상정 '버스 기사는 2400원 빠뜨렸다고 해고하고 이재용은…'", 〈서울신문〉, 2017. 1. 20.

7 "임기 못 마친 세계의 지도자들", 〈서울신문〉, 2016. 12. 10.

의 특검이 아니다"라며 소리치자 특검 건물에서 청소를 담당하는 여성 노동자가 "염병하네"를 세 번이나 외쳤다. 이는 앞서 말한 '유전무죄, 무전유죄'의 부당함을 사회적으로 고발하는 모습이다.[8]

그렇다면 진정으로 법 앞의 평등을 실현하기 위해 무엇을 바꾸어야 하는가? 나는 다음 4가지가 중요하다고 본다. 정의로운 대통령은 다음 4가지에 깊은 관심을 가져야 한다.

첫째, 전관예우 금지다. 법관이나 검사를 지낸 자가 변호사 개업을 하면 공공연한 비밀인 전관예우를 받는다. 사실 법 논리란 '아 다르고 어 다르다'고 한다. 좋은 말로, 융통성이 있어서 어떻게 해석하고 어떻게 논리를 전개하는가에 따라 죄의 유무 또는 형량의 경중이 달라진다. 만일 나이가 지긋하고 사법고시 또는 로스쿨의 선배 격인 자가 변호를 맡은 사건의 경우, 지금까지는 대체로 이들에게 유리한 결과가 산출되는 경향이 있었다. 이것은 결국 그런 변호사를 쓰기 위해 거액의 돈을 낼 수 있는 사람에게만 유리한 제도다. 하루 빨리 없애야 한다.

둘째, '유전무죄, 무전유죄' 풍조의 척결이다. 재벌 회장은 아픈 척 하기만 하면 보석으로 풀어 주고, '생활환경'을 고려해 불구속하고,[9] "한국 경제에의 영향이나 공헌도" 같은 것을 고려해 대통령 특사로 풀어 주던 것이 지금까지의 '관례'였다. 또 보통사람들이 노역으로 벌금을 대신 낼 때는 하루 일당을 10만 원도 쳐 주지

---

8 "염병하네 시즌 2…어제는 최순실 오늘은 이경재", 〈노컷뉴스〉, 2017. 1. 26.

9 "이재용 '생활환경 고려' 비공개 기각 사유 논란… '구치소가 호텔급 아니어서?', 〈고발뉴스〉, 2017. 1. 20.

않으면서 부자 기업가들이 노역을 하면 (하루 일당이 수백만 원 내지 수억 원으로 계산되는) '황제노역'으로 통하기 일쑤다. 이런 장면을 본 국민들은 '법 앞에 불평등'이 존재함을 몸으로 느낀다. 더 이상 법을 잘 지켜야 한다는 생각을 하기 어렵다. 이런 풍토 아래서 사람들은 법이란 것이 부자나 권력자를 보호하기 위한 것이지 보통사람들, 일반 민중을 보호하는 것이 아님을 뼈저리게 느낀다. 이것을 없애지 않고서는 결코 정의를 말하기 어렵다.

셋째, 공소시효를 철폐해야 한다. 나는 법학자가 아니라 잘 모르지만, 공소시효를 두는 현행법은 범죄자들에게 그 시효만 넘기면 된다는 잔꾀를 부리게 돕는다. 따라서 살인죄건 뇌물죄건 그 죄의 종류를 가리지 말고 공소시효를 없애야 한다. 독일은 나치시대(1933-1945)의 범죄자들을 아직도 추적하고 있다.[10] 특히 대통령이나 국회의원, 도지사나 시장, 군수, 군/시의원 등이 재직 시에 행한 정책이나 그 과정에서의 수뢰 등에 대해서는 '무기한 책임'을 묻는 제도를 실시해야 한다. 그렇지 않으면 대통령이나 국회의원 등 자리에서 국민을 위한 봉사를 하려 하기보다 '옳거니, 한자리 하고 있을 때 크게 해먹어야지' 하는 마음을 갖기 쉽다. 이와 관련해서는 후술 사례(66쪽)를 참조하면 좋겠다.

넷째, 내부고발자 및 양심선언자 무한보호제를 시급히 만들어 시행해야 한다. 모든 범죄와 비리 뒤에는 진실을 알고 있는 사람이 있다. 그들 중 일부가 고발과 양심선언을 통해 사태의 진상과 진실을 드러낸다. 그러나 대부분의 경우 진실은 묻히고 진상이

---

10   "'93세 나치 범죄자, 고령이라도 재판 진행한다' 짤 없는 독일 법원", 〈국민일보〉, 2015. 11. 3.

왜곡된다. 왜 그럴까? 진실을 알고 있는 자들은 보복의 두려움, 향후 당하게 될 고통의 시간들을 생각해 감히 나서기 어렵다. 그러므로 내부고발자나 양심선언자를 무한 보호하는 제도를 실시해야 한다. 그래야 이들이 사회적으로 인정받고 존경받을 수 있으며 이웃과 후손들에게도 산 교훈을 줄 수 있다. 대통령이나 장관 등 고위급 인사들은 퇴임 후에도 막대한 예우를 받는데, 이들에게 들어가는 돈과 자원의 일부를 내부고발자 및 양심선언자들에게 돌린다면 우리 사회는 훨씬 더 투명하고 정의로운 사회로 거듭날 수 있다.

요컨대 진정한 '법 앞의 평등'을 구현하려면, 단순히 '1원 1표' 식 기계적 평등이 아니라 돈과 권력을 많이 가진 자들에게 더 가혹한 벌을 주어야 할지 모른다. 일례로 북유럽의 선진 복지 국가 핀란드의 기업 노키아의 부회장이 2000년대 초에 오토바이를 과속으로 운전했다가 범칙금을 무려 1억 3천 만 원 정도 낸 적이 있다. 그리고 2010년 경에는 스위스의 어느 부자가 한 번 과속으로 무려 3억 2천 만 원의 벌금을 내기도 했다.[11]

이것은 무엇을 말하는가? 진정한 평등을 위해 가난한 이들에게 더 많은 지원을 해 주듯, 부자들에게는 범죄를 저지른 경우 더 가혹한 벌을 내려야 한다는 것이다. 그리고 그것을 가능하게 하기 위해서는 '정의로운 대통령'부터 전관예우를 없애고 '무전유죄, 유전무죄' 관행을 타파해야 한다. 또 모든 범죄에서 공소시효 자체를 없애야 하며, 양심선언자나 내부고발자를 무한 보호하고

---

[11] "한국 사회, 지속가능한 후퇴가 필요합니다", 〈오마이뉴스〉, 2012. 6. 22.

예우해야 한다.

2005년경 내가 사는 세종시 조치원읍 신안리에 1천 세대 가까운 고층 아파트 단지가 들어서려고 할 때 나는 마을 이장으로 나서서 약 5년 간 마을 주민들과 비타협적·평화적 투쟁을 한 적이 있다. 당시 내가 파악한 바로는, 논과 밭과 과수원이 있던 자리(약 2만 5천 평)에 갑자기 1천 세대의 고층 아파트를 세우기 위해 불법 허위 민원서가 만들어져야 했다. 그 불법 허위 민원서를 만들고 제출한 자들, 그리고 그것을 받아들여 군청과 도청에서 그 허위 서류를 토대로 토지용도 변경을 주도해 아파트 사업을 가능하게 만든 자들, 그리고 마침내 아파트 사업 승인을 내준 자들(도지사, 군수, 도청 공무원, 군청 공무원, 시행사 직원, 시공사 간부, 토목설계사 직원, 토지 매수 작업에 동원된 양아치들, 도시계획위원회 위원들, 허위 문건에 관한 수사를 담당했던 부패 경찰과 솜방망이 처벌을 내린 검찰 등)은 모두 '공소시효'에 구애받지 않고 재수사를 받아야 하고 그에 상응하는 처벌을 받아야 한다.[12] 이들은 크게 보아 최근의 박근혜-최순실 게이트처럼 일종의 조직범죄 집단을 형성하고 있다. 이들이 제대로 처벌받지 못하다 보니 이들은 물론 이들을 본받아 일확천금을 노리는 더 많은 이들이 지금도 또 다른 곳에서 다른 형태로 온 국토에 난개발과 투기를 일삼는다. 아마도 이들에게는 남·북한 통일이 정말 '대박'으로 비칠지 모른다.

---

[12] 강수돌, 《나부터 마을혁명》, 산지니, 2010 참조.

이민 가는 것이 답일까?

"12년 전 대학 재학 중에 호주로 워킹홀리데이를 갔던 김현준 씨는 대학 졸업 뒤 기술 이민을 떠났습니다. 현재는 국내로 돌아와 한 차원 더 높은 고급 기술을 익혀 이민을 준비하고 있습니다."[13]

대학생들이 취업을 위해 한창 '스펙 경쟁'을 하던 시기가 좀 잠잠해지나 했더니 한편으로는 창업이, 다른 한편으로는 공무원 시험 준비가 유행이다. 그러나 취업을 한 청년들도, 창업을 한 젊은 이들도, 심지어 공무원이 된 이들도 결코 "가슴 뛰는 일"을 하기는 어렵다. 살벌한 경쟁 속에서 살아남기 위한 조직문화가 비인간적이라는 사실로 인해, 상하간 명령 체계 속에서는 재량권과 자율성을 견지하는 국민적 봉사자로 살아가기가 어렵다는 깨달음으로 인해 대부분 깊이 좌절한다.

실망하고 좌절한 자들이 과연 무엇을 선택할 수 있을까? 일찍이 A. O. 허쉬만(Hirschman) 교수는 EVL-모형을 제시했다.[14] 국가나 기업의 정책 따위에 실망한 사람들이 택하는 행위 유형을 E(exit, 이탈), V(voice, 항의), L(loyalty, 충성) 등으로 나눠 분석한 것이다.

이 모형에 따르면 '헬조선'을 탈출해 이민을 가고자 하는 이들은 E-전략을 선택한 셈이다. 반면 그래도 내가 태어난 곳이니 어

---

13 "취업도 창업도 '답 없다'…헬조선 떠나는 청년들", 〈SBS/CNBC〉, 2017. 1. 18.

14 A. O. Hirschman, *Exit, Voice, and Loyalty: Responses to Decline in Firms, Organizations, and States*, Cambridge, MA: Harvard University Press, 1970.

떻게 버리고 떠날 수 있겠느냐며 죽을 때까지 충성을 다해야 한 다는 이들도 있다. 이들은 L-전략을 택한 사람들이다.

그러면 V-전략은 어떤가? 사람들이 불평불만을 더 이상 참지 못하고 항의나 건의의 형태로 목소리를 내는 것이다. 나라 자체 를 떠나기보다, 아무리 내가 태어난 나라라 할지라도 말없이 복 종하고 순종하기보다, 적극 나서서 목소리도 내고 대안적 실천도 하는 주체적 모습을 보이는 전략이다.

생각해 보라. 이민을 가는 이탈 전략은 그냥 마음먹는다고 되 는 일이 아니다. 상당한 돈도 필요하고 외국어 능력도 어느 정도 있어야 한다. 게다가 선진 복지 국가가 매력적으로 보인다고 해 서 그냥 그 나라에 가기만 한다고 그 복지 혜택을 저절로 누릴 수 있는 것도 아니다. 또 아무리 천국처럼 보이는 복지 국가라고 해 도 막상 가서 살다 보면 여러 문제들이 발견된다. 즉 아무 결점 없는 순수한 천국이 아님을 알게 되는 것이다. 사실 어느 나라건 나름의 장·단점이 있게 마련이다. 그러나 중요한 것은 현재의 복지 국가들이 복지 국가로 정착하기까지 수많은 사람들의 투쟁 과 노력이 있었다는 점이다. 결코 세상에 공짜는 없다!

그렇다고 조국과 민족을 위해 몸과 마음을 바쳐 충성을 다해 야 한답시고 여러 가지 모순과 문제들 앞에서도 그저 침묵만 지 키거나 충성스럽게 복종만 하고 있을 순 없지 않은가? 사실 그런 사람들만 존재하는 사회는 아무 발전 가능성이 없다.

그래서 중요한 것은, 죽이 되건 밥이 되건 내가 살고 있는 이 나라 안에서 잘못된 것을 고쳐 내고자 개인적·집단적 실천을 하 는 것이다. 이 과정에서 해외의 좋은 사례들은 우리에게 일종의 등대 역할을 할 것이다. 그리하여 내가 사는 이 땅이 제대로 사람답게 사는 나라가 되어야 비로소 우리는 이민 갈 필요가 없어진다. 또 그래야만 아무 생각 없이 충성과 복종만 열심히 하는 사람들이 없어진다. 결국 우리 사회는 '우리가' 바꿔 나가야 한다. 이것은 결코 하나의 완결된 시나리오가 아니라 부단히 계속되는 과정이다. 2016년 가을 이후 총 1천 만 명 이상이 참여한 촛불시위가 바로 그 대표 사례다. 정말 다행인 것은 '나부터' 시작해 '더불어' 움직이는 사람들이 점점 많아진다는 점이다. 나 홀로 꿈꾸면 꿈으로 남지만 여럿이 함께 꿈꾸면 현실이 된다는 말도 새겨들을 필요가 있다. 또 오늘만 꿈꾸면 꿈으로 남지만 매일 꿈꾸면 현실이 된다는 말 역시 기억해야 한다.

이제 '제2부'에서는 본격적으로 이민 가지 않고 '헬조선'을 바꾸는 방법을 이야기해 보자. 청년들이 우리 사회를 '헬조선'이라 부르는 까닭을 다시 한 번 생각해 보자. 헬조선이 아닌 행복한 대한민국이 되려면 무엇을 어떻게 바꾸어야 할까?

제2부

이민 가지 않고 '헬조선'을 탈출하는 법

1987년 6월 시민항쟁 요구(민주헌법 쟁취 국민운동본부, 1987. 6. 20)

4·13호헌조치의 철회, 6·10 국민대회 관계인사 및 양심수 전원 석방, 집회, 시위 및 언론의 자유 보장, 최루탄 사용의 즉각 중지, 민주헌법 쟁취.

1987년 7-9월 노동자대투쟁 요구

"8시간 노동하여 생활임금 쟁취하자."

7월 28일(화)부터 뜨겁게 달아오른 민주노조의 열망이 전 노동자의 피 끓는 함성으로 천지를 뒤흔든다. "나에게 빵을 달라! 배가 고프다." 아! 이 아픔을 그 누가 알아 줄 것인가? 임금인상 25퍼센트, 고과 차등제 폐지(상여금 차등제 폐지). 그동안 말 못하고 억눌려 왔던 전 노동자의 소원은 결국 이루어지지 않는단 말인가? 29일(수) 우리의 요구사항으로,

• 안전재해자에 대한 목욕탕, 이발소 운영권 인계. • 안전재해자 평생 생활대책 보장. • 출근시간 아침 8시로 실시(춘하추동). • 식사처우 개선. • 작업 전 체조, 작업시간 인정 및 중식시간 체조를 1시에 실시. • 훈련소 출신과 공채 입사자의 임금격차 해소. • 두발 자율화. • 3박4일의 유급휴가 소급 실시.

그러나 이것으로 배고픔을 면할 수 있겠는가? 전 노동자는 원한다. '임금인상, 상여금 차등제 폐지!' 이의 관철을 위해 대책위원회에서 전 경영진과 29일 19시 1차 협상에 들어갔으나 결렬되고 22시 2차 협상에서도 시간을 두고 해결하자는 회사 측의 요구에 끝내 합의에 이르지 못하였다. 이에 본 대책위원회

에서는 전 노동자의 소원이 이루어지는 날까지 집회를 계속할 것이며 대책위원 전원은 무기한 단식투쟁에 들어갈 것을 천명하는 바이다. 현중 전 노동자 제위께서는 이제 시작하는 마음으로 함께 손을 잡고 계속적인 투쟁에 적극적인 지지를 호소합니다. "현중노동자 단결하여 민주노조 이룩하자."
-1987. 7. 30. 현대중공업노조 개편 대책위원회.

우리의 결의

노동자의 자주적 단결권과 행동권을 제약하는 노동악법을 철폐하고 전노협, 업종연맹, 전교조 합법성 쟁취를 위해 투쟁한다.

노동운동 탄압 분쇄를 위해 투쟁할 것이며 노동법 개악을 감행할 경우 총력을 기울여 투쟁한다.

국가보안법, 집회 및 시위에 관한 법률 등 모든 반민주악법을 철폐하고 모든 구속 노동자와 양심수를 석방시키기 위해 투쟁한다.

독점 재벌 위주의 경제정책을 철폐하고 노동자와 민중생존권 보장을 위해 투쟁한다.

다가올 1992-1993년의 권력재편기를 맞아 노동자의 단결된 힘으로 선거투쟁을 전개한다.

1987년 이후 노동자를 비롯한 시민들은 '인간답게 살 권리'를 쟁취하기 위해 온갖 고생을 다해 왔다. 아이들은 아이들대로, 여성은 여성대로, 청(소)년은 청(소)년대로, 노동자는 노동자대로, 농민은 농민대로, 장애인은 장애인대로, 노인은 노인대로 힘겹게 살았다.

내가 만일 '정의로운 대통령'이라면 취임식에서 이렇게 말하겠다. "국민 여러분, 지금까지 공부하고 노동하시느라 얼마나 고생이 많으셨습니까? 그러나 바로 오늘부터는 하루하루 행복을 음미하며 살아가십시다. 아이들은 학교에서 오전만 공부하고 오후에는 자기가 하고 싶은 걸 할 수 있게 하여 참된 자유를 즐기도록 하겠습니다. 어른들 역시 오전 또는 오후 한나절만 일하고 다른 한나절에는 아이들과 손잡고 공원을 산책하거나 좋은 영화나 책을 볼 수 있도록 하겠습니다. 그리하여 '저녁이 있는 삶'은 물론 '오후가 있는 삶' '날마다 햇빛을 즐기는 삶'을 살아가십시다. 은행 이자와 달리 인간 행복은 결코 미루었다가 한꺼번에 찾을 수 없습니다. 과연 누가 10대나 20대 시절에 마땅히 누려야 할 행복을 미뤄 뒀다가 50-60대에 한꺼번에 이자 붙여 찾을 수 있겠습니까? 따라서 우리는 '오늘 행복을 내일로 미루지 말라!'를 우리나라의 새 국정지표로 삼도록 하겠습니다. 고맙습니다!"

우리 5천 만 인구가 살 새로운 국가라는 멋진 집을 짓기 위해서는 네 귀퉁이에 튼튼한 주춧돌과 믿음직스런 기둥을 세워야 한다. 그 네 주춧돌 위의 기둥들이 바로 '노동-복지-교육-농업'이다. 이제부터 그 기둥들을 하나씩 살펴보자.

1장

노동시간 단축과 일자리 나누기
노동부 장관의 역할

2017년 1월 15일, 보건복지부 여성 공무원 A씨가 과로사했다.[1] 세 아이의 엄마인 워킹맘 A씨는 육아휴직 복귀 후 7일 연속 근무를 했으며, 평일 내내 야근을 했다고 한다. 사실 이런 사례는 결코 예외가 아니다.[2] 오늘도 '헬조선'에서는 하루에 10명 내외가 산업재해로 사망하고 있고 그중 2-3명은 과로사다. 신체 리듬을 무시하고 일한 결과다. 청년들이 꿈의 직장이라 선호하는 공무원조차 예외가 아니다. 행복하기 위해 일하러 갔지만, 일하다 죽는 사람들이 1년에 평균 3천 명에 이른다. 우리는 언제쯤 해고나 죽음의 두려움에 떨지 않고 일할 수 있으며, 언제쯤 '저녁이 있는 삶' 내지 '오후가 있는 삶'을 살 수 있을까?

---

1   "정부 세종청사서 복지부 여성 공무원 숨져", 〈한국일보〉, 2017. 1. 15.
2   "회사-집-회사-집, 그녀의 죽음이 남일 같지 않다", 〈오마이뉴스〉, 2017. 1. 30.

대한민국 사람들의 (공식 통계상) 연간 노동시간은 2100시간대로, OECD 34개국 중 멕시코를 제외하고 세계 최장이다. 34개 회원국의 평균보다 연간 347시간, 하루의 노동 기준을 8시간으로 하면 1년에 43일, 즉 약 두 달 이상 더 일하는 셈이다. 연평균 1300시간대 일하는 독일인들에 비해서는 무려 넉 달이나 더 일한다. 게다가 요즘 세대는 여성의 대학진학률이 최고 수준을 보이고 있지만 30-40대 여성 취업자의 경력단절은 전혀 개선되지 않았다. 더구나 현재 한국 노동시장에서 비정규 노동자의 비율이 공식상 50퍼센트 수준이지만 사실상 70퍼센트 수준에 이른다. 2000년대 이후 생긴 새로운 일자리 중 70-80퍼센트 이상은 비정규 일자리다. 민간 부분, 공공 부문, 교육 부문 등 영역을 가리지 않고 그런 경향이 관철된다. 다른 한편 공식 실업률은 3-4퍼센트밖에 되지 않지만 사실상 실업률은 30퍼센트 이상으로 추정된다. 특히 청년들은 '좋은' 일자리를 찾아 여기저기 헤매다가 실망 실업자 내지 취업 포기자로 돌아선다. 그리하여 수많은 청년들은 최저임금을 겨우 받는 '알바'나 취업준비생으로 고통 받고 있고, 노인들조차 행복한 노후를 즐기기보다 생계 곤란으로 노령 '알바'에 시달린다.

이 모든 상황을 분석·요약하면 몇 가지로 정리할 수 있다.

첫째, 한편에서는 노동자들이 장시간 노동과 산업재해, 무권리 노동으로 고통 받고 있고, 다른 편에서는 수많은 실업자들이 일자리를 구하지 못해 고통당하고 있다.

둘째, 한편에서는 점점 줄어드는 정규직 일자리, 다른 편에서는 점점 늘어나는 비정규직 일자리로 노동시장이 양극화하고 있다.

셋째, 경력단절 여성의 경우처럼 한번 노동시장에서 빠져 나오면 재진입이 너무나 힘들다. 대졸자조차 청년 취업이 절벽이다.

넷째, 산업혁명 이래 제4차 산업혁명 시기로 불리는 지금까지 진행 중인 각종 과학기술의 발달은 역설적으로 새로 만드는 일자리보다 더 많은 일자리를 없애는 효과를 가져왔다.

다섯째, 특히 노동의 내용과 관련해 개인의 성장, 공동체 발전과 생태계 보전에 이바지하는 일자리, 즉 '삶의 질'을 고양하는 일자리보다 (모든 사람들의) 삶의 질을 희생하더라도 (회사의) 돈벌이에 도움이 되는 일자리만 곧잘 생성된다.

여섯째, 현재 한국의 노동조합 조직률은 10퍼센트 내외 수준인데, 이런 상황에서 노동자의 사회적 교섭력은 대단히 취약하다. 그나마 고용안정과 노동조건 개선, 단체협약 체결 등을 위해 노동자들이 단체행동을 하면 대체로 '불법' 혐의가 씌워져 구속되고 해고되며 수억 원의 손배 가압류까지 들어온다. 노동자 개인이나 노동조합 모두에게 천문학적 손배 가압류는 사실상 노동조합운동 내지 노동운동을 하지 말라는 것이나 다름없다.

재원보다 중요한 건 의지다

과연 이런 상황을 한꺼번에 해결할 방안이 있을까? '정의로운 대통령'이라면 과연 어떤 정책을 내놓을 수 있을까?

첫째, 일부 예외적인 경우를 제외하고 모든 일자리는 정규직화

한다. 2017년 초 국회 청소 노동자들의 정규직화로 인한 감동의 물결에서 나타난 것처럼, 대한민국에서 정규직과 비정규직의 차별은 단순한 경제적 불평등을 넘어 인간적 모욕감으로 다가오기 때문이다.[3] 심지어 정규직을 '로또'라 말할 지경이다.[4] 앞서 말한 비정규직(시간제 내지 임시직 등)이 필요한 일부 예외적 경우란, 병가나 사고로 인한 일시적 공석을 메우기 위한 일자리, 그리고 계절적 요인이나 한시적으로만 존재하는 일자리 등이다. 그런데 이런 예외적 경우의 비정규직 일자리조차 시간당 임금 수준이 정규직 일자리보다 못해서는 안 되며, 특히 헌법에 보장된 노동3권과 근로기준법이 모든 사업장에 예외 없이 보장되어야 한다. 최저임금도 '시간당 1만 원' 수준으로 인상하여 그야말로 최저 생활이 보장되어야 한다.[5] 동시에 각종 노동법의 사각지대에 놓인 노동자들(여성, 농·어업 노동자, 이주노동자 등)의 노동권 역시 실질적으로 보장되어야 한다.

둘째, 현 단계에서 국민들의 삶을 해결하는 데 필요한 노동 총량을 계산하고, 이것을 일할 수 있는 사람 수로 나눈 뒤 1인당 평균 노동시간을 정한다. 노동총량 분담제(work sharing)다. 효율성이 올라가면 그에 비례해 1인당 노동시간을 줄여 나간다. 일례로 90M·H(맨 아워: 사람과 시간의 총량 단위)의 노동총량을 수행하기 위해 현재 9명이 10시간씩 노동한다면, 이를 6명에게 15시간씩 일

---

3   "국회 청소 노동자들 5년 만에 정규직 전환", 〈레디앙〉, 2017. 1. 3; "'청소 노동자 큰절' 우윤근 '너무 놀라서서 놀랐다'", 〈노컷뉴스〉, 2017. 1. 3.

4   "정규직 로또, 12년 만에 맞았습니다", 〈오마이뉴스〉, 2017. 1. 30.

5   "'최저임금 1만 원' 정치권 잊었나", 〈주간경향〉, 2016. 6. 22.

하도록 배분하는 게 아니라 15명에게 6시간씩 일하도록 배분한다. 그렇게 되면 6개의 신규 일자리가 생기면서 모든 취업자에게 4시간씩 여가 시간이 늘어나 삶의 질이 올라간다.

셋째, 노동법과 단체협약에 정해진 노동시간을 철저히 준수해 '칼 퇴근'[6]을 하도록 하고, 만일 회사의 필요로 노동시간 연장이나 변경을 해야 하는 경우 반드시 본인의 동의는 물론 노동조합의 동의를 얻어야 가능하게 한다. 또 과로사나 과로로 인한 안전사고 및 산업재해를 방지하기 위해 예컨대 '2시간 노동 후 15분 이상 휴식제' '하루 10시간 이상 노동 금지' 및 '근무와 근무 사이엔 최소 12시간 이상 휴식제'를 새로운 근로기준법에 도입할 필요가 있다.

실제로 버스 기사의 경우 2016년 봉평터널 사고나 울산 관광버스 사고처럼, 쉼 없는 장시간 노동 이후 과로나 졸음운전으로 대형 사고가 빈발하며, 자동차 공장의 경우에도 특히 주말 철야에 하루 종일 특근까지 이어가다 종종 과로사가 발생한다. 그래서 이미 일본이나 유럽 여러 나라들은 이런 참사를 예방하기 위해 다양한 규칙을 도입했다.[7] 나아가 퇴근 이후에 이메일이나 전화 등을 통해 추가 노동을 요구하는 것을 원칙적으로 금지한다. 추가 노동이 필요한 경우, 노사 협의를 통해 추가 고용을 함으로써 기존 노동자의 과로와 노동 강도 강화를 예방한다. 노동 부담

---

6 2017년 2월 1일, 유승민 대선 후보가 '칼퇴근법'을 제안한 것은 매우 의미가 크다. "유승민 2호 공약은 '칼퇴근 보장'", 〈동아일보〉, 2017. 2. 2.

7 모창환, "버스 사고, 운전시간 제한으로 막아야", 〈동아일보〉, 2016. 7. 26; "'휴식시간' 어기면 사장에 벌금, 이 정책 절실하다", 〈오마이뉴스〉, 2016. 10. 18.

경감을 위해 추가 고용을 하는 경우 노동부는 고용창출기금을 지원할 수 있다.

넷째, 갈수록 과학기술과 집단지성의 발달로 인해(예. 4차 산업혁명) 노동효율성이 급속히 높아짐과 동시에 일자리 자체가 대량 소멸되고 있는 현실을 인정한다면, 취업과 소득안정의 연결고리가 약화된다는 사실도 인정해야 옳다. 이런 면에서 취업과 소득의 직접적 연결이 없어도 사회 구성원들에게 일정한 소득을 보장할 필요가 있다. 즉 한 사회의 구성원은 고용과 무관하게 일정한 소득을 보장받을 권리가 있다. 이것을 '기본소득'(basic income)이라 한다.[8] 이런 기본소득의 정신, 즉 재산이나 나이, 근로 여부와 무관하게 모든 국민이 매월 일정 수입을 보장받는 것은 곧 우리 헌법에 보장된 인간 존엄성 개념에도 부합한다.

[8] 이에 대해서는 다음의 책과 글을 참조하라. 오준호,《기본소득이 세상을 바꾼다》, 개마고원, 2017; 제임스 퍼거슨,《분배정치의 시대(기본소득과 현금지급이라는 혁명적 실험)》, 조문영 역, 여문책, 2017; 피터 반스 · 하승수 편,《우리의 당연한 권리, 시민배당》, 위대선 역, 갈마바람, 2016; 클리포드 H. 더글러스,《사회신용(왜 기본소득이 필요한가)》, 이승현 역, 역사비평사, 2016; 다니엘 헤니 · 필립 코브체,《기본소득, 자유와 정의가 만나다(스위스 기본소득운동의 논리와 실천)》, 원성철 역, 오롯, 2016; 다니엘 라벤토스,《기본소득이란 무엇인가》, 이한주 외 1명 역, 책담, 2016; 안현호,《우리는 왜 구글에 돈을 벌어 주기만 할까(옛날 경제학이 인공지능에서 찾아낸 기본소득)》, 위고웍스, 2016; 필리페 판 파레이스,《모두에게 실질적 자유를》, 조현진 역, 후마니타스, 2016; 하승수,《나는 국가로부터 배당받을 권리가 있다(생태적 전환과 해방을 위한 기본소득)》, 한티재, 2015; 바티스트 밀롱도,《조건 없이 기본소득》, 권효정 역, 바다출판사, 2014; 강남훈 · 곽노안 외 3명,《기본소득의 쟁점과 대안사회》, 박종철출판사, 2014; 강남훈 · 안효상 외 3명,《기본소득운동의 세계적 현황과 전망》, 박종철출판사, 2014; 이명현,《복지국가와 기본소득》, 경북대학교출판부, 2014; 최광은,《모두에게 기본소득을(21세기 지구를 뒤흔들 희망 프로젝트)》, 박종철출판사, 2011 등 참조.

흔히 기본소득을 '공짜 밥'으로 착각하기도 하는데, 그저 개인적 차원에서 보면 공짜 밥처럼 보이지만 사회적 차원에서는 결코 공짜가 아니다.[9] 왜냐하면 기술 발전을 포함한 사회적 생산물이나 잉여는 사실상 온 사회가 협동으로 만들어 내는 것이기에 모든 구성원들은 그 생산물이나 잉여에 대한 일정한 몫을 누릴 권리가 있다. 지금까지처럼 재벌과 대기업, 특권층과 상류층만이 독과점으로 누려서는 안 된다는 말이다. 은밀하게 진행되는 사회적 착취를 공개적인 사회적 공유와 나눔으로 바꾸자는 것이다. 그래야 정의로운 사회다.

한편 기본소득 이야기가 나올 때마다 등장하는 우려 중 하나가 그 '재원'에 대한 것이다.[10] 결론적으로 나는 재원보다 중요한 건 '의지'라고 본다.

우선 재원이 부족한 경우를 보자. '콩 한 알이라도 셋이서 나눠 먹는다'는 말처럼, 나눔의 정신이 일관되게 실천된다면 대부분의 사람들은 '감동'이 되어 더욱 열심히 일할 것이다. 재원을 키우는 것은 시간문제일 뿐이다. 다음으로, 현재 상태로도 재원은 얼마든 가능하다. 선진 복지 국가들이 복지 시스템을 구축할 때도 현재의 우리보다 훨씬 못살았다. 나아가 1인당 국민소득 기준으로 우리보다 가난한 나라 부탄이나 쿠바도 무상교육, 무상의료 시스

---

9 김현, "안희정 '공짜 밥'이라고? 기본소득은 권리다", 〈프레시안〉, 2017. 1. 27; 황예랑 외 2인, "기본소득이 '공짜 밥'이 아닌 이유", 스토리펀딩, https://storyfunding.daum.net/episode/17923 참조.

10 "'기본소득한국네트워크' 이사장 강남훈 교수 '공유자산 기본소득 주인은 온 국민이죠'", 〈국민일보〉, 2016. 6. 28. 참조.

템을 운용하고 있다.[11] 우리나라의 경우, 탈세와 누세를 확실히 잡아내고 소득세와 재산세 및 법인세와 누진제를 강화해 법인세율을 예전 수준으로 회복하고 지하경제를 잡아내면 재원은 몇 배로 불어난다. 그리고 기술발전, 예컨대 로봇의 도입으로 사람들이 일자리를 잃는 경우 '로봇세'를 거둘 수 있다. 이런 막대한 재원을 '사·자·방 비리'나 '박-최 게이트'처럼 엉뚱한 데 쓰지 말고 국민 복지와 기본소득, 노동권 향상 등에 쓴다면 국민 전체의 삶의 질이 실질적으로 향상된다.

다섯째, 갈수록 삶의 질을 파괴하는 일자리 또는 노동 방식이 늘고 있는데 이것을 시급히 바꾸어야 한다. 삶의 질을 드높이는 일자리, 삶의 질을 고양하는 노동방식 등을 체계적으로 넓혀 나가야 한다. 일례로 환경파괴를 일삼는 수출 산업화가 아니라 환경과 사람이 균형과 조화를 이루며 살 수 있는 성찰적 경제가 필요하다. '삶의 질'의 네 차원, 즉 건강과 여유, 존중과 평등, 인정스런 공동체, 지속가능한 생태계를 유지·증진하는 방향성을 가진 경제 활동을 해 나가야 한다.

여섯째, 노동권의 제한이나 노동자 구속과 해고, 심지어 (천문학적 금액의) 손배 가압류와 같은 노동자 탄압을 철저히 없애야 한다.[12] 설사 노동자들이 불법을 자행하더라도 이 노동자들의 '불법

---

11 박진도, "국민의 30퍼센트 지금은 공부 중", 〈한겨레21〉, 2015. 11. 12: 요시다 다로, 《몰락 선진국 쿠바가 옳았다》《의료천국 쿠바를 가다》《교육천국 쿠바를 가다》 등 참조.

12 "'적폐 중 적폐' 노동자 죽이는 손배 가압류… 2017년엔 사라질까", 〈경향신문〉, 2017. 1. 28.

적' 집단행동을 예방하는 지름길은 노동자에 대한 직접적 탄압이 아니라 (그 원인인) 기업이나 정부의 불법적·편법적 노동 착취와 억압을 엄격히 금지하는 것이다.

그 법적 근거는 이미 충분하다. 문제는 의지다. 실제로 헌법 10조엔 국민의 행복추구권이 명시되어 있고, 그 근거로 '인간으로서의 존엄과 가치'를 들고 있다. 또 헌법 11조는 '법 앞의 평등'을 강조한다. 동일한 노동법이 노동자와 사용자에게 다르게 적용되어서는 안 된다. 헌법 32조는 노동자의 근로조건이 인간 존엄성을 보장해야 한다고 말한다. 게다가 헌법 33조는 노동3권(단결권, 교섭권, 행동권)을 철저히 보장하라고 말하고 있다. 헌법 34조는 '인간다운 생활을 할 권리'를 명시한다. 요컨대 헌법 정신만 하더라도 노동자들의 노동3권과 인간다운 생활에 대한 권리를 보장하며 행복하게 살 권리가 있다고 말한다. 정의로운 리더라면 반드시 이런 점을 명심해야 한다. 법적 근거는 충분하니 노동자를 존중하겠다는 의지만 확실하면 된다.

이 모든 정책과 더불어 우리 모두가 유념할 것은 남성과 여성 간 사회적 노동 분배는 물론 가정의 노동 분배도 평등하게 해 나가야 한다는 점이다. 남성과 여성 간 사회적 노동 분배는 여성의 취약한 입장을 고려할 때 유럽 선진국처럼 '여성 고용 할당제'나 '여성 임원 할당제', 나아가 '여성 정치가 할당제' 등을 도입할 필요가 있다.

노르웨이가 2003년에 '여성 임원 40퍼센트 할당제'를 도입했는데, 그뒤 프랑스·이탈리아·스페인·네덜란드·독일이 도입했으며, 노르웨이의 경우 2016년 전체 금융회사 임원의 33퍼센트

가 여성으로 나타났다.[13]

특히 '워킹맘'들은 시간적 · 정서적 · 육체적 측면에서 두 개 내지 세 개의 직장에 다니는 것과 같다. 그러니 심리적으로나 물리적으로 소진되기 쉽다. 이들은 대체로 '회사 일터'와 '가정 일터'라는 이중의 부담을 지기 일쑤이고, 심지어 (그동안 아이들을 돌보지 못했다는 미안한 마음으로 시도하는) 외식이나 소풍, 휴가에서조차 '감정 노동'을 많이 하기 때문에 일종의 '야외 일터'까지 감내해야 한다. 미국의 앨리 러셀 혹실드(Arlie R. Hochschild) 교수는 일찍이 《시간 속박》(The Time Bind)이란 책에서 회사 노동, 가사 노동, 감정 노동 등의 3중 노동을 여성 노동자들의 '3교대 노동'이라 불렀다.[14]

이런 여성의 2중고, 3중고를 해결하기 위해 무엇부터 고쳐야 할까? 우선 남성들의 의식이 육아 및 가사에 대한 '공동 책임'으로 바뀌어야 하고, 유치원 이후 초 · 중 · 고교 단위에서 남학생과 여학생 모두 가사 노동 분담 실습을 하도록 하고, 특히 육아 부담을 줄이기 위한 무상 보육 시설을 마을마다 직장마다 구축해야 한다.

나아가 노동자가 '시간 주권'을 향유할 수 있도록 '정규직 파트 타이머'(정규직과 동일한 권리를 갖되, 노동시간만 필요에 맞게 짧게 편성하는 것)를 확대한다. 사회적 노동시간 자체를 현저히 줄여 남성과

13 "독일, 2016년 여성 임원 할당제 도입…30퍼센트 의무화", 〈세계일보〉, 2014. 11. 26; "선진국도 여성 임원 할당제로 금융권 유리천장 파괴", 〈비즈니스포스트〉, 2017. 1. 22.

14 A. Hochschild, The Time Bind: When Work Becomes Home and Home Becomes Work, New York: Metropolitan Books, 1997 참조.

여성이 함께 가사 및 육아에 참여하게 해야 하며, 이와는 좀 다른 차원이지만, 명절 때 남성 가부장주의 문화로 인해 결혼한 여성이 시댁에만 가거나 시댁에 먼저 가는 걸 당연시하는 데서 벗어나 예컨대 설날엔 친정으로 같이 가고, 추석엔 시댁으로 같이 가는 식으로 보다 공정한 방식을 궁리할 필요가 있다. 또 친정에서나 시댁에서나 남녀가 똑같이 명절 노동을 분담하면 '명절 스트레스'가 훨씬 줄어들 것이다. 요컨대 여성들이 '독박 육아'나 '독박 살림'을 하는 현실을 고치기 위해 전 사회적 의식 변화와 더불어 제도 혁신이 동시에 일어나야 한다.

한편 나는 (수많은 청년들, 실업자, 노동자들이 우려하는) 실업 및 고용 대책과 관련해 크게 3가지 방향으로 대안을 찾아야 한다고 본다. 그것은 시간의 차원, 공간의 차원, 관계의 차원이다.

먼저 시간의 차원에서는 사회적으로 필요한 노동 총량을 노동 가능 인구로 나누어 '모두 골고루' 일자리를 나누는 것이다. 공간의 차원에서는 지나치게 낮은 식량(곡물)자급률을 높이고 농어촌 공동체를 살리기 위해 정책적으로 농촌 일자리를 만들어 가는 것이다. 이에 대해서는 4장 '농림부 장관의 역할' 부분에서 상술할 것이다. 끝으로 관계의 차원에서는 그간의 경제성장 과정에서 체계적으로 간과된 '삶의 질'을 고양하기 위한 일자리를 장려하거나 적극 창출하는 것이다. 가장 대표적으로 지속가능한 생태계를 위해 (그간 4대강 사업 등으로) 파괴되거나 (가정 및 공장 폐수 등으로) 오염된 사회적·자연적 환경 조건들을 원래의 모습대로 복구하는 일, (아파트처럼) 반인간적이고 반생명적인 건축물을 친환경적으로 바꾸는 일, 도시 재생 내지 도시 재개발을 인간적이고 생태적인 방향으로 진행하는 일 등을 들 수 있다.

　요컨대 사회경제 시스템의 전환을 위해 우리는 더 적게 일하되 일을 골고루 나누고 더 적게 낭비하며, 그 대신 더 많이 대화하고 더 많은 여유와 행복을 누리는 새 패러다임으로 이행해야 한다. 이런 철학을 가진 노동부 장관, 이런 소신을 가진 대통령, 멋지지 않은가?

2장

주거-교육-의료-노후 문제를
'사회 공공성'으로 해결하기
복지부 장관의 역할

1894년 조선 말기 동학농민혁명 당시 농민군의 '폐정개혁안 12개조'

① 동학도는 정부와 원한을 씻고 정치에 협력한다.

② 탐관오리는 그 죄상을 조사해 엄히 다스린다.

③ 횡포한 부호를 엄히 징벌한다.

④ 불량한 유림과 양반 무리를 징벌한다.

⑤ 노비문서를 불태워 없앤다.

⑥ 7종의 천인에 대한 차별을 개선하고 백정이 쓰는 평량갓을 없앤다.

⑦ 청상과부는 개가를 허용한다.

⑧ 관리 채용에는 지벌(地閥)을 타파하고 인재를 등용한다.

⑨ 명목이 없는 잡세는 일절 폐지한다.

⑩ 왜와 통하는 자는 엄히 처벌한다.

⑪ 공사채는 물론하고 기왕의 것을 무효로 한다.

---

⑫토지는 평균해 분작(分作)한다.

이는 결국 권력이나 이윤의 관점이 아니라 사람과 생명의 관점에서 사회경제 구조를 혁신하자는 것이다.

'노동시간 단축과 일자리 나누기'를 핵심으로 하는 노동 개혁이 일어나야 한다고 제안하면 많은 사람들이 걱정을 한다. 그렇지 않아도 생계비가 부족한데 노동시간마저 줄이면 어떻게 먹고사냐고 말이다. 그러나 이건 전반적인 변화를 생각하지 못하고 주어진 조건 속에서 그 부분만 생각하는 편협성의 오류다. 나의 대안은, 생계비 자체를 사회적으로 줄여 버리면 그렇게 걱정할 필요가 없다는 것이다.

생각해 보라. 우리의 급여가 뭉칫돈으로 들어가는 곳이 과연 어디인가? 우선은 집 한 채 사느라 은행 빚을 많이 졌기 때문에 그 원금과 이자를 갚느라 목돈이 들어간다. 다음으로는 아이를 낳아 기르는 과정에서 육아비나 교육비가 많이 든다. 특히 사교육비와 대학 등록금이 만만찮다. 요즘에는 아이 하나 낳아 기르는 데 약 3억 원이 든다는 얘기도 있다. 그다음으로 걱정되는 것은 큰 병에 걸렸을 때 또는 큰 수술을 해야 할 때, 의료보험으로 해결되지 않는 경우 목돈이 든다. 나아가 예전과 달리 우리의 자녀들은 자기들 먹고살기도 바빠 부모를 봉양하기 어려울 것이다. 그래서 자신의 노후를 스스로 책임지기 위해서라도 부지런히 저축해야 한다. 요컨대 주거, 교육, 의료, 노후 문제들이 마치 블랙

홀처럼 우리의 소득을 집어삼킨다. 그리하여 돈을 벌어도 내가 내 마음대로 쓸 수 있는 돈, 즉 순수한 가처분소득이 별로 없다. 우리는 만성적으로 돈에 쪼들리며 산다.

이 문제를 해결하는 '정의로운 대통령'의 해법은 무엇일까? 그 것은 주거 공공성, 교육 공공성, 의료 공공성, 노후 공공성 개념을 도입하는 것이다. 바로 이것이 정의로운 대통령과 호흡을 같이 할 복지부 장관의 핵심 과제다. 즉 사회 공공성 개념으로 우리 삶의 전반적 과정을 재구성함으로써 자신이 번 돈으로 해결해야 할 문제들을 대폭 줄여 버리는 것이다.

주거 공공성을 넘어 토지 공공성 구현하기

첫째, 주거 공공성 개념이란 주거의 상품화를 탈피하는 것이다. 현재 대한민국의 부동산 시장은 과포화 상태다. 예전에는 아파트로 상징되는 주거 상품은 일단 지으면 팔렸고, 또 고수익 상품이었다. 게다가 흥미롭게도 감가상각에 '반비례해' 고가의 상품으로 폭등하는 경향이 있었다. 월급쟁이들이 성실하게 노동하여 꾸준히 저축하는 돈보다 아파트 한 채 잘 사서 시세차익을 남겨 팔면 훨씬 이익이던 시절이 있었다. 그러나 이제는 아파트 분양도 만만찮은데다가 '하우스 푸어'가 생길 정도로 집값이 내려가는 경우도 많다. 부동산 시장이 포화 상태에 이르렀기 때문이다. 게다가 윤리적으로 시세차익을 노리는 불로소득은 더 이상 사회적 정당성을 얻기 어렵다. 《가톨릭윤리와 자본주의 정신》(*The Catholic*

Ethic and the Spirit of Capitalism, 한국경제신문사)의 저자 마이클 노박 (Michael Novak) 박사는 1994년 한국에서 열린 한 심포지엄에서 "한국 기업에는 7+7의 책임이 있다"고 했다.[1] 7가지의 경제적 책임과 7가지의 도덕적 책임을 말한 것이다. 흥미롭게도 양쪽에 공통으로 들어간 것이 "비생산적인 부러움의 극복"인데, 부동산 투자(투기)를 잘해 일확천금을 얻어 주변 사람들에게 엄청난 부러움을 사는 것, 바로 이것이 사회 전체적으로 보면 대단히 비생산적이란 것이다. 이것은 다른 말로, 부동산 투기나 불로소득을 통해서가 아니라 열심히 일해서 혹은 훌륭한 재능으로 높은 보상을 받는 것이 공정하고 바람직하다는 말이다.

그런데 여기서도 유의할 점이 하나 있다. 근면, 성실과 능력, 성과를 보이는 자가 높은 보상을 받는 것이 사회적으로 공정한 것처럼 보임에도 불구하고 결국 이것은 전형적인 자본주의 윤리에 불과하다는 것이다. 왜냐하면 자본의 이윤 증식에 기여한 정도가 공정 보상의 기준이 되기 때문이다. 비윤리적 기업 행위에 대한 내부 고발이나 노동권 침해에 대한 조직적 저항을 하는 자는 아무리 성실하고 유능해도 체계적으로 억압받거나 배제되는 것이 현실이다. 이런 면에서 자본의 이윤 증식은 근면 성실과 다재다능한 노동을 통해 이뤄지기도 하지만, 부동산 투기 등 불로소득을 통해서도 얼마든 일어난다. 그래서 아파트 단지 건설의 경우에도 온갖 부정과 불법, 탈법, 편법이 일상적으로 일어나며, 지자체장이나 국회의원, 실무 담당 공무원들을 상대로 한 뇌

---

1   강수돌, 《경영과 노동》, 한울, 1997, 제7장 참조.

물 공세가 마치 당연한 전제 조건처럼 관철된다. 나는 2005년부터 2010년까지 대형 건설사와 그 시행사를 상대로 마을 공동체 투쟁을 전개하면서 실무 공무원들은 물론 지자체 장이나 국회의원, 심지어 경찰이나 검찰조차 부정부패로부터 자유롭지 못하다는 인상을 받았다.[2] 사실 이 모든 비리와 억지의 배경에는 부동산이 고가의 상품으로 거래될 수 있는 현실, "비생산적인 부러움"이 매우 큰 현실이 깔려 있다.

주거 공공성 개념이 도입되려면 가장 기본적으로는 모든 국민이 인간다운 삶을 위한 기본 주거권을 누릴 수 있어야 한다. 일례로 최창우 '집걱정없는세상' 대표에 따르면, 독일의 경우 1년 내지 2년 기한으로 자유계약을 한 월세입자는 자신이 원하는 한 자동으로 계약 연장을 할 수 있다.[3] 집주인, 즉 임대인은 특별한 하자가 없는 한 계약 연장을 거부할 권리가 없다. 만일 세입자가 다른 곳으로 나가고 싶으면 3개월 전에 주인에게 이야기하면 된다. 그래서 주거권이 보장되는 독일의 세입자들은 평균 13년을 같은 집에 사는데, 한국의 세입자들은 3년 남짓 산다.

나 역시 독일에서 5년 정도 생활한 적이 있는데, 당시 내가 월세로 살던 위층에는 가난한 터키 이주민 노인이 살고 있었다. 그는 안정적인 생계를 위한 직장이 없어 주로 정부 보조금과 주말에 강변에서 열리는 벼룩시장에서 중고품을 판 돈으로 먹고살았다. 그러니 매월 다가오는 월세조차 안정적으로 내기 어려워 월

2   강수돌, 《나부터 마을혁명》, 산지니, 2010 참조.
3   "독일 13년 vs. 한국 3년…주거권은 어디에?", 〈프레시안〉, 2017. 1. 28.

세가 밀리기 일쑤였는데, 독일의 임대차법에 따르면 가난한 세입자가 재산을 숨기고 있지 않는 한 돈이 없어 월세를 못 낸다고 함부로 쫓아낼 수 없다고 했다. 나아가 독일의 지자체에서는 1평방미터당 월세를 얼마 이상 올리지 못하게 하고 있었다. 그 정도로 세입자의 주거권이 제도적으로 보호되었다. 동일한 자본주의 국가임에도 이렇게 주거 공공성 개념이 강한 독일에서는 세입자들이 한국에 비해 훨씬 안정된 주거생활을 누릴 수 있다.

한편 남기업 '토지+자유연구소' 소장에 따르면, 재벌 특권 외에 부동산 특권을 해체해 모든 국민에게 토지 관련 기본소득을 제공하는 것은 현실적으로 가능할 뿐 아니라 매우 바람직하다.[4] 남 소장은 2014년 기준 우리나라의 상위 1퍼센트 기업이 법인 전체 소유 부동산의 76퍼센트를 소유하고 있고, 재벌 소속인 상위 10대 기업은 법인 전체 소유 부동산의 35퍼센트나 소유하고 있다고 한다. 가히 '부동산 공화국'이다. 사실 1970년대의 (박정희 정치특권을 제도화한) '유신 체제'도 부동산특권 위에 세워졌다. 즉 박정희가 자신이 세운 정치특권 체제의 유지비용을 강남 부동산 투기를 통해 조달한 것은 널리 알려진 사실이다. 남 소장의 추산에 의하면, 부동산 불로소득은 2015년 기준으로 무려 357조 원이다. 정부 예산 규모에 맞먹는다. 그리고 2007년부터 2015년까지 연 평균 GDP(국내총생산)의 22.4퍼센트 규모로 부동산 불로소득이 발생했다고 한다. 한국 경제가 산출하는 총 부가가치의 20퍼센트 이상이 부동산 불로소득에서 나온다니 기가 막힐 일이다. 그 정도

---

4   남기업, "바보야, 문제는 부동산 특권이야", 〈프레시안〉, 2017. 1. 25.

로 한국 경제에는 전혀 생산적이지 못한 거품이 많이 끼어 있다. 그리고 이것은 현재 1300조 원이 넘는 가계 부채나 부동산 경기 침체와 맞물려 한국 사회 경제를 한꺼번에 파산으로 몰고 갈 수 있는 핵심 뇌관이다.

현재 한국 사회의 부동산 특권 구조는 이렇게 압축된다. 토지의 경우 1퍼센트 인구가 개인 토지의 55.2퍼센트를, 10퍼센트의 인구가 개인 토지의 97.6퍼센트를 차지하고 있고, 무(無)토지 소유 세대가 무려 40.1퍼센트에 이른다. 주택의 경우 무주택 가구는 44.0퍼센트에 이르고, 다주택자 중 11채 이상의 주택을 소유한 가구 수도 무려 3만 7000에 이른다. 현재 대한민국에서 가장 많은 주택을 소유한 이는 광주의 60대로, 무려 2300여 채를 보유하고 임대 사업을 한다.[5] 또 서울 경기권에서 가장 많은 주택을 보유한 이는 김포에 사는 박 모 씨로, 277채를 소유하고 있다.[6] 손낙구의 《부동산 계급사회》에 따르면 1963년부터 2007년까지 서울 땅값은 1176배 올랐지만, 1965년부터 도시 근로자 가구의 월평균 실질소득은 겨우 15배 증가했다.[7] 그 결과 2016년 대한민국은 60억 원짜리 빌딩을 사면 2년 만에 120억 원이 되고, 서울 평균 집값이 5억 원이 되는 나라로 변했다.[8] 반면 시간당 최저임금 500원을 올리기 위해 전국의 청년 노동자와 노동조합들이 큰 소리로 투쟁을

5 "임대주택 최다 보유자 광주 거주 60代 '2312채' 보유", 〈뉴시스〉, 2014. 9. 21.

6 "서울 주택 최다 보유자는 277가구 가진 김포 박 모 씨", 〈한국경제〉, 2015. 8. 25.

7 손낙구, 《부동산 계급사회》, 후마니타스, 2008.

8 "한국은 딱 '440원 속도'로 좋아지는 세상", 〈주간경향〉 1187호, 2016. 8. 2.

해야 하는 나라다. 노동자의 임금이나 실질소득은 조금 올리기도 버거운데, 부동산은 자고 나면 폭등하는 형국이다. 한마디로 대한민국은 부동산 특권이 막강한 나라가 된 것이다.

이런 부동산 특권 공화국을 어떻게 고쳐야 할까? 남기업 소장에 따르면, 대부분의 대통령 후보들과 사회 개혁가들은 부동산 정책과 관련해 주로 '주거 복지' 차원에 머물러 있다. 다시 말해 공공임대 주택을 늘리고 세입자 권리를 보호하겠다는 수준에 그치는 것이다. 물론 독일의 경우처럼 이런 정책들은 매우 필요하다. 그러나 '부동산 특권'을 제대로 해체하지 않은 상태에서 추진하는 주거 복지 정책은 한계가 매우 크다. 결국은 부동산 특권을 얼마나 해체해 주거 공공성을 넘어 토지 공공성을 구현하는가 하는 문제가 사태 해결의 핵심이다.

이런 맥락에서 이재명 성남시장이 2017년 1월 중순에 공식 발표한 국토보유세와 토지배당, 고위 공직자 부동산 백지신탁제 등 '토지정책 3종 세트'는 시사적이다.[9] 더불어 그는 중앙 정부의 재정 관리를 제대로 하면 2800만 국민들에게 매년 100만 원씩 기본소득을 지급할 수 있다고 했다. 물론 이런 혁신적 제도가 하루아침에 되진 않을지라도 신선한 제안을 진지하게 검토하고 토론하는 사회적 과정 자체가 중요하다. 그런 과정을 통해 제도의 실현 가능성이 고조될 것은 분명하다.

우선 국토보유세란 토지를 사적으로 소유한 개인이나 기업(법

---

9   남기업, "바보야, 문제는 부동산 특권이야", 〈프레시안〉, 2017. 1. 25; 전강수, "기본소득, 국토보유세, 토지배당이 포퓰리즘이라고?", 〈허핑턴포스트〉, 2017. 1. 26.

인)에게 상승한 땅값에 비례해 현재의 토지보유세보다 높은 세율의 세금을 부과하자는 것이다. 위 통계치에 따르면, 10퍼센트 정도의 토지 보유자가 99퍼센트 이상의 땅을 갖고 있기에 국토보유세로 해마다 15.5조 원을 거둬들여 전 국민에게 토지배당금(개인당 매년 30만 원씩)으로 나눠주면, 10퍼센트의 소수가 불로소득으로 인한 세금을 더 내는 대신 그동안 불로소득의 피해를 보던 90퍼센트는 혜택을 볼 수 있다. 이 토지배당금은 중앙은행권으로 주는 것이 아니라 각 지역의 고유 상품권 형태로 주어지기에 전통시장과 지역 경제를 활성화하는 데 큰 도움이 된다. 나아가 고위 공직자 부동산 백지신탁제를 실시해 고위 공직자로 나서는 모든 사람들이 자신의 생활에 필요하지 않은 부동산을 백지 상태로 신탁하게 되면 부동산 특권을 가진 자가 공직으로 나설 확률이 줄어든다. 또 고위 공직자가 자신의 부동산 특권을 유지하거나 증식시키기 위해 각종 개발 사업이나 특정 정책을 시행하는 일이 줄어들 것이다. 대표적 예로 이명박 정권이 재벌 건설사 등 토건 귀족들의 배를 불리며 4대강 사업을 강행한 배경에도 친인척 이름으로 전국 곳곳에 약 80만 평에 이르는 부동산을 보유한 사실이 숨겨져 있다.[10]

당연히 이런 획기적 정책들에는 무수한 논쟁과 딱지가 붙는다. 그러나 이데올로기나 이해관계보다 중요한 것은 국민들의 삶이다. 국민 대중의 삶을 개선하고 행복도를 높이기 위해 우리는 그

---

[10] "이명박 일가 부동산 80만 평이상(23조 규모)…다 압류하면 4대강 원상 회복 가능", 〈서울의소리〉, 2015. 9. 25. 이와 관련된 MBC TV의 〈PD 수첩〉도 모종의 압력 탓에 불방되었다.

어떤 실험도 두려워하지 말고 다양하게 시도할 필요가 있다. 일단 다양한 의견을 자유롭게 내는 것이 중요하고, 다음으로는 그런 제안들을 심층 검토하는 사회적 공론화 과정도 중요하다. 그리고 선입견이나 편견을 버리고 일단 조심스럽게 시행해 보면서 사람들의 경험과 느낌을 자유롭게 나눌 필요가 있다. 그 사회적 효과도 검토해야 한다. 그런 과정과 결과를 보면서 점차 확대하거나 아니면 다시 새로운 시도를 해 보거나 하면 된다. 민주적 제도와 정책은 그런 식으로 진화한다.

기본소득은 가장 자본주의적인 나라 미국에서도 시행되고 있는데, 알래스카 주의 경우 1982년부터 해마다 모든 거주민에게 주 정부의 석유 수입금을 현금(연 평균 약 2천 달러)으로 배당한다. 또 유럽의 이탈리아 리보르노 시 역시 2016년 6월부터 빈곤 가구 100곳에 매달 500유로를 지급한다. 캐나다 · 아이슬란드 · 우간다 · 브라질 등에서도 기본소득 도입을 논의 중이며, 핀란드는 2017년 1월부터 2천 명의 시민들을 무작위로 추출해 월 560유로(약 70만 원)의 기본소득을 주기 시작했다.[11] 그외 아프리카의 나미비아 · 인도 · 스위스 등지에서도 기본소득 실험을 했거나 활발히 논의 중이다.[12]

혁신적 제안이나 제도에 대해 '종북'이니 '좌빨'이니 '공산주의'니 하는 식으로 욕할 일이 아닌 것이다. 중요한 점은 그런 시도들

---

11 "'찬반 논란' 핀란드의 '기본소득' 실험, 세계의 눈이 쏠리다", 〈헤럴드경제〉, 2017. 1. 4.

12 "미 알래스카 주, 석유 수출 금액으로 기금 마련⋯나미비아 · 인도 · 유럽 등 곳곳에서 '실험' 진행", 〈경향신문〉, 2016. 2. 4.

이 과연 국민 행복에 도움이 되는가 아닌가, 얼마나 도움이 되는가를 따지는 것이다.

교육에 대한 책임은 사회 전체가 나눠 지자

이제 토지와 주거를 넘어 보육 및 교육 문제로 넘어가 보자. 대한민국 5천 만 국민의 공통 관심사가 있다면 바로 돈 문제와 함께 교육 문제일 것이다. 지금 우리가 이야기하는 맥락에서는 교육 공공성을 어떻게 이룰 것인가가 핵심이다.

2017년 현재 대한민국의 사교육비 규모는 연간 40조 원으로 추정된다.[13] 1년 동안 부모들이 자녀 교육을 위해 쓰는 돈이 40조 원이라니, 실로 어마하다. 과연 이 돈은 얼마나 많은 돈일까? 그것은 전국의 초등학생 200만 명에게 2천 만 원씩 줄 수 있고, 전국의 중·고교생 300만 명에게 1300만 원씩 줄 수 있는 돈이다. 또 이는 전국의 200만 대학생들에게 등록금을 한푼 받지 않고도 오히려 1인당 장학금을 1천 만 원씩 줄 수 있는 액수다. 나아가 이는 100명이 뛰어노는 대안학교를 전국에 무려 4만 개 운영할 수 있는 돈이다. 물론 이렇게 돈을 다르게 쓰려면 당연히 전 국민적 합의가 필요하다. 사교육에 쓸 돈을 한곳에 모아 잘 쓰자는 동의 말이다. 그런데 이런 동의가 가능하려면 SKY로 상징되는 대학서열화 및 재벌로 상징되는 경제서열화 체제를 타파한다는 전제가

---

13 이하 강수돌, "사교육의 정치경제학 비판", 〈인물과사상〉, 2016년 11월호, 87쪽 이하 참조.

필요하다. 대학·경제 서열화가 타파되지 않으면 그 어떤 교육 혁신도 물거품이 되기 때문이다. 이쯤 되면 사람들은 부담스러워한다. '공짜는 좋지만 변화는 싫다.' 만일 현재 우리 국민들 대다수의 의식 수준이 이 정도라면, 우리 사회가 갈 길은 아직 까마득하다. 진정으로 교육 공공성을 확장해 헬조선을 행복 사회로 탈바꿈하려면 우리의 각오와 결심은 아주 근본적이어야 하고 대단히 확실해야 한다.

1989년부터 1994년까지 내가 5년 동안 직접 체험한 독일 사회는 초·중·고교는 물론 대학 및 대학원조차 등록금이 없었다. 한국과 같은 학원이나 과외, 학습지 같은 것이 거의 없다고 보는 것이 옳다. 부모들의 사교육비 부담도 없고 대학 입시 압박도 크지 않다. 1990년대에 주 정부마다 연간 50만 원 정도의 대학 등록금을 징수하려고 시도했지만, 대학생들은 물론 고교생과 학부모 시민들의 저항으로 원점 회귀했다. 독일의 대학생들은 일정한 생활비 보조까지 받으며 학업에 매진할 수 있다.

처음에 10개월 된 아이를 하나 데리고 유학을 떠난 우리 부부는 박사 과정에 정식 입학하고 월세방 생활을 할 때 독일 주 정부로부터 일정한 육아 보조금(내가 잘 쓰는 말로, 기저귀 값 보조금)을 받았다. 그리고 50-60만 원 정도의 월세를 낼 때 주 정부는 10만 원 가까운 보조금을 주었다.

독일 학생은 물론 외국인 유학생에게까지 수업료를 포함한 등록금 면제와 더불어 각종 사회보장 혜택을 주다니, 놀랍지 않은가? 그 정도로 독일 사회는 교육에 대한 책임을 사회 전체가 공유하고 있다. 자녀들이, 그리고 모든 학생들이 배우는 데 있어서 경제적 어려움으로 인해 평등한 혜택을 보지 못하는 일이 발생해서는 안 된다는 것이 독일 사회가 공유하는 철학이다. 이런 철학은 독일만이 아니라 대부분의 유럽 사회가 공유하는 '교육 공공성'이다.

이런 이야기를 들으면 한국 사람들은 대체로 독일과 같은 유럽 사회를 정말로 부러워한다. 종종 이민을 떠나고 싶어 한다. 그런데 바로 그런 교육 공공성을 유지하기 위해 독일에서는 돈을 버는 취업자들이 우리보다 훨씬 많은 세금을 낸다. 교육에 대한 책임을 사회 전체가 나누어 지기 위해서다. 물론 적게 버는 이들에게는 세금이 면제되지만 일정한 한계선을 지나면 수입에 비례해 누진으로 세금이 올라간다. 한국인의 조세 부담이 약 25퍼센트라면, 독일인의 조세 부담은 40퍼센트 정도다. 유럽의 평균이 그 정도고 최고 소득세는 50퍼센트까지 올라간다.

피상적으로 보면, 내 소득에서 세금이 많이 나가는 나라는 좋지 않은 나라 같다. 하지만 생각해 보라. 초등 동창회 같이 작은 모임에서도 회비를 내지 않던가. 예컨대 누군가 총무를 맡아 1인당 3만 원씩 회비를 거둔다. 모두가 즐겁게 식사를 하면서 술도 한잔 곁들인다. 만일 돈이 남으면 차라도 마시며 서로 살아가는 이야기를 나눌 것이다. 이 경우 모두 기본으로 3만 원씩 내지만, 좀 잘나가는 친구는 5만 원이나 10만 원을 낼 수 있고, 사정이 어려운 친구는 면제해 줄 수 있다. 당연히 돈을 관리하는 총무는 정직해야 한다. 그렇게 거둔 회비를 갖고 어디에서 무얼 먹을지는 모두에게 의견을 물어 민주적으로 결정하면 된다. 그리고 나중에 총무는 간단히 지출 내역을 보고하는 것이 다음 모임을 위해서라도 필요하다.

크게 보면 세금도 이와 다르지 않다. 소득별로 세금을 제대로 내고, 국가는 이를 투명하고도 민주적으로 관리하고, 어디에 얼마를 쓸지에 대해서는 돈을 낸 사람들의 의견을 듣고 국민 모두에게 혜택이 돌아가도록 쓰는 것이 바람직하다. 바로 여기서 우리가 결심해야 한다. 과연 우리는 앞으로도 지금처럼 사교육비 40조 원을 쓰면서 자녀를 일류 대학에 보내기 위해 밤낮으로 고생해야 하는가, 아니면 세금을 더 내더라도 투명하게 관리해 교육 공공성을 높임으로써 모든 아이들이 하고 싶은 공부를 맘껏 할 수 있도록 도울 것인가, 바로 이 갈림길 위에 우리가 서 있다. 우리는 어느 방향을 선택할 것인가?

영리 병원 허용 전에 공공 병원 확충을!

다음으로 의료 문제를 보자. 그나마 우리나라는 전 국민을 위한 건강보험제도가 미국에 비해서는 잘 구축되어 있다. 하지만 큰 병을 얻거나 수술을 해야 하는 경우에는 목돈이 든다. 더 우려스러운 것은 이명박-박근혜 정부 들어 의료 민영화 시도가 부단히 지속되어 왔다는 점이다.

일례로 2016년 들어 롯데호텔이 보바스기념병원을 인수했는데, 이는 재벌 기업의 의료 민영화에 물꼬를 튼 상징적 사건이다. 시민단체 무상의료운동본부는 "의료법상 의료법인은 비영리법인이므로 사고파는 상품이 될 수 없음에도 불구하고 법원이 편법으로 승인한 것이며, 이는 영리 병원 허용과 유사한 의료 민영화 사안이다"라고 주장하면서 "호텔 롯데가 의료업에 진출할 경우 영리적 운용에 집중할 가능성이 크다"고 우려했다.[14] 원래 보바스기념병원은 비영리 의료법인인 늘푸른의료재단이 2002년 5월에 경기도 성남시에 개원한 재활요양병원으로 연 40억 원대의 이익을 내는 병원이었다. 늘푸른의료재단이 재활치료에 헌신한 보바스 부부의 뜻을 기리고자 영국 보바스재단으로부터 명칭 허가를 받아 설립한 것이다. 그런데 이 병원은 무리한 부동산 투자와 중국 진출 추진 등으로 어려움을 겪게 되면서 2016년 9월 재단이 서울중앙지방법원에 회생절차를 신청해 매물로 나왔다. 특히 보바스기념병원은 무리하게 실버타운 더헤리티지와 요양원 더헤리티지 너싱홈 등을 건설하며 자금 난에 허덕이게 되었다. 2016년 보바스기념병원의 자산은 1013억, 부채는 842억에 이르렀다. 그런 매물을 롯데호텔이 인수한 것이다.

　의료가 민영화하거나 영리화하면 건강하게 살 국민의 권리는 급속히 망가지게 되어 있다. 이는 미국 영화 〈식코〉(Sicko)가 웅변적으로 증명한다. 영화 〈식코〉는 마이클 무어(Michael Moore) 감독이 미국 민간의료보험 조직인 건강관리기구(HMO)의 부조리한 폐해를 낱낱이 폭로한 것이다. '아메리칸 드림'의 허상과 충격적 이면을 폭로하며 열악하고도 무책임한 의료제도를 신랄하게 비판한다. 일례로 아담은 사고로 다리가 찢어졌으나 돈이 없어 민간의료보험에 가입하지 않아 할 수 없이 스스로 자기 다리를 봉합

14　"의료 사업 첫 진출 호텔 롯데, 보바스기념병원 인수에 우려 목소리도", 〈여성소비자신문〉, 2017. 1. 25.

한다. 릭은 작업 중 손가락이 두 개 절단되었는데, 손가락 봉합 수술에 각기 6만 달러 및 1만 2천 달러가 든다. 서민의 입장에선 엄청난 부담이다. 결국 릭은 결혼반지를 낄 네 번째 손가락만 봉합한다. 나아가 어느 보험 회사의 여직원은 딸이 40도에 이르는 고열이 나서 급히 병원을 찾지만, 그 병원이 자신이 든 보험회사의 협력 조직이 아니라는 이유로 치료를 거부당한다. '골든타임'을 놓친 뒤에야 보험이 되는 병원에 도착했으나 딸은 이미 숨을 거둔 뒤다. 국민의료보험제도의 미비로 인한 '제도적 살인'인 셈이다.

한국법제연구원의 한 보고서는 영리 병원을 허용하기 전에 공공 병원을 더 확충할 필요가 있다고 한다.[15] 이에 따르면, 우리나라의 공공 병원 비율은 의료기관의 10퍼센트 이하에 머물지만 미국은 30퍼센트 내외, 유럽은 80퍼센트 이상인 경우도 있다. 미국의 많은 공공 병원이나 비영리 병원이 수익구조 개선을 이유로 영리 병원으로 전환되면서 의료비는 상승한 반면 의료의 질적 수준은 별다른 차이가 없다는 문제점이 지적된다.

한편 최근 들어 한국은 실손형 의료보험 가입자 수가 짧은 기간에 폭발적으로 증가했다. 원래 실손 의료보험은 국민건강보험의 취약한 보장성과 비급여진료에 따른 환자의 의료비 부담을 덜어 주기 위한 '보충형 보험' 개념으로 도입된 것이다. 그런데 대통령선거 시기에 후보자들이 했던 공약과 달리 건강보험의 보장성 확대가 좀처럼 진전되지 않았다. 그 빈틈을 비집고 들어온 영리

---

15 "한국법제연구원, 영리 병원 허용 전 공공 병원 비율 늘려야", 〈아시아투데이〉, 2016. 11. 29.

사업이 곧 실손 보험이다. 그런데 그 증가 속도가 놀라울 정도인데, 그 사이 단순히 가입자 수만 따져 보면 오히려 건강보험을 압도한다.

보충형으로 도입된 민간 보험인 실손 의료보험이 점점 국민건강보험을 대체할 가능성도 생기고 있다. 실제로 건강보험공단이 발간한 〈2015년 건강보험 주요 통계〉 자료에 따르면, 국민건강보험 적용을 받는 인구는 총 5049만 명이다. 하지만 직장 가입자의 피부양자를 제외한 실가입자 수는 약 3002만 명 정도다. 전체 인구의 60퍼센트가 국민건강보험에 가입된 것이다. 그런데 실손 의료보험 가입자는 이보다 많다.

보험연구원 자료에 따르면, 2015년 말 기준 실손 의료보험 가입 인원은 총 3265만 명에 이른다. 놀랍게도 국민건강보험의 지역 및 직장 가입자 수를 합친 것보다 260만 명 정도가 더 많은 셈이다. 게다가 한국신용정보원이 공개한 실손 의료보험 통합 집계·분석 자료에 따르면, 2016년 9월 말 기준 실손 의료보험 가입자 수는 3456만 명에 이른다. 이제 실손 의료보험 가입자는 우리나라 전체 인구의 70퍼센트에 육박한다. 가입자 수만 보면 민영 보험이 공공 보험을 압도한 셈이다.[16]

여기서 잊지 말아야 할 것은 바로 이러한 민영 의료 시스템이 서서히 확산되는 가운데 공공 의료 시스템 내부에 경쟁과 효율 중심의 사고가 급속히 확산된다는 점이다. 가장 대표적인 것이 성과연봉제인데, 처음에는 의사 중심으로 도입했으나 최근에

---

16 "어쩌다 '전 국민 실손 의료보험'의 시대", 〈라포르시안〉, 2017. 1. 26.

는 일반 간호사와 조무사 등에게도 적용하려 든다. 그 과정에서 노사 간 격심한 충돌이 발생하고 환자들의 건강과 인권이 심각할 정도로 침해되는 경우까지 발생했다.[17] 그러나 2013년에 성과 연봉제를 도입했던 서울동부병원이나 서울북부병원의 경우, 새로운 제도 도입 이후 간호사들 내부의 팀워크나 사기가 저하되고 책임성 있는 행위들이 줄어듦으로써 조직 효율성에도 좋지 않은 결과가 나와 최근 성과연봉제를 철회했다.[18]

이런 식으로 국민 건강과 질 좋은 공공 서비스를 해야 할 의료계에 가장 자본주의적인 인사노무 관리 방식과 이윤 체제, 즉 영리 의료 시스템을 광범위하게 도입하는 것은 조직 구성원들이나 국민 일반에게는 물론 조직적·사회적 효율성 차원에서도 별로 바람직하지 못함을 알 수 있다. 의료 공공성을 일관성 있게 견지해야 하는 이유다. 다만 의료 공공성을 견지하며 조직 구성원들이 민주적 토론과 협의를 통해 적정 효율성을 추구하는 것이 가장 바람직한 태도일 것이다.

---

17 "총파업 예고 보건의료노조 핫 이슈 '성과연봉제'", 〈데일리메디〉, 2016. 9. 7; "병원 노동자 1만여 명 시국선언 참여", 〈매일노동뉴스〉, 2016. 11. 11; "성과연봉제 등 내홍 조짐 국립중앙의료원", 〈데일리메디〉, 2017. 1. 10.

18 "'최초 도입했지만…' 서울시동부병원이 성과연봉제 폐기한 이유", 〈민중의소리〉, 2016. 9. 28; "'성과연봉제 하던' 서울시북부병원 내년부터 호봉제 전환", 〈매일노동뉴스〉, 2016. 9. 29; "환자와 돈벌이: 2부 성과연봉제의 그늘," 〈뉴스타파〉, 2016. 10. 17.

'각자도생'의 풍조에서 벗어나 '사회적 어른'으로 늙기

노후 문제도 마찬가지다. 한 사람이 대한민국에 태어나 청소년기를 거쳐 중장년 시기를 지난 뒤 노년이 되면 이제는 더욱 더 삶의 기쁨을 음미하며 평생 살아온 과정을 뒤돌아보는 가운데 아름다운 마무리를 준비할 때다. 특히 온 사회가 노인들을 위해 일종의 노후 보장을 해 주는 것이 바람직하고, 노인들은 후세대나 전체 사회를 위해 무엇을 남기고 마무리할 것인지 생각하며 살아야 한다. 그것이 바람직한 '사회적 어른'의 모습일 것이다.

그러나 불행히도 대한민국의 노인들은 '박카스 아줌마' 또는 '노인 알바' 사례 등에서 보듯,[19] 안타까울 정도로 외롭고 힘들다. 여러 설명이 가능하겠지만 내가 보기엔 이렇다. 현재 대한민국의 노인들은 한편으로는 급속히 확산된 속물주의 근성(인간성을 저버린 채 돈이나 권력, 자신의 이익만 탐하는 경향), 다른 편으로는 자신이 역사적으로 경험한 '전쟁 트라우마' 및 '빈곤 트라우마'로 인해 국가(보수 정권)에 대한 맹목적 충성심 등이 작용해 결코 '사회적 어른'으로 살아가지 못하고 있다.

우선 속물주의 근성은 어떻게 확산되는 것일까? 그것은 결국 공동체적 관계의 해체와 더불어 일어난다. 가족, 마을, 이웃, 친구 사이에 형성된 공동체적 관계들은 그 자체로 일종의 사회 안전망 역할을 하고 있었는데 이것이 해체되면서 오직 믿을 것은 나 자

---

19 "탑골공원…84세 할머니 성매매가 서울의 민낯인가?", 〈브레이크뉴스〉, 2015. 7. 8; "알바 시장도 '저성장의 늪'…시간·소득 줄고 고령화", 〈조선일보〉, 2016. 10. 12.

신밖에 없는 상황이 된 것이다. 특히 'IMF 경제 위기'로 상징되듯 주기적으로 도래하는 경제 위기는 정리해고 중심의 구조조정을 강제했고, 이것이 사람들로 하여금 생존의 두려움에 떨게 만들었다. 그리하여 오로지 나 자신의 생존만 도모하는 '각자도생'의 풍조가 확산되었다. 각자도생의 풍조에 갇힌 사람들은 나름의 도덕성이나 윤리, 인간성을 저버린 채 자신의 이익이나 돈과 권력만 추구하게 된다. 바로 이것이 속물주의 근성이 널리 확산되는 배경이다.

다음으로 전쟁 트라우마나 빈곤 트라우마란 무엇인가? 우선 전쟁 트라우마란 전쟁을 경험한 세대가 자기도 모르는 사이에 마음속 깊이 갖게 된 일종의 정신적 상처다.[20] 영화 〈국제시장〉의 앞부분에도 나오는 아비규환의 피란민 행렬을 생각해 보라.[21] 그리고 총알과 포탄으로 죽어 가는 사람들을 직·간접으로 목격한 사람들이 갖게 되는 혼란과 두려움을 상상해 보라. 나아가 《태백산맥》에 잘 나오듯, 좌·우 이데올로기의 대립으로 인해 본연의 인간성을 상실하고 폭력적으로 변하는 사람들과 상황들을 되새겨 보라. 가장 대표적인 것이 수많은 민간인을 무참히 학살한 보도연맹사건 등 양민 학살 사건이다.[22]

이 모든 것이 전쟁 트라우마를 만든다. 그리고 이 트라우마는

---

20 김동춘, 《전쟁과 사회》, 돌베개, 2000; "김동춘, '누가, 왜 화해와 용서를 말하나", 〈프레시안〉, 2009. 6. 3.

21 "'아버지의 시장 전장 막장'", 〈경인일보〉, 2016. 1. 17.

22 김삼웅, 《해방 후 양민 학살사》, 가람기획, 1996; 김기진, 《끝나지 않은 전쟁 국민보도연맹(부산 경남 지역)》, 역사비평사, 2002.

결국 생존의 두려움을 강화해 사람들로 하여금 일종의 생존전략으로 '강자 동일시'를 하게 만든다. 그래야 생존 가능성이 높아지기 때문이다. 비근한 예로 영화 〈밀정〉이나 〈동주〉에 나오듯 일제강점기에 직·간접으로 수난을 겪은 사람들 중 많은 이들이 강자인 일제에 부역하거나 해방 이후 이승만처럼 친미 세력이 되어 생존과 출세의 강박증에 사로잡혀 살았다. 이 모두가 '강자 동일시'의 증거들이다.

빈곤 트라우마란 바로 그런 시대 조건 속에서 절대빈곤과 궁핍에 시달렸던 사람들, 예사로 밥을 굶으며 배를 틀어쥐고 굶주림을 견뎌야 했던 사람들, 나무뿌리나 솔잎을 씹어 먹으며 근근이 생명의 끈을 이어 온 사람들, 이른바 '보릿고개'를 넘기 위해 춥고 긴 겨울을 힘겹게 이겨 내야 했던 사람들, 이런 사람들이 경험한 정신적 상처다.[23] 빈곤 트라우마는 노인 세대만이 아니라 'IMF 외환위기' 시기의 젊은 세대에게도 종종 나타난다.[24] 그러나 평균적으로는 노인 세대가 더 많이 겪었다. 이들의 마음 세계 속에는 굶주림에 대한 두려움, 빈곤에 대한 두려움, 궁핍과 결핍에 대한 두려움이 강하게 똬리를 틀고 있다.

이런 상황에서 박정희와 같은 '강력한' 지도자가 나타나 (농민, 노동자, 빈민 등의 희생을 바탕으로) 근대화와 경제성장을 추구해 '잘살

---

23 "베스트셀러가 알려주는 것들", 〈영남일보〉, 2015. 2. 17; "쌀은 인류의 주식", 〈이뉴스투데이〉, 2016. 3. 16; "잃어버린 마음을 찾아서", 〈경향신문〉, 2016. 6. 14; "오래된 현재, 그들과 나의 후유증", 〈인천일보〉, 2016. 7. 19.

24 "'재벌 2세 전문' 김재원, '내 트라우마는 가난' 대학 강의서 솔직 고백", 〈enews24〉, 2012. 5. 7; "이건명 '가난했던 과거, 이젠 트라우마 아닌 재산'", 〈티브이데일리〉, 2014. 4. 25.

게' 만들어 주었으니, 많은 국민들이 박정희를 영웅으로 간주하는 것은 어찌 보면 자연스러울 수 있다. 이른바 '박정희 신화'가 그것이다. 박근혜 역시 2016년 10월 국정 농단 폭로 이전까지만 해도 많은 국민들에게 박정희 신화의 일부분으로 비춰진 것도 사실이다.

그러나 이제는 우리 모두가 '박정희 체제'를 벗을 때다. 우선 박정희 체제는 '국가-재벌 복합체'로서, 일제 잔재를 청산하지 않고 국가와 재벌이 유착된 상태에서 돈과 권력을 나눠 먹는 체제였다. 이 박정희 체제는 농민과 농촌과 농업을 무시하고 수출 산업화 정책을 펴는 가운데 노동자와 빈민과 소비자를 희생시켰다. 아주 반민주적인 체제였다.

그리고 박정희 체제는 경찰, 검찰, 법원, 중앙정보부(국정원) 등을 총 동원한 공안통치 체제였다. 경상도 부모들이 자녀들에게 "단~디 해라이"라며 조심하라고 단속한 것이나, 충청도 부모들이 아이들에게 "모난 돌이 정 맞는 법이여"라며 튀는 행동을 하지 말라고 경고한 것들이 바로 이 공안통치 체제의 산물이다. 영화 〈남영동 1985〉나 〈변호인〉에서 잘 나타나듯, 공안통치 아래서는 토론이나 설득, 합의와 감동의 문화가 아니라 감시와 통제, 협박과 매수의 문화가 판을 쳤다. 사람들은 살아남기 위해 '강자 동일시' 심리 구조를 내면화했고 '튀는' 행동을 몹시 삼갔다. 그러나 최근의 촛불시위 국면은 바로 그런 두려운 움츠림을 깨고 나오는 신선한 시도이자 시민들이 '행동하는 양심'으로, '깨어난 시민들의 조직된 힘'으로 바로 서는 과정이었다.

박정희 체제는 성장 중독증에 사로잡힌 '중독 시스템'이기도 했다.[25] 1970년대의 새마을운동으로 상징되는 '잘살아보세'라는 구호는 도시나 농촌, 공장과 농토를 가리지 않고 모든 사람들의 마음속에 굳게 자리 잡았다. 비교적 최근인 이명박 정부 당시에도 '부자 되세요'라는 인사말이 언론을 타고 온 사회로 번졌다. 이제 국민들은 무한한 경제성장에의 믿음으로 똘똘 뭉쳐 있다. 경제가 침체해도 '마이너스 성장'이라 부른다. 실상은 마이너스 성장이 아니라 불경기요, 경제 후퇴이며 경제 공황이다.

따지고 보면 우리는 50년 전에 비해 300배 이상 부자가 되었다. 생각해 보라. 요즘 자동차가 없는 집이 별로 없고, 부자들만 먹던 바나나나 고급 음식도 많은 사람들이 쉽게 접할 수 있지 않은가? 배곯는 아이도 거의 없다. 아이들의 옷이나 신발은 어떤가? 요즘 아이들은 명품 옷에 명품 가방에 명품 신발을 신고 심지어 스마트폰에다 컴퓨터까지 마음대로 쓴다.

이렇게 물질적으로 대부분 부자가 되었건만, 우리의 마음과 정신은 어떠한가? 여전히 우리는 경제성장, 즉 돈벌이에 목을 매는 한편 늘 결핍과 궁핍에 시달린다. 세상 사람들과 열린 소통을 하는 듯 하지만 막상 어려움이 닥치면 내 일처럼 열 일 제치고 달려올 친구나 이웃이 별로 없다. 마침내 우리는 '고독한 군중'이 되었다. 그러니 우리가 만들어야 할 세상은 더 이상 무한 경제성장이 아니라 '적정 속도'와 '적정 성장' 또는 '탈성장' 위에서 삶의 여유를 누리며 함께 어울려 신바람 나게 사는 그런 세상일 것이다.

---

25 "세월호 사태엔 중독사회 메커니즘이 작동…강수돌 고려대 교수의 '중독사회론'", 〈헤럴드경제〉, 2014. 9. 8; "'혼'이 정상인 사회로 가자", 〈경향신문〉, 2017. 1. 6.

이제 우리가 할 일은 주거, 교육, 의료, 노후 등 기본적 삶의 영역들을 '공공재'로 여기고 온 사회 구성원들이 나름의 사회적 책임을 담당하겠다는 각오와 실천을 해 나가는 것이다. 그리하여 사회 공공성이 우리 삶의 전반적 과정에 확실한 안전망 역할을 할 때 비로소 우리는 학습이나 노동과 건강한 관계, 진정으로 자유롭고 평등한 관계, 정의롭고 공정한 관계를 형성해 나갈 수 있을 것이다.

3장

'개성 있는 평등화' 이루기
교육부 장관의 역할

현재의 우리나라 학교 체제와 교육 체제가 아이들에게 꿈을 꾸게
할 수 없다는 점은 모든 사람이 알고 있다. 일부 예외가 있다면
높은 점수를 받고 1퍼센트 미만의 탑 클래스에 들어갈 수 있는
우등생 그룹일 것이다. 이들은 이른바 SKY 대학이나 각종 고등고
시 합격을 통해 개인적 성공과 출세를 할 수 있는 이들이다. 그렇
다면 나머지 99퍼센트의 인생은 어떻게 되는가? 1퍼센트를 위해
평생 엑스트라 인생을 살아야 하는가?

　정의로운 사회라면 모든 이들에게 기회가 열려 있어야 하고,
이른바 '패자 부활전'도 얼마든 가능해야 하며, 종국에는 승자나
패자 구분 없이 어울려 살 수 있는 사회 조건들이 갖춰져야 한다.
그렇다고 해서 현실 사회주의나 공산주의에서 해 왔던 실험, 즉
인민을 위한 국가가 모든 사람에게 동일한 교육과 직업, 생계수
단을 제공할 터이니 인민은 국가의 지침을 잘 따르기만 하면 된
다는 식이 올바른 해결책이라 보기도 어렵다. 사람들의 자유의지
와 개성, 집단지성이나 비판적 사고 따위가 쉽게 억압되기 때문
이다. 따라서 정의로운 사회를 지향하는 우리는 이런 점을 염두
에 두고 자유와 평등이 보장되는 새로운 시스템을 설계할 필요가
있다.

이런 점에서 나는 고교-대학-직업 간 차별을 없애는 것, 그리하여 아이들이 배우고 싶은 것을 배우고 하고 싶은 일을 선택해서 하더라도 (차이는 존재하되) 차별을 받지 않는, '개성 있는 평등화'를 이뤄야 한다고 생각한다. 그런 철학을 가진 교육부 장관이 필요하다.[1]

생각해 보라. 아이들에게 무엇이 재미있는지, 무엇에 흥미나 적성이 있는지 물어 보면 실로 다양함을 알 수 있다. 소설이나 시를 쓰고 싶은 아이, 농사를 짓거나 꽃을 가꾸고 싶은 아이, 무용을 하거나 그림을 그리고 싶은 아이, 과학 실험을 많이 해서 발명품을 만들고 싶은 아이, 사람들이 행복한 멋진 회사를 만들고 싶은 아이, 비판적 지성으로 진리 탐구에 매진하는 학자가 되고 싶은 아이 등등 그 내용과 방향은 무수하다. 경우에 따라서는 책이나 영화를 보다가 어떤 주인공처럼 모종의 사명감(이를테면 오지의 가난한 아이들을 돌보는 의사가 되는 일)으로 가슴이 벅찰 수도 있겠다.

이런 아이들이 자신의 관심사나 재주를 계속 이어 발전시킬 수 있는 교육제도가 필요하지 않을까? 그러나 지금의 교육은 한마디로 '값비싼 코미디' 또는 '암기력 테스트'로 일관한다. 돈과 시간과 에너지는 많이 투입되지만 결과는 정말 보잘것없다. 진리 탐구의 열정으로 대학에 가는 아이들이 몇이나 있는가? 부모들도 연간 40조 원의 사교육비를 들여가며 아이들을 바보로 만들고 있지는 않은가?

---

1   강수돌, 《더불어 교육혁명》, 삼인, 2015 참조.

아이들의 개성을 살리면서 사회적 평등 드높이기

나름의 색깔과 속도로 자라나는 아이들이 아무 두려움 없이 꿈을 꿀 수 있고 자신의 적성과 재주를 살릴 수 있는 교육제도는 어떻게 가능할까? 나는 오래전부터 '개성 있는 평등화'를 주창해 왔다. 그것이 가능하려면 몇 가지 제도의 변화가 있어야 한다.

첫째, 민주 시민의 구성원으로서 필요한 교과 공부(언어, 문학, 수학, 사회, 역사, 과학 등) 및 살림살이를 위한 생활 교과(이를테면 농사, 간장이나 된장 담기, 장아찌, 효소 만들기 등)는 예컨대 70점만 넘으면 합격(통과)시키는 '절대평가제'를 도입해야 한다. 지금처럼 1등부터 꼴찌까지 줄을 세우는, 그리하여 우월감이나 열등감을 제도적으로 재생산하는 교육은 그만둬야 한다.

둘째, 아이들의 교과 수업은 오전에만 하고 오후엔 자신의 적성과 취미, 특기를 살릴 수 있는 자유활동을 하도록 다양한 프로그램을 학교 안팎에서 만든다.

셋째, 학교 단위나 학급 단위로 자신의 적성과 특기를 집중해 키울 수 있는 교육 과정을 만들어 고교와 대학의 과정이 연속성을 갖게 해야 한다.

넷째, 대학 역시 서열화 타파를 위해 예컨대 전국의 대학을 K1 대학에서 K100대학까지 수평화하고, 교원이나 시설 등을 비슷한 수준으로 끌어올린다. 고교생들이 1지망에서 10지망까지 자신이 하고 싶은 분야의 서로 다른 대학들에 자유로이 지원하게 한다.

다섯째, 초-중-고-대학의 전 교과 과정은 원칙적으로 무상 교육을 지향해야 한다. 앞서 말한 대로, 교육의 사회 공공성을 촉진하는 것이 바람직하기 때문이다. 한꺼번에 시행하기 어려우면 얼마든지 단계별로 해 나갈 수 있다. 마이클 무어 감독의 〈다음 침공은 어디?〉에는 대학 교육까지 무상으로 하는 20여 개 나라들이 열거된다. 아르헨티나 · 오스트리아 · 브라질 · 쿠바 · 체코 · 덴마크 · 에콰도르 · 핀란드 · 프랑스 · 독일 · 아이슬란드 · 아일랜드 · 룩셈부르크 · 멕시코 · 모로코 · 노르웨이 · 파나마 · 슬로베니아 · 스웨덴 · 튀니지 · 우루과이 · 베네수엘라 등이 모두 그렇다. 이런 나라들은 교육을 공공재로 생각하고 교육 공공성을 위해 온 나라가 함께 책임을 지고자 한다. 그리하여 부모의 경제적 격차가 아이들의 교육적 격차로, 또 그것이 다시 사회경제적 격차로 확대 재생산되는 일이 없도록 사전에 차단하는 것이다. 대학 등록금이 비싸서 취업을 하기도 전에 빚을 안고 사회생활을 시작하는 미국이나 한국의 대학생들이 더 이상 나오지 않게 하려면 교육 공공성 개념을 사회 전체가 공유해야 한다.

여섯째, 고교나 대학 졸업 이후 각 분야별로 70점 정도의 기준을 가진 능력시험을 통과하면 그 분야에 취업 시 서로 비슷한 수준으로 대우받을 수 있도록 보상 시스템을 재설계한다. 시인이나 농부나 교사, 생산직 노동자, 운전기사나 벽돌공 등의 연간소득 수준이 차이는 존재하되 차별적이지 않도록 보상 체계를 다시 짠다. 현재 상황에서 출발한다면, 현재의 차별적 보상 구조를 갈수록 격차가 줄어드는 방향으로 재조정한다.

일곱째, 이상의 새로운 혁신이 가능하기 위해서는 이른바 '일류 대학'이 개념적으로는 물론 현실적으로도 사라져야 한다. 사실 우리 머릿속의 일류 대학은 여전히 존재하지만 교수들의 수준은 이미 전국적으로 평준화되지 않았는가? 문제는 특정 학벌 특권이다. 따라서 학벌 특권 또는 학력 특권을 없애는 것이 고교-대학-직업 등 모두에게 '개성 있는 평등화'를 이루기 위해 절실하다.

여덟째, 고교 졸업 후 4년 동안 실무 경험을 쌓은 사람과 4년제 대학을 졸업한 뒤 취업한 사람의 소득 차이가 별로 나지 않도록, 어쩌면 전자가 후자보다 조금이라도 더 소득이 높도록 보상 시스템을 설계하는 것도 필요하다. 그렇게 되면 학문에 별 관심이 없는 청소년들이 굳이 대학에 진학할 필요를 느끼지 않을 것이다. 현재의 대학진학률 80퍼센트 내외가 40퍼센트 내외로 떨어진다고 해서 나라 살림살이에 큰 문제가 되지는 않는다.

이런 식으로 아이들의 개성을 잘 살리면서도 사회적 평등을 드높이는 길은 얼마든지 가능하다. 그러나 다른 한편으로는 국가 시스템이나 시장 시스템에 기대지 않는 완전히 새로운 시스템을 만들 필요도 있다. 일종의 자율 시스템이다. 이 부분에 대해서는 조한혜정 교수가 '전환 교육'이라는 키워드로 통찰력 있는 아이디어를 제시한 바 있다.[2]

오늘 우리가 만들어야 할 참된 '사회적 학교'

조한 교수는 이렇게 정리한다. 지금까지의 공교육 체계는 농업 사회로부터 산업 사회로 변화하는 과정에서 아이들에게 애국적

---

2   조한혜정, 시민적 공공성을 위한 교육의 전환, 〈민들레〉 103호, 2016년 1-2월.

헌신성을 강조해 왔다. 그러나 대체로 1990년대 중반부터 그간의 권위주의적이고 획일적인 교육에 반기를 든 '깨어난' 부모들은 시민적 공공성을 강조하며 대안 학교 내지 대안 교육에 참여했다. 그리고 약 20년이 흘렀다. 그러나 이 대안 교육의 기본 철학과 아이디어는 훌륭하지만 기존 국가와 시장, 즉 자본주의 시스템을 넘기엔 역부족이다. 물론 부분적으로 대안 교육의 시도들이 현재 공교육 안으로 들어가 진보 교육감 아래 '혁신학교' 운동으로 번져 나가고 있다. 그러나 이 역시 여전히 자본주의나 국가주의를 지양하거나 초월하기엔 역부족이다. 그래서 조한 교수는 묻는다. "그러면 '애국적 헌신성'을 강조해 온 '고성장 시대'의 '국민학교'에서 '시민적 공공성'을 강조한 '소비와 문화산업 시대'의 '대안학교'를 거쳐 우리는 어디로 가고 있는 것일까?" 그에 대한 조한 교수의 답은 이렇다. "나는 '탈성장 위험사회'의 학교는 기존 국민국가 시대에 만들어진 학교의 태를 더 이상 유지하지 않는 모습으로 진화해 갈 것이라 생각한다."[3]

여기에 중요한 개념 하나가 등장한다. '탈성장'이다. 산업혁명 이후 약 200년 이상 우리는 앞만 보고 달려 왔다. 마침내 지구 전체가 하나의 공장, 하나의 시장으로 통일된 시대가 되었다. 그러나 바로 이 지점에서 우리는 '끝'을 본다. 자본주의 경제성장의 끝이다. 비록 최근에 인공지능(AI)이나 로봇으로 상징되는 제4차 산업혁명론이 유행이긴 하지만 이것 역시 자본주의 경제성장의 종말을 알리는 신호이거나 그 종말을 앞당기는 견인차에 불과하리

3　같은 글.

라는 것이 나의 견해다.

자본의 이윤 증식에 관심을 가진 이들은 부단히 '신성장 동력'을 찾아 나서지만, 이제 우리(혹은 자본주의)는 갈 데까지 다 간 것 같다. 과학기술로 우주와 자연을 정복하고 인간 노동력을 정복했으며 식민지 혹은 세계시장을 정복했다. 심지어 소련과 동구로 상징되는 현실 사회주의까지 정복했다. 남은 곳은 중국과 북한뿐이라지만 중국 역시 자본주의 시장경제가 판을 치고 있지 않은가? 굳이 이윤 공간으로 남은 곳이 있다면 공공 부문(복지)과 오지의 미개발 구역, 마지막으로는 사람의 생명체(DNA 등)뿐이지 않은가. 그러나 이런 분야조차 자본의 이윤 체계가 점령하고 복속할수록 인간이 설 자리는 점점 없어진다. 동시에 인간의 생존 자체를 가능하게 하는 생물적·생태적·사회적 여건은 근본적으로 파괴된다. 바로 이것이 현재 우리가 무턱대고 달려가려는 방향이다. 결코 가서는 안 되는 길이다.

이런 맥락에서 조한 교수가 제안한다. "아이들이 걸어서 갈 수 있는 카페나 마을 도서관, 아이들의 장난감을 포함한 물건들이 활발하게 교환되는 장터, 음식을 만들어 같이 먹는 '동네 나눔 부엌'과 동네 어른들이 절기에 따른 의례를 거행하는 신성한 장소 등이 모여 있는 생태계 같은 것을 떠올려 보자. 시민적 공공성을 자연스럽게 익히면서 동시에, 또한 어처구니없는 상황이 벌어지더라도 침착하게 살아갈 수 있는 '난민적 공생성'을 익히는 '학교 아닌 학교'들이 생겨날 것이라는 말이다."[4] 이것은 무엇을 말하는

---

4 같은 글.

가? 이제 더 이상 암기력 테스트나 하는 값비싼 코미디를 그만두고 집단 생존을 가능하게 하는 사회 조건들을 함께 만들자는 제안이다. 앞으로 필요한 학교란 자본이 초래하는 각종 사회적 위험에 맞설 수 있는, 그래서 서로 돕고 살면서 함께 행복을 느낄 수 있는 그런 살림의 공간이어야 한다는 것이다.

조한 교수는 이런 면에서 현재 우리가 일종의 "사회적 난민"이 되었다고 보고, '재난 공동체'를 적극 창조하는 것만이 우리의 살길이라 강조한다. "우리가 지금 말하고자 하는 '전환의 교육' 혹은 '교육의 전환'은 바로 이런 근원적 위기 상황에서의 전환이어야 한다고 생각한다. 국가와 시장, 그리고 그들 간의 균형을 이루며 활성화되었던 시민사회가 붕괴한 상황, 국가와 시민사회만이 아니라 가족의 붕괴가 역력한 상황. 결국은 모두가 난민이자 고아가 된 상황을 감지하면서 시작되는 새로운 실험일 것이다. 개천에서 용이 나올 필요도 없고 개천도 없다는 것을 인식하는 것, 오히려 그 깊은 늪에서 쉽게 출구를 찾으려 해서는 안 될 것이다."[5]

앞으로 진정한 교육의 전환이 일어난다면, 그것은 학생과 교사와 그 모두가 서로로부터 배우는 능력을 갖는 것, 삶을 외면하지도 묵시록만 읊어 대지도 않으면서 서로를 연결하는 소통과 신뢰의 생태계를 이루어 내는 것이리라. 결국 우리 자신이 희망의 근거다.

그런데 이런 모습은 바로 내가 어릴 적 살던 가난한 동네 이야기와 비슷하다. 고된 노동에 몸과 마음이 찌든 아버지가 친구들

5　같은 글.

과 막걸리 몇 잔 마시고 큰 소리로 노래 부르며 골목길을 돌아 들어올 때 어머니와 나는 아버지가 제발 조용히 주무시기만을 기원했다. 그런 아버지가 이웃 사람과 주먹질을 하며 쓰러졌을 때 동네 아저씨들이 싸움을 말리고 집에까지 데려다 주시기도 했다. 내가 무언가 잘못 먹고 배가 아파 어쩔 줄 몰라 했을 때 옆집 아주머니가 무슨 나무뿌리 우려낸 물을 가져와 마셔 보라 권하기도 했다. 이웃집에 불이 났을 때는 온 동네 사람들이 바가지, 물통, 세숫대야에 찬 물을 퍼다 나르며 함께 불을 끄기도 했다. 돈 안 벌어 오느냐는 아버지의 닦달에 못 이겨 군에 입대한 형들이 파월 장병으로 베트남에 갔을 때 부모님과 나는 "제발 살아서 돌아오기"만을 간절히 빌고 또 빌었다. 어머니는 가난했지만 내 고교 친구들 여럿이 갑자기 놀러와도 '부모 팔아 친구 산다'며 꼭 김치와 된장국에 밥을 먹고 가라고 했다. 보리밥에 소금을 찍어 한 끼 식사를 때울 때도 많았지만 행여 거지가 우리 집에 들르기라도 하면 어머니는 동냥 그릇에 몇 숟갈이라도 얹어 주곤 하셨다. 되돌아보면, 가난하게 살았지만 바로 이런 장면들이 아직 '애틋한 마음'이 살아 있던 시절이 아닌가 한다.

조한 교수의 말처럼, "제도적 삶은 망가졌지만 삶은 지속되어야 하고 서로 어울리며 '사회'를 만들어 내는 일을 계속해 나갈 때 기적이 일어날 수 있다." 어쩌면 살아 있는 사람들인 우리에게 기적이란 "기적은 일어날 수 없다는 것을 알아차리게 되는 바로 그 자체"가 아닌지 모른다. 엄중한 현실이다. 그러나 바로 이 현실의 냉엄함을 직시하는 힘, 그에 기초해 우리 모두가 힘을 합쳐 우리의 운명을 개척해야 한다는 결심을 하게 되는 것, 바로 이것이야말로 오늘의 우리가 만들어야 할 참된 '사회적 학교'가 아닐까? 그런 뜻에서, 앞서 말한 고교-대학-직업 간의 '개성 있는 평등화'를 하나씩 만들어 가면서도 우리는 '재난 공동체'의 '사회적 난민'들임을 자각하고, 서로가 서로에게 의지할 수 있는 전 사회적 배움터를 열어 나가야 한다.

4장

식량자급률을 높이고 농촌 공동체 살리기
농림부 장관의 역할

모두들 '경제를 살려라!' '경제를 살려라!' 외치는데, 경제 중의 경제가 밥상이다. 가정에서 밥상을 차리는 사람이 엄마 아빠라면, 온 사회의 밥상을 차리는 사람은 곧 농민이다. 결코 재벌이 밥상을 차려 주지 않는다. 농민이 농토에서 땀 흘려 정직하게 일해야 먹을거리가 나온다. 컴퓨터나 인공지능이 곡식이나 채소, 과일을 만들어 내진 못한다. 기계식 농업이 발달했다 하더라도 농기계 자체나 농약과 제초제가 농사를 짓는 것은 아니다. 농민의 수고가 농산물을 만들어 낸다.

아무리 4차 산업혁명이 일어나고 첨단 과학기술이 우리 삶을 지배해도 당장 배가 고프면 우리는 밥을 먹어야 한다. 그런데도 많은 정치가와 기업가들은 과학기술과 수출산업 육성이 우리의 미래라고 한다. 그러나 (불량식품이긴 하지만) 포테이토칩은 몰라도 컴퓨터 칩을 사람이 먹을 수는 없지 않은가? 한사코 경제 발전을 위해서는 최첨단 과학기술을 장려해야 한다고 주장하고 자동차나 휴대전화 같은 것만 많이 수출하면 된다고 믿는 장관이나 국무총리, 그리고 대통령의 밥상에 컴퓨터 칩을 한 사발 차리고 싶을 정도다. 시골 사는 농민들에게 동정심을 품자는 말이 아니라 그들이 우리 삶의 토대를 제공하고 있음을 새롭게 인식하자는 말이다.

　전통적으로 우리 조상들은 두레와 품앗이라는 상부상조의 아름다운 전통을 통해 힘겨운 농사일을 무난히 감당했다. 지금도 남아 있는 농어촌 공동체를 방문해 보라. 아니면 〈님아, 그 강을 건너지 마오〉(진모영 감독, 2014)와 같은 다큐 영화에 나오는 시골 마을을 보라. 애국가에 나오는 '삼천리금수강산'은 박정희식 개발 독재와 무자비한 경제성장이 강행되기 전의 한반도 모습이었다. 그러나 이제는 '삼천리금수강산'이 '삼천리오염강산'으로 변했다. 그 사이에 농촌, 농사, 농업, 농민은 철저히 몰락하고 파탄이 났다. 현재 우리나라 식량(곡물)자급률은 20퍼센트 내외다. 그나마 쌀 자급률이 100퍼센트에 가깝기에 평균치를 높인 것이다. 쌀 외의 곡물은 대부분 수입한다고 보면 된다. 그리고 수입되는 콩(대두)이나 옥수수는 대부분 GMO(유전자조작식품)다. 심지어 후쿠시마 원전 붕괴 이후 방사능투성이의 해산물까지 대량으로 유입되었다고 하지 않는가?[1] 나라 살림살이가 굉장히 심각한 수준이다.

　"올해도 쌀농사가 대풍을 맞을 것으로 예상되고 있는 가운데, 지역 농민들은 가격 하락과 수매 걱정이 깊은 것으로 나타났다."[2] 2016년 가을에 나온 뉴스다. 농사가 풍년이 들면 농민들이 춤을 추고 온 동네에 잔치가 벌어져야 하는데, 왜 농민들은 걱정이 앞

1　"중국·대만도 안 먹는 日 '후쿠시마' 식품 국내서 대량 유통", 〈헤럴드경제〉, 2016. 9. 20.; "'사실상 수입제한 수준' 세슘 나온 가쓰오부시 국내 유통", 〈경향신문〉, 2016. 12. 6.

2　"'풍년' 농사에 우는 전남 농민", 〈세계일보〉, 2016. 9. 24.; "4년 연속 대풍 불구 農心 멍든다", 〈중부매일〉, 2016. 10. 17.

설까? 2016년의 경우 그나마 겉으로는 풍년이었는데 막상 탈곡을 해 보니 쭉정이가 많았다고 한다. 게다가 수매 가격은 25년 전인 1991년 수준으로 떨어졌다. 사실 이런 일은 한두 해 반복되는 게 아니다. 따지고 보면 1960년대 경제개발 이후 지금까지 '일관되게' 계속되어 온 현실이기도 하다. 물론 1980년대까지만 해도 농사 지어 자식들 교육시키는 게 가능하기는 했다. 소 한 마리라도 팔면 되었다. 그래서 대학을 '우골탑'이라 부르기도 했다.

그러나 '우루과이라운드'니 무슨 라운드가 있을 때마다, 심지어 한미 FTA(자유무역협정)에 이르기까지, 그리하여 1990년대를 지나면서 농민들은 이 땅에서 더 이상 인간 대접을 받지 못한다.

그렇다면 도대체 농사, 농민, 농업, 농촌을 어떻게 보아야 할까? 헌법에는 아직도 '경자유전의 원칙'이 살아 있건만, 전국의 농지나 산지는 대부분 도시의 부자들이 장악한 지 오래다. 정치가들이 부재지주로서 많은 땅을 갖고 있다가 들키면 "땅을 사랑하기 때문"이라며 터무니없는 소리를 해도 쫓겨나지 않는 세상이 되었다. 이제 땅은 생명의 원천이 아니라 투기와 재산 증식의 토대가 되고 말았다. 과연 우리에게 희망이 있을까?

농산물을 공산품 취급해서는 안 된다

사람들은 이제 농사는 과거의 일이고 미래의 일은 컴퓨터나 스마트폰이니 농산물은 해외에서 사 먹고 공산품만 많이 팔면 온 나라가 부자가 될 수 있다고 한다. 그러나 이건 새빨간 거짓말이거나 순진하게 속는 사람들의 착각에 불과하다. 이참에 농업, 농사, 농촌, 농민에 대한 시각을 몇 가지 측면에서 제대로 정리해 보자.

첫째, 가격 측면이다. 현재 우리는 '값싼' 해외 농산물을 수입해 먹고 산다고 해도 과언이 아니다. 식량(곡물)자급률이 20퍼센트 수준으로 떨어졌기 때문이다. 과연 이 농산물 가격이 그대로 유지되거나 내려갈까? 불행히도 해외 농산물 시장은 갈수록 초국적 농식품 자본에 의해 독과점으로 변하고 있다.[3] 만일 세상의 자작농과 소농들이 다 망하고 나면 몬산토나 카길 등 초국적 농기업들은 농산물 가격을 제멋대로 올릴 것이다. 그것이 자본주의의 일반 법칙이다.

둘째, 안전 측면이다. 국내로 들어오는 해외 농산물은 우리 몸에 안전한 상태이기 어렵다. 농약·제초제·방부제투성이에다 GMO 농식품이 태반이다. 심지어 수입제한조치에도 불구하고 일본 후쿠시마 방사능에 노출된 농·수산물이 불법으로 대거 유통되었다 하지 않는가? 미국산 소에 대한 우려도 완전히 가신 것은 아니다. GMO 농식품도 무더기로 유통된다. 이미 이게 현실이고, 이런 농산물을 수십 년씩 먹다 보면 기형아 출산이 급증함은 물론 아토피와 암 발생률도 훨씬 높아질 것이다. 살기 위해 먹는 것인데, 먹고 나서 큰 병에 걸리거나 죽게 될지 모르는 상황이다.

셋째, 식량안보 측면이다. 우리가 아무리 비싼 돈을 주겠다고 하고, 또 몸에 좋지 않은 거라도 좋으니 제발 우리에게 농산물을 많이만 팔아 달라고 요구했을 때, 만일 미국이나 중국이 이렇게

---

3   제니퍼 클랩, 《식량의 제국(세계식량경제를 움직이는 거대한 음모 그리고 그 대안)》, 정서진 역, 이상북스, 2013 참조.

말하면 어떻게 될까? "전에 너희들 사드 문제로 우리 말 잘 안 들었지? 그러니 이제 농산물이 아무리 많아도 너희에겐 팔지 않을 거야." 한마디로 식량이 무기가 되는 시절이 올 수 있다. 우리 곳간이 든든해야 우리가 하고픈 말을 하며 살 수 있다는 원리를 잊어서는 안 된다.

넷째, 생태적·정서적 측면이다. 농어촌과 자연은 경제적 기능만 하는 게 아니다. 특히 논에 고인 물은 기온과 습도를 조절하고 지구 온난화를 저지하는 효과도 있다. 나아가 들판의 황금물결, 하늘의 잠자리, 그리고 아이들이 깔깔거리며 뛰노는 들판과 산을 보라. 이것은 우리에게 보이지 않는 가치를 지닌다. 혹시 각박한 도시생활에서 마음을 다쳐도 자연의 품 안에서 그 트라우마를 치유한 경험이 있지 않은가? 또 힘든 생활을 하다가도 고향의 어른들을 찾았을 때 풍성하게 느껴지던 공동체의 인심이 우리의 다친 마음을 어루만져 주지 않던가? 농어촌 공동체와 자연이 살아 있을 때 우리는 인간다움을 잃지 않고 살아갈 수 있으며, 생명과 인간에 대한 감수성을 잃지 않고 살아갈 수 있다. 아이들에게 물려주어야 할 것은 더 많은 돈이 아니라 살아 있는 자연, 살아 있는 공동체임을 알아야 한다.

이런 점에서 마지막으로 꼭 알아야 할 것은, 농산물을 공산품과 동일한 논리로 취급해서는 안 된다는 점이다. 농산물은 단지 상품이 아니라 우리의 생명을 지탱하는 원천이다. 공산품은 없어도 살지만 농산물은 없으면 죽는다. 공산품은 인간과 자연을 분리시키지만, 농산물은 인간과 자연을 하나로 연결한다. 공산품은 시장경쟁의 원리로 취급해도 되지만, 농산물엔 생명 공동체의 원리가 작동한다.

농업, 농사, 농촌, 농민을 '존중'하는 경제를 만드는 것이 우리 모두의 과제다. 바로 이런 정신을 가진 정부가 나라를 이끌고, 이런 생각을 가진 백성이 많아질 때 우리는 마침내 '헬조선'을 탈출할 수 있지 않을까.

농촌과 농민, 농사를 존중하는 경제

그렇다면 과연 정의로운 대통령 또는 정의로운 농림부 장관이 제안할 수 있는 농민과 농촌을 존중하는 제도에는 무엇이 있을까? 이런 제도는 한편으로 농민의 생계와 생활을 적극 지원하는 것이어야 하며, 다른 한편으로는 나라 전체의 식량(곡물)자급률을 드높이는 것이어야 한다.

첫째, 농산물 전량 수매제. 현재 상태에서라도 모든 농민이 생산한 농산물(곡식, 과일, 채소)을 국가가 전량 수매해 농협 하나로마트 등을 통해 판매하는 제도를 도입할 수 있다. 원래 농협은 농민을 상대로 사업을 하는 조직이 아니라 농민들의 생산자 협동조합이다. 따라서 농협이 원래 역할을 되찾아 농민의, 농민에 의한, 농민을 위한 사업을 해야 한다.

둘째, 농민 기본소득제. 현재 상태에서 농민 기본소득제를 실시하는 것도 한 방법이다. 그 액수는 농민 1인당 월 50만 원부터 출발해도 좋다. 점차 올릴 수도 있다. 이에 대해서는 사회적 논의와 합의가 필요하겠지만, 중요한 것은 농민이 안심하고 농사를 지을 수 있도록 온 사회가 지원하는 것이다.

셋째, 직영 농민 경자유전제. 헌법 121조에도 나오는 경자유전의 원칙(농지에 대한 소유라기보다 점유의 개념)을 더욱 철저히 고수해 농지의 공공재적 성격을 강화할 필요가 있다. 현재 개인 소유 농지 중 경작자 소유지는 그대로 두고, 부재지주가 불로소득 혹은 시세차익을 얻기 위해 소유만 하고 있는 경우엔 국가가 매입해 공공재로 전환하는 것도 좋다. 전술한 대로, 모든 국토는 원칙적으로 전 국민의 것이기에, 특정 개인의 소유로 해서는 안 된다. 개인이건 법인이건 경작하는 동안에만 빌려 쓰도록 하는 것이 바람직하다.

넷째, 유기농 농민 공무원제. 유기농 농민부터 시작해 점차 모든 농민이 자신의 생산물의 판매와 무관하게 안정된 생활을 누릴 수 있도록 가칭 '유기농 농민 공무원제도'를 실시할 필요가 있다. 즉 유기농 육성과 식량자급률 제고를 국가 정책의 최우선 목표로 설정하고 이들의 생활을 보장해야 한다는 것이다. 물론 급격히 사라진 농토를 식량자급률 70퍼센트 이상이 될 정도로 복원 또는 확장해야 한다. 이렇게 되면 청년 실업자들도 유기농 농사에 관심을 갖게 될 터인데, 각 지방 정부는 이들이 안정적으로 정착하도록 정책 지원(주거 및 보육, 교육, 문화, 마을 도서관 등)을 해야 한다. 장기적으로 유기농 농민의 연간 소득이 대학 교수의 소득과 비슷한 수준까지 올라갈 수 있을 것이다. 국민과 국토, 그리고 공동체를 동시에 살리는 유기농 농민들의 생계 안정은 물론 자부심 향상에 적극 기여하기 위해서다.

이렇게 해서 농촌, 농민, 농업, 농사에 대한 발상의 전환과 시각의 전환이 이뤄지면 농민들도 새로운 활력을 되찾을 것이고, 일자리가 없어 고민하는 사람들에게는 새로운 희망을 줄 수도 있을 것이다. 나아가 농촌 공동체도 회복될 것이고 나라 전체의 식량(곡물)자급률도 점차 높아질 것이다. 실제로 1990년대 초 소련과 동유럽이 붕괴하면서 남미의 쿠바는 식량 조달에 큰 어려움을 겪었다. 당시 쿠바는 대통령 격인 카스트로 의장부터 평범한 시골 농민에 이르기까지 도시와 농촌을 가리지 않고 땅이라고 생긴 곳은 모두 일구어 유기농을 위한 농토를 만들었다. 이런 국가 차원의 노력 덕분에 기아 위협에 처했던 쿠바의 오늘날 식량자급률은 95-100퍼센트라고 한다.[4] 의지와 철학이 있는 한 불가능은 없다! 결국은 모두 사람이 하는 일이니까.

---

4   "국민합의로 이룬 '건강한 쿠바'", 〈경향신문〉, 2005. 10. 25; "유기농 선진국 일군 쿠바의 농업혁명", 〈세계일보〉, 2005. 11. 7.

제3부

평화 통일을 넘어
세계 차원의 열린 공동체를 향해

나는 우리나라가 세계에서 가장 아름다운 나라가 되기를 원한다. 가장 부강한 나라가 되는 걸 원하는 것은 아니다. 내가 남의 침략에 가슴이 아팠으니 내 나라가 남을 침략하는 것을 원치 아니한다. 우리의 부력은 우리의 생활을 풍족히 할 만하고 우리의 강력은 남의 침략을 막을 만하면 족하다. 오직 한없이 가지고 싶은 것은 높은 문화의 힘이다. 문화의 힘은 우리 자신을 행복되게 하고, 나아가서 남에게 행복을 주겠기 때문이다.
-김구,《백범일지》, 1947년 초판본 중.

지금까지 우리는 새 집을 짓는 과정에서 기초를 잘 파서 다지고 튼실한 주춧돌과 기둥을 튼튼하게 올려 세웠다. 이제 지붕을 올려야 한다. 빗물도 새지 않고, 추위와 더위도 잘 막아 주며 기둥과 벽도 보호할 수 있는 지붕이 필요하다.

나는 여기서 지붕의 두 면에 해당하는 대통령의 정책을 이야기할 작정이다. 하나는 한반도의 평화 통일이며, 다른 하나는 세계 평화를 이루기 위한 대외 관계에 관한 것이다. 이 두 면이 잘 맞물려야 튼튼하고 아름다운 지붕이 완성되어 마침내 우리는 멋진 집에서 잘 살 수 있게 될 것이다.

박근혜 대통령은 2013년 2월 25일 취임사에서 경제 부흥, 국민 행복, 문화 융성 등을 3대 국정 방향으로 제시했다.[1] 동시에

1   "문체부 '문화융성' 삭제…올림픽 준비 박차 · 1600억 원 콘텐츠 펀드 조성", 〈세계일보〉, 2017. 1. 6.

남·북한 관계와 관련해선 '한반도 신뢰 프로세스'를 언급했다.[2] 또 2014년 1월 6일 연두 기자회견에서는 '통일 대박론'을 제시하며 통일에 대한 긍정적 전망을 제시했다. 통일로 인한 남북 간의 경제 통합으로 경제번영 효과가 크게 나타날 것이라 본 것이다.

'통일 대박론'이 나온 뒤 대통령 직속으로 '통일준비위원회'도 설치되었다. 그리고 한반도 신뢰 프로세스의 실현 방안으로 2014년 3월 28일, 독일 통일의 상징 도시인 드레스덴에서 인도적 문제 해결, 남·북한 공동 인프라 구축, 남북 동질성 회복 등 평화 통일 기반 구축을 위한 3대 제안을 북한에 제시했다. 이른바 '드레스덴 선언'이다. 그러나 이는 북한과 아무런 사전 협의가 없었기에 '메아리 없는 외침'에 불과했다. 그 뒤로 남북 간 평화와 화해의 분위기보다 긴장과 대결의 분위기가 고조되면서 한반도 신뢰 프로세스도, 통일 대박론도 현실화 가능성이 소멸되었다. 심지어 북한의 4차 핵실험과 로켓 발사 직후인 2016년 2월, 10년 이상 달려 온 남북 화합의 상징인 개성공단마저 폐쇄되고 말았다.[3] 갑작스런 폐쇄로 인해 입주 기업들이 입은 손실만 해도 최소한 8천 억 원이 넘는다.

최근엔 바로 그 개성공단 폐쇄 결정마저 최순실 등 비선실세의 개입에 의한 것이라는 보도가 있었는데,[4] 그와 별개로 여기서

---

2 "정반대 상황 낳은 정책들", 〈경향신문〉, 2016. 2. 24.

3 "개성공단 입주 기업 협력업체 '연쇄 도산 우려…정부 나서야'", 〈머니투데이〉, 2017. 1. 25.

4 "개성공단 폐쇄 1년…'고생 많았는데 최순실 작품이라니'", 〈굿모닝충청〉, 2017. 1. 30.

꼭 지적할 것은 '통일 대박론' 속에 담긴 사회경제 발전의 논리에 관한 것이다. 이런 논의가 일반적 통일 논의보다 중요한 이유는, '통일 이후 과연 우리는 어떤 사회경제 시스템 아래 살 것인가' 하는 문제로, 단순한 이산가족 상봉이나 민족 통일 담론의 차원을 넘는 더욱 결정적 차원이 담겨 있기 때문이다.

과연 '통일 대박론'의 내용은 무엇이며, 여기에는 어떤 시각이 깃들어 있는가? 전술한 2014년 신년 기자회견에서는 크게 두 가지 내용이 중요했다. 그 하나는 경제혁신(규제 완화, 공공 개혁, 노동 개혁)을 통해 1인당 국민소득 3만 불을 넘어 4만 불 시대로 가겠다는 것이고, 다른 하나는 한반도 통일시대의 기반 구축이다. 특히 2014년 초 기자회견에서 대통령은 "한마디로 통일은 대박이다"라고 했다.[5] 그 근거로 "어느 세계적 투자 전문가가 만약 남북 통합이 시작되면 자기 전 재산을 한반도에 쏟겠다. 그럴 가치가 충분히 있다"고 했다는 것이다. "그래서 만약에 통일이 되면 우리 경제는 굉장히 도약을 할 수 있다고 보는 것입니다."[6] 당연히 그렇게 되면 1인당 국민소득도 쉽게 4만 불 수준으로 상승할지 모른다. 그러나 과연 이것이 대박인가?

이런 식의 '통일 대박론'에는 북한을 '재결합해야 할 이웃'으로 보는 시각이 아니라 '돈벌이를 위한 새 투자처' 정도로 보는 시각이 깔려 있다. 마치 서울을 비롯한 수도권이 여타 지방이나 농어촌을 '내부 식민지'로 보듯 북한을 남한 자본주의를 위한 '내부 식

---

5 "최순실, '통일 대박' 연설문 · 靑 비서실장 교체 문건 미리 받았나", 〈조선일보〉, 2016. 10. 25.

6 "박근혜 대통령 신년 구상 발표 및 기자회견 질의응답", 〈청와대〉, 2014. 1. 6.

민지' 정도로 보는 셈이다.[7] 단언컨대 이런 시각으로는 평화 통일도, 통일 대박도 모두 불가능하다. 오히려 남–북한 사이에 긴장만 고조될 것이고, 설사 이런 식의 통일이 된다고 해도 김구 선생이 강조한 "높은 문화의 힘"도, 남·북한 민중이 경험할 삶의 질도 그다지 향상되지 않을 것이다.

국가는 국민 모두의 집이다. 이 집을 이제 우리가 새롭게 설계할 때, 지붕에 해당하는 부분을 잘 구축해야 비가 새지 않고 쾌적한 공간이 된다. 여기서 나는 남·북한 분단 상황을 극복하는 것이 지붕의 한 면을 뜻한다면, 다른 한 면은 세계 각국과의 우호적 대외 관계를 뜻하는 것으로 본다.

7　이와 관련해 "성주에서 재현될 '밀양 전쟁'", 〈시사IN〉, 2016. 7. 29 참고.

1장

평화 통일은 한반도의 미래를 새롭게 연다

2000년 6월 15일 평양에서 개최된 남북정상회담에서 김대중 대통령과 김정일 국방위원장이 남북관계 개선과 평화통일 노력을 위해 발표한 '6.15 남북공동선언' 5개 항 내용.

①남과 북은 나라의 통일 문제를 그 주인인 우리 민족끼리 서로 힘을 합쳐 자주적으로 해결한다.

②남과 북은 남측의 연합 제안과 북측의 낮은 단계의 연방 제안이 서로 공통성이 있다고 인정한다.

③남과 북은 2000년 8월 15일에 즈음하여 흩어진 가족, 친척 방문단을 교환하며 비전향 장기수 문제를 해결하는 등 인도적 문제를 조속히 풀어 나가기로 합의한다.

④남과 북은 경제협력을 통하여 민족경제를 균형적으로 발전시키고 사회 · 문화 · 체육 · 보건 · 환경 등 제반 분야의 협력과 교류를 활성화하여 서로 신뢰를 도모한다.

⑤위의 네 개 항의 합의 사항을 구체적으로 이행하기 위해 남과 북의 당국이 빠른 시일 안에 관련 부서들의 후속 대화를 규정하여 합의 내용의 조속한 이행을 약속한다.

한반도의 평화 통일을 바라지 않는 사람은 별로 없을 것이다. 우리나라의 공식 통일 방안은 '민족 공동체 통일 방안'이다.[1] 통일의 3원칙은 자주·평화·민주이며, 이에 의거한 3단계 통일 과정은 '화해협력→국가연합→완전통일'이다. 여기서 3원칙과 3단계는 지극히 상식적이고 합리적이다. 그런데 최근 남북 관계는 '대박'은커녕 '쪽박'으로 달리고 있다.[2] 현재의 상황에서 남·북한 관계를 획기적으로 개선하고 평화 통일의 기운을 증진시킬 묘안은 없을까? 향후 우리의 '정의로운 대통령'은 과연 어떤 아이디어를 낼 수 있을까? 내가 상상할 수 있는 아이디어들은 이렇다.

'생동하는 연대'를 통해 새로운 패러다임을 구축하자

첫째, 최우선으로 한반도에서 전쟁 위기와 상호 비방, 핵무기 공포가 사라져야 한다.[3] 그 구체적 방안으로 상시적 이산가족 상봉만이 아니라 화해와 협력을 위해 시도된 개성공단을 재가동하는 것도 좋은 방법이다.

개성공단은 단순히 남한의 자본과 기술, 북한의 노동력과 토지가 결합한 정치경제적 측면만 있는 게 아니라 남·북한 사람들이

1 　KAIST미래전략대학원, 《대한민국 국가미래전략 2016》, 파주: 이콘출판, 2015, 483-485쪽.

2 　"박원순 '통일 대박? 남북관계 쪽박'", 〈한겨레〉, 2016. 11. 18.

3 　이하 강수돌, "사드의 정치경제학 비판", 〈인물과사상〉, 2016년 10월호, 88-112쪽 참조.

상호 이해와 협력의 폭을 넓히는 사회문화적 공간이기도 했기 때문이다. 개성공단은 남·북한이 평화와 화해의 차원에서 함께 만든 공업단지(현재 약 30만 평)로, 2004년 말부터 15개 기업에서 생산을 시작해 2016년 2월까지 124개 기업에서 약 5만 4천여 명이 일했을 정도로 발전했다. 김진향 교수의 《개성공단 사람들》에는 이렇게 적혀 있다. "개성공단은 남북의 행복한 평화 경제와 남북 주민들 간의 작은 통일들이 매일매일 쌓여 가는 곳이다. 개성공단은 평화와 통일의 용광로이다. (…)개성공단의 관점에서 보면 휴전선을 중심으로, 남북이 상호 총부리를 겨누고 있는 첨예한 군사적 대치 상황은 참으로 허무맹랑한 장난 짓, 어릴 적 병정놀이쯤으로 보인다."[4] 이런 의미를 갖는 개성공단 실험은 2006년에 제정된 '남북관계발전법'에 기초한 화해와 협력의 길을 구현한다.

한편 2016년 7월에 발표된 고고도미사일방어체계(사드)의 경북 성주 지역 배치 뒤에는 최순실과 린다김에 의한 국방 농단이 자리하고 있다는 보도가 충격을 준다.[5] 미국의 대중국 동아시아 전략의 맥락에서 제주 강정 해군기지가 건설되는 것도 문제지만 사드가 국회의 동의도 없이 일방적으로 추진되는 것은 대한민국의 민주주의를 심각하게 침해하는 것이다. 이것도 용납이 어려운 일이지만, 무기 로비스트 린다김과 최순실이 긴밀한 관계 속에서 박근혜의 청와대와 암약한 사실은 더욱 분개할 일이다. 실제로

---

4 김진향 외, 《개성공단 사람들(날마다 작은 통일이 이루어지는 기적의 공간)》, 장수: 내일을여는책, 32-33쪽.

5 "린다김, 주진우 '폭탄은 여기에서 터집니다…박근혜 대통령이 청와대로 여러 차례 불러들이고 최순실은 사드 배치 떠들어' 폭로", 〈조선일보〉, 2016. 11. 1.

야권에서는 최씨가 7조 3천 억 원 대의 대형 사업인 차기 전투기 (F-X) 사업에도 개입한 의혹을 제기하기도 했다.[6] 전통 공안 세력들이 남북 분단 상황을 정권 안보 차원에서 맘껏 이용했다면, 박근혜-최순실-린다김은 남북 분단 상황을 기발한 비즈니스 차원에서 이용하려 들었던 셈이다.

따라서 남북 간에 진정한 긴장 완화가 되고 전쟁 위기와 핵무기 공포가 사라지기 위해서라도 이른바 '비선실세'에 의한 국정 농단은 물론 '정권 안보' 중심의 편협한 시각은 철저히 극복되어야 한다. 체제나 이념에서, 또 경제적 · 사회문화적 차원에서 상당한 이질성을 드러내는 남과 북은 향후 꽤 긴 시간에 걸쳐 상호 이해와 화해, 그리고 구체적 교류와 협력의 경험을 축적할 필요가 있다. 개성공단의 재가동이나 또 다른 경제 협력의 확대, 금강산 또는 백두산 관광, 이산가족 재회, 스포츠 교류, 학술 및 문화예술 교류 등의 활성화는 그 구체적 경로들이 될 것이다.

둘째, 북한 체제가 남한 체제를 복속하는 것도, 남한 체제가 북한 체제를 복속하는 것도 바람직하지 않다. 현실 자본주의가 문제가 많은 만큼 현실 사회주의도 문제가 많다. 우리가 헬조선을 탈피해 완전히 새로운 나라를 건설하고자 한다면, 현실 자본주의는 물론 현실 사회주의의 문제를 동시에 넘어야 한다.

우선 현실 자본주의의 근본 문제점은 무엇인가? 이미 많은 선각자들이 말해 왔듯이 더 이상 완전고용, 고도 성장, 대량 생산,

---

6   "주진우 '朴, 린다김 靑에 불러…최순실 사드 얘기하고 다녀'", 〈고발뉴스〉, 2016. 11. 1.

대량 소비, 대량 운송, 대량 폐기의 시스템은 작동하지 않는다.[7] 안타깝고 실망스럽지만 인정해야 할 현실이다. 사실 온갖 사회적·생태적 모순을 생각할 때 중독성이 강한 무한 성장 패러다임은 결코 바람직한 것도 아니다. 또 우리는 현실 사회주의의 문제점 역시 극복해야 한다. 그것은 획일적 국유화와 관료주의적 계획경제로 인한 폐해, 일당 독재 시스템, 권력 세습제, 엘리트에 의한 지배와 감시 체제, 전체주의로 인한 개인의 자율성과 개성의 억압 등이다. 물론 미국이나 남한으로 상징되는 자본주의 체제가 북한 체제를 진심으로 인정하기는커녕 기회만 되면 '합병'을 해버리고자 하는 압력이 상존하기에 체제 수호 차원에서 불가피한 면이 있다고도 할 수 있지만, 분명한 것은 그런 방식이 통일 한반도의 미래가 되어서는 안 된다는 점이다.

이런 면에서 우리는 '미-일-한' 군사동맹 체제의 하위 파트너[8]로서 '러-중-북' 동맹체와 대결하고 있는 프레임[9]으로부터 하루

7　대표적으로, 모리스 버먼, 《미국은 왜 실패했는가》, 김태언·김형수 역, 녹색평론사, 2015; 나페즈 아메드, "끝없는 성장에서 새로운 민주주의로", 〈녹색평론〉 146호, 2016년 1-2월, 108-117쪽 참조.

8　"결딴난 균형외교…한국, 미·일 동맹 '하위 파트너' 전략", 〈한겨레〉, 2016. 2. 21.

9　오늘날 중국은 미국과 더불어 G2로 부상했는데, 중국은 '일대일로'[일대(一帶)는 중앙아시아와 유럽을 잇는 육상 실크로드를, 일로(一路)는 57개국이 참여한 아시아인프라투자은행(AIIB)을 기반으로 동남아, 유럽, 아프리카를 잇는 해상 실크로드를 뜻함] 전략을 추구한다(정재일, "중국 경제와 한중관계", 무위당학교, 〈원주에서, 세계의 공동체정신을 돌아보다〉, 원주: 무위당사람들). 흥미롭게도 한국이 북한의 장거리 로켓 성공 직후 개성공단을 폐쇄한 뒤 북 위협 예방용으로 사드를 도입해야 한다며 중국에 협조할 것을 간접 촉구했으나, 중국의 왕이(王毅) 외교부장이 오히려 존 케리(John Kerry) 미 국무장관과 직접 만나 화해 무드를 조성하는 바람에 '닭 쫓

빨리 벗어남과 동시에 시급한 '패러다임 전환'[10]까지 이뤄 내야 한다. 갈 길이 멀지만 올바른 방향은 이렇다. 그것은 적게 일하고 삶을 많이 음미하는 패러다임, 적게 벌어도 서로 도우며 우애롭게 사는 패러다임, 적게 써도 많이 행복한 패러다임, 인간적 필요와 소망을 실현하는 패러다임, 사람과 사람 및 사람과 자연이 더불어 사는 패러다임을 여는 것이다.[11] 이런 맥락에서 개성공단이 더 이상 남·북한 '생산요소의 통일'을 매개로 한 남한 자본주의의 돌파구로 기능하는 것이 아니라, 긴요한 패러다임 전환을 신중하게 실험하는 혁신의 돌파구가 되어야 한다.

물론 하루아침에 될 일은 아니다. 하지만 이윤과 경쟁을 기초로 움직이는 중독 패러다임에 더 이상 전망이 없다면, 이제부터라도 우리는 필요와 협동의 원리 위에 움직이는 민주 패러다임을 열어 내야 한다.[12] 새로운 패러다임을 구조와 정책으로 만들기 위해서는 기득권을 버리고 원점에서부터 다시 출발해야 하며, 기존 패러다임에 대한 성찰이 주는 두려움으로부터 자유로워져야 한

던 개 지붕 쳐다보는 꼴'이 되었다(〈뉴스1〉, 2016. 2. 24; 한편 중·미 고위 당국자간 대화에서는 '북-미 평화협정' 체결의 가능성이 높은데, 이는 http://www.state.gov/secretary/remarks/2016/02/253164.htm 참조).

10 A. W. 섀프·D. 패설, 《중독 조직》, 강수돌 역, 이후, 2015; A. W. 섀프, 《중독 사회》, 강수돌 역, 이상북스, 2016 참조.

11 결국 우리는 편협한 민족주의는 물론 경제 지상주의, 무한 성장주의, 맹목적 산업주의, 기술 관료주의, 중앙집권주의, 대규모 숭배주의 등 비인간적·반생명적 패러다임을 모두 지양해야 한다(강수돌, 《살림의 경제학》, 인물과사상사, 2009 참조).

12 나는 여기서 기존 시스템을 돈이나 권력을 맹목적으로 추구하는 '중독 패러다임'이라 보고, 그 대안으로, 사람들이 자기 삶에 대한 책임성을 기초로 스스로 삶의 주인공이 되는 '민주·생태 패러다임'을 제시한다.

다. 그렇다. 우리가 얼마나 두려움으로부터 자유로워지는가에 따라 '생동하는 연대'를 통한 새로운 패러다임의 구축 가능성은 더 열릴 것이다.[13]

셋째, 남·북한이 '제3의 길'로 평화 통일을 이루되, 긴장 완화 및 군사비 절감, 나아가 시너지 효과로 인한 각종 경제적 이득은 남·북한 민중의 삶의 수준 및 삶의 질 향상에 쓰여야 한다. 너무나 상식적인 이야기다. 무릇 한 나라의 대통령이라면, 그것도 '정의로운' 대통령이나 장관이라면 군사비 지출보다는 복지비 지출을 늘리는 것이 기본 상식 아닐까? 그렇게 어느 정도 복지 사회 구축이 이뤄진다면 마침내 꿈에 그리던 남한-북한-중국-러시아-중앙아시아-유럽으로 연결되는 평화와 공존의 '시베리아 횡단 철도'를 완성할 수 있을 것이다.

'너 죽고 나 살자'에서 '네가 살아야 나도 산다'로

시간을 거슬러 생각해 보면, 경직된 남·북한 관계에 긴장 완화의 물꼬를 튼 사건이 약 20년 전에 있었다. 그것은 1998년 6월 16일, 84세의 정주영(1915-2001) 당시 현대 재벌 회장이 소떼 500마리를 끌고 판문점을 넘은 일이다. '열여덟 살 때 부친이 소 판 돈 70원을 갖고 고향 통천을 가출한 빚을 이제야 갚는다'는 명분이었다. 그는 10월 27일에도 2차로 소떼 501마리를 이끌고 다시 판

---

13 강수돌·H. 하이데,《자본을 넘어, 노동을 넘어》, 이후, 2009 참조.

문점을 넘었고, 당시 김정일 위원장과 면담까지 했다. 통 큰 기업가의 상상력이 남북 간에 큰 물꼬를 튼 셈이다. 역사가 정태헌은 1998년의 소떼 방북을 "21세기 한반도 대전환의 문을 연 메가 이벤트"라고 해방 70년의 변곡점에서 썼다.[14]

이런 면에서 남·북한 군사비 지출 현황부터 살펴보자. 오늘날 남·북한이 군비 경쟁에 쏟아 붓는 비용이 천문학적 수치에 이른다.[15] 2016년 12월 22일, 미 국무부가 공개한 '2016년 세계 군비지출 및 무기이전 보고서'(World Military Expenditures and Arms Transfers)에 따르면, 북한은 2004년부터 2014년까지 모두 35.1억 달러를 썼는데, 11년간 구매력평가(PPP) 기준 국내총생산(GDP) 대비 국방비 지출이 세계 1위, 금액상으로는 세계 46위로 나타났다. 11년간 평균 지출이 GDP 대비 23.3퍼센트로 2위인 오만(11.4퍼센트)에 비해 두 배 이상이다.

같은 기간 남한은 평균 GDP의 2.6퍼센트를 사용해 47위를 기록했고, 금액으로는 301억 달러를 지출해 세계 11위 수준을 기록했다. 여기서 남한의 군사비 지출은 그 절대금액에서 북한의 8배 이상이다. 최근 남한:북한의 경제력 차이가 80:1 정도[16]로 추정되는 점을 감안하더라도 결과적으로 남·북한 모두 아까운 자원을 군사비로 '써야만' 하는 지극히 부당한 상황에 처해 있다는 사실만은 분명하다.

한편 인구 대비 병력 규모를 보면, 북한은 4.8퍼센트로 캄보디

14 "한반도에 평화의 촛불을!", 〈PD저널〉, 2016. 12. 5.

15 이하, "한국 군사비 북한의 8.5배", 〈내일신문〉, 2016. 12. 26.

16 "막대한 군사비 쓰면서도 작전능력 못 갖췄다?", 〈한겨레〉, 2014. 10. 26.

아(25.8퍼센트)에 이어 세계 2위를 기록했다. 남한은 1.4퍼센트로 세계 15위 수준이다. 북한은 노동가능인구 대비 군인 비율에서도 7.9퍼센트로 에리트레아(8.1퍼센트)에 이어 세계 2위 수준이다. 위 보고서는 북한의 정규 병력을 117만 명으로 추산했다. 남한의 정규 병력은 60만 명, 주한 미군은 약 2.7만 명이다. 남북 정규군의 수가 180만 명에 이른다. 전 세계에 군사 기지를 둔 패권국가 미국조차 인구 3억 명에 병력 총 인원이 140만 명 수준이다. 남·북한 인구 8천 만 명도 안 되는 한반도엔 병력이 미군의 총 인원보다 훨씬 많다. 경제력 수준으로 보나 인구 대비로 보나 한반도의 군사비 지출과 병력 수는 대단히 기형적인 셈이다.

이러한 상황은 무엇을 암시하는가? 남·북한이 상호 긴장 완화를 통해 평화협정을 체결하고 막대한 군사비 지출을 절감해 예컨대 시베리아 횡단 철도와 연결하는 인프라를 구축하는 데 사용한다면 아마도 한반도 경제는 새로운 활기를 띠게 되지 않을까? 또 남·북한의 팔팔한 청년들이 그 황금 같은 2년의 세월을 진리 탐구나 연구개발, 기술 혁신, 유기농 진흥 등에 쓴다면 얼마나 생산적이겠는가?

물론 나는 자본의 새로운 이윤 공간 차원에서 한반도의 미래를 조망하지 않는다. 내가 중시하는 것은, 남·북한 민초들이 (지금까지와는 전혀 다르게) 민주적이고 생태적인 공동체 경제를 만들어나가면서도 세계와 개방적 상호관계를 맺는 것이다. 그리하여 새로운 한반도가 중국과 러시아, 나아가 중앙아시아와 유럽 각국에 이르기까지 상호 우애와 환대의 새로운 관계를 열어 나가기를 바란다. 이는 분명 가능한 일이다. 문제는 우리 민초들의 집합의지와 집단지성이다.

2007년 10월 4일, 노무현 대통령과 김정일 국방위원장 사이에 합의된 '남북관계 발전과 평화번영을 위한 선언'(약칭 2007남북정상선언문)**의 주요 내용**

① 남과 북은 6·15공동선언을 고수하고 적극 구현해 나간다. 그 의지를 반영하여 제1차 남북정상회담이 열린 6월 15일을 기념하는 방안을 강구한다.

② 사상과 제도의 차이를 초월하여 남북관계를 상호 존중과 신뢰의 관계로 확고히 전환시켜 나간다.

③ 군사적 적대관계를 종식시키고 한반도에서 긴장 완화와 평화를 보장하기 위하여 긴밀히 협력해 나간다.

④ 현재의 정전 체제를 종식시키고 항구적 평화 체제를 구축하기 위하여 직접 관련된 3자 또는 4자 정상회담을 추진한다. 한반도 핵(核) 문제를 해결하기 위하여 6자회담이 순조롭게 이행되도록 노력해 나간다.

⑤ 민족경제의 균형 발전과 공동 번영을 위하여 경제협력사업을 적극 활성화하고 지속적으로 확대 발전시켜 나간다. 이를 위하여 서해평화협력특별지대를 설치하고, 경제특구를 건설하며, 한강 하구를 남과 북이 공동으로 이용한다. 또 개성공단의 2단계 건설에 착수하고, 통행·통신·통관 등 '3통' 문제를 보완하며, 안변과 남포에 조선협력단지를 건설

한다.

⑥민족의 유구한 역사와 우수한 문화를 빛내기 위하여 역
사·언어·교육·과학기술·문화예술·체육 등 사회문화
분야의 교류와 협력을 발전시켜 나간다. 이를 위하여 백두
산 관광을 실시하고 서울과 백두산을 연결하는 직항로를
개설한다. 또 2008년 베이징올림픽에 남북 응원단이 경의
선을 이용하여 참가한다.

⑦인도주의 협력 사업을 적극 추진하여, 이산가족 상봉을 확
대하고 영상편지 교환 사업 등을 추진한다.

⑧국제무대에서 민족의 이익과 해외 동포들의 권익을 위한
협력을 강화해 나간다.

⑨이 선언을 이행하기 위하여 남북 총리회담을 2007년 11월
에 개최한다.

⑩남북관계의 발전을 위하여 정상들이 수시로 만나 현안을
협의해 나간다.

'너 죽고 나 살자'는 패러다임은 결국 '나 죽고 너 살자'라는 것
과 동일하다. 누군가 하나는 죽어야 다른 자가 살아남는다. 살벌
하고 긴장된다. 산 것이 산 게 아니다. 언제 내가 죽을지 모르기
때문이다.

그러나 '네가 살아야 나도 잘 산다'는 패러다임은 평화롭다. 서
로가 서로를 살리기 위해 배려하고 협력하기 때문이다. 이웃의
기쁨은 나누어서 풍요롭고, 슬픔은 나누면 견뎌 내기 쉬워진다.

그 과정에서 유대는 깊어진다. 그렇게 이웃사촌들은 형제자매처럼 잘 살아간다.

남한과 북한, 북조선과 남조선, 영원한 형제인가 영원한 적군인가? 이제부터라도 제발 '종북좌파' 같은 말은 쓰지 말자. '빨갱이'란 말도 불필요하다. 서로 생각이 다르고 사는 방식이 다르다고 '너 죽고 나 살자'고 하면 영원한 전쟁 속에서 살아야 한다. 왜 그렇게 살아야 하나? 누구 좋으라고 그렇게 살아야 하나?

천국과 지옥의 차이가 무엇이냐는 수수께끼가 있다. 어느 식당이 있는데, 그곳의 젓가락이 좀 길다. 1미터쯤 된다. 지옥에 있는 식당에서는 사람들이 각자 그 긴 젓가락으로 맛있는 밥과 반찬을 먹겠다고 안간힘을 쓰지만 제대로 먹을 수가 없다. 그런데 천국의 식당에서는 식탁에 앉은 사람들이 서로 상대방의 입 속에 음식을 넣어 주며 즐겁게 대화한다. 지옥이 각자도생의 아비규환이라면, 천국은 상부상조(相扶相助)의 공동체다.

물론 천국과 지옥은 이렇게 흑백으로 갈라지진 않는다. 현재 우리가 사는 이곳에도 천국과 지옥이 있고, 아마 저 건너 북쪽에도 천국과 지옥이 같이 있을 것이다. 문제는 우리가 지혜롭게 협력해 남북 모두(한반도)를 지금보다 살기 좋은 곳으로 만들어 가는 일이다. 2000년 6·15선언 속의 "협력과 교류", 그리고 2007년 10·4선언의 "상호 존중과 신뢰"가 곧 '헬조선'을 넘어 행복한 대한민국을 여는 기초가 될 것이다.

2장

세계 평화를 위한 민중무역 아이디어

인류의 오랜 염원인 세계 평화는 어떻게 가능할까? 세계 평화의
위협 요인은 많이 존재하는 데 반해 우호적 조건은 갈수록 줄어
든다. 그 위협 요인이란 무엇인가? 우선은 핵전쟁 위협 내지 자
원이나 종교를 둘러싼 분쟁들이다. 다음으로는 세계적 차원의 불
평등과 빈부 격차다. 실제로 일국 내에서처럼 글로벌 차원에서도
'빈익빈 부익부'가 강화되고 있다. 한줌의 세계적 부자들이 가진
재산의 합이 전 세계 인구 절반의 재산을 합한 것보다 많다는 보
도도 있다. 결국에는 초국적 기업과 세계금융자본이 문제고, 그것
을 움직이는 큰손들이 무대 뒤에서 온갖 전략을 짠다.

겉보기에 유엔(UN)이나 OECD, WTO, G7, G77 등 각종 세계
적 조직과 세계 정상회담 등이 세계 평화를 위해 움직이는 것 같
지만 실제로는 세계 자본주의 체제의 관리자들에 불과하다. 세계
자본주의의 '비선실세'는 초국적 기업과 세계금융자본의 대주주
들, 즉 세계 차원의 자본이다.[1] 흔히 유대인 자본이나 프리메이슨
같은 어둠 속 집단이 '음모'를 꾸미고 있다는 식의 이야기도 있지
만, 내가 보기에 소수 집단의 음모라기보다는 돈벌이를 추구하는

---

1   이와 관련해 이리유카바 최,《그림자 정부(경제 편)》, 해냄, 2008; 히로세 다카
    시,《제1권력》1 · 2권, 이규원 · 김소연 역, 프로메테우스, 2010 · 2011 참고.

자본 전반이 핵심 문제다. 그중에서도 재벌급 대자본이 핵심 중 핵심이다. 대한민국에 4대 재벌 또는 10대 재벌이 있다면, 세계 차원에서도 500대 재벌이 있다.

각 나라의 대통령이나 수상 등은 이들 글로벌 재벌에 협조하면서 전 세계적 차원에서 민중과 자연을 약탈하고 착취해 큰돈을 번다. 국제 경쟁, 세계 경쟁이란 결국 이들에 의해 부채질되고 체계적으로 만들어지는 세계 경제의 원리 중 하나다. 모두 자본의 이윤을 위해서다.

이런 말을 하면 많은 이들이 우리 일반 국민들도 그 가운데에서 돈을 벌고 있지 않느냐고 말한다. 또 잘만 하면 우리도 출세하고 성공할 수 있지 않느냐고 한다. 그렇다. 바로 그런 가능성이 작지만 존재한다. 그러나 바로 그 점 때문에 전 세계 70억 인구가 극소수가 조장하는 경쟁과 이윤의 질서, 즉 자본주의 세계 체제에 동조하고 있다. '나도 노력하면 부자가 된다'는 환상을 품고서 말이다.

이것이 '환상'이라는 것은 3가지 이유 때문이다. 첫째, 100명이 노력해도 그 중에서 성공하는 이는 기껏해야 열 명 내외다. 나머지는 실패와 탈락, 좌절, 열등감의 쓰라린 고통 속에서 살아간다. 둘째, 100명이 모두 부자가 되기 위해 노력하는 가운데 자연과 인간이 체계적으로 파괴된다. 생산성과 효율성이 우리 삶의 구세주인 것 같지만, 그 과정과 결과는 '삶의 질' 파괴로 드러나기 때문이다. 이것이 '생산성의 역설'이다. 셋째, 성공한 한두 명조차 자신의 기득권을 지키기 위해, 또 그 기득권을 자식에게 대물림하기 위해 본연의 건강성과 인간성을 상실하기 쉽다. 결국 스스로 망가진다. 예컨대 2016년 가을 이후 드러난 '박근혜-최순실 게이트'는 대를 이어 탐욕을 추구하다가 몰락하는 사람들의 처절한 모습을 잘 보여 주지 않는가? 또 그 뒤에는 '재벌-국가 복합체' 속에서 무한 이윤을 추구하던 재벌 3세들의 행태가 적나라하게 드러나지 않았는가? 탐욕 추구를 가능하게 했던 그 시스템 자체가 그들 자신의 몰락을 앞당기고 말았다. 성공의 원인이 실패의 원인이 되는 '이카루스의 역설'이다.

열린 공동체와 그 네트워크

그렇다면 세계적 차원에서 전개되는 이 부당한 경쟁과 전쟁을 제대로 바로잡고 진정한 세계 평화를 이룩하는 방법은 무엇일까? 다양한 견해가 가능하겠지만, 내가 보기엔 의외로 간단하다. 각 나라를 하나의 공동체라고 한다면, 세계적 차원에서 열린 공동체들의 그물망을 만들면 된다.

왜 열린 공동체인가? 그것은 각국 공동체들이 식량이나 에너지 등을 할 수 있는 한 최대로 자급자족하는 자립 경제를 갖추되, 그 어떤 나라도 100퍼센트 완벽한 나라를 만들 수 없으니 남미에서 시행되고 있는 민중무역 시스템을 통해 호혜의 그물망을 만들어 상부상조하며 살자는 것이다. 게다가 현재 지구는 영화 〈인터스텔라〉(Interstellar)나 〈마션〉(The Martian), 〈그래비티〉(Gravity) 같은 데서 나오듯 원래 우주에서 매우 아름다운 별이었음에도 불구하고 인간의 탐욕적 산업화와 이윤 추구 물결로 인해 만성적 생태계 파괴, 지구 온난화, 자원 고갈, 이상 기후, 핵실험과 핵전쟁 위협 등으로 몸살을 앓고 있지 않은가? 이런 면만 본다면 인류는 아마도 얼마 못 가서 생존 자체에 위협을 당할지 모른다. 물론 길게 보면 현 인류가 모조리 멸망한 뒤 지구 위에 또다시 새로운 생명체가 활동하기 시작하겠지만, 그런 시기가 온다면 오는 대로 어쩔 수 없겠지만, 우선은 우리가 지혜를 모아 그런 파국을 막아 내야 하지 않을까? 즉 지구의 각국 공동체들이 서로 열린 마음으로 협력해 지구 자체의 파국 내지 지구가 우주에 가하는 폐해를 막아야 한다. 이것이 현재 70억 지구인 모두가 가져야 할 우주적 책임의식이 아닐까?

그렇다면 우리의 '정의로운 대통령'은 이 범지구적 열린 공동체의 일원으로서 구체적으로 무엇을 할 수 있을까? 그것은 정의로운 연대, 민중무역, 세계평화협정 등 3가지 대안이라고 나는 생각한다.

첫째, 200개가 넘는 각국 공동체들 중에서 '말이 통하는' 공동체들을 찾아내 그들과 연대하고 소통을 강화할 필요가 있다. 즉 '정의로운 나라들의 세계 연대체'가 필요하다. 이와 유사한 것으로 이미 1970년대에 '제3세계 동맹'이란 것이 있었다. 1세계인 영국과 미국, 2세계인 소련과 동구 등 강대국 블록에 맞서 아시아 · 아프리카 · 남아메리카의 상대적 약소국들이 하나로 뭉치자는 아이디어였다. 그러나 이것은 2가지 근본 한계를 안고 있었다. 그 하나는, 세계 차원에서 벌어지는 세력 관계, 즉 힘 싸움을 전제로 해 '제3의 힘'을 기르자는 논리 속에 있었다. 그러나 세계 평화란 결코 힘 싸움으로 오지 않는다. 단기적으로는 힘이 중요하게 보이지만, 그것은 결국 대결과 전쟁을 불러일으켜 극소수의 자본들에게는 이득을 안겨 주지만 대다수 민중들에겐 '전쟁 트라우마'만 가져다준다. 또한 '제3세계 동맹'이란 것이 자본주의 미국과 사회주의 소련이라는 양대 진영을 제외한 상대적 후진국이란 의미에서의 아시아·아프리카·남아메리카 약소국 동맹일 뿐 그 속에는 독재자들의 나라가 수두룩했다. 진정으로 국민이 주인인 민주주의 공동체는 별로 없었던 것이 또 다른 문제였다.

내가 주창하는 '정의로운 글로벌 공동체 연대'란 진정으로 자유와 평등, 정의와 민주주의에 공감하는 대통령들이 범지구적으로 만나 연대하고 소통하는 것이다. 이들은 의도적으로 힘을 키워 강대국에 맞서고자 하는 것이 아니라, 마음의 문을 활짝 열고 서로 친구나 이웃사촌처럼 만나 상호 이해를 넓히고 자유로운 교류를 하는 가운데 범지구적으로 세계시민 의식 또는 '홍익인간'의 정신을 공유하는 것을 목표로 한다.

둘째, 민중무역이다. 민중무역협정(People's Trade Agreement)이란 자유무역협정(FTA)과 달리 서로 어느 나라가 더 이득을 많이 얻을 것인가가 아니라 '어떻게 하면 이웃 나라에 필요한 도움을 줄까' 하는 관심사에서 출발한 국제 경제적 연대 활동이다.[2] 대표 사례로 남아메리카의 민중무역협정(PTA)을 들 수 있다. 이는 2004년 12월 남아메리카 베네수엘라의 차베스(Hugo Chavez)와 쿠바의 카스트로(Fidel Castro) 사이에 처음 시작되었고, 2006년 5월 볼리비아 정부까지 합세해 3개국 사이에 14개조를 내용으로 하는 민중

---

2   이를 '라틴아메리카에 대한 볼리바르적 대안'(ALBA)이라고도 한다.

무역협정이 체결되었다.[3] 이 협정은 "라틴아메리카와 카리브 해 지역의 진정한 형제애와 통합을 기본 틀로 하는, 사회 정의를 통한 발전"을 목표로 한다. 이 협정은 "강력한 연대, 상호 협력 그리고 민중들 사이의 원조는 기업 이윤과 시장의 힘에서 자유로워야 한다"는 신념을 깔고 있다. 이에 참여하는 나라들이 "합리적인 국가 재산의 개발, 환경 보호, 고용 확대, 시장 개방과 함께 민중들로 하여금 진정한 연대성에 기반을 두고 상호 이익을 가져올 수 있는 보완적 생산을 꾀하는 정교한 계획"이다.

이 민중무역협정에서 구체적으로 쿠바는 교육과 의료 부문의 지원을 이웃 나라들에게 제안했다. 이것은 즉시 6개의 안과 병원을 건설해 연간 10만 명의 환자를 수술하고 전 국민에게 읽고 쓸 수 있는 교육을 연장시킬 수 있는 정도였다. 이에 질세라 베네수엘라도 볼리비아에 기술 지원과 함께 탄화수소 부문에 실질적 투자를 제안했고 쿠바에는 석유를 주기로 했다. 볼리비아 역시 콩과 탄화수소를 베네수엘라와 쿠바에 제공하기로 했다. 또한 천연의약품에 대한 경험과 연구개발에 관해 교류하자고 제안했다.

그뒤 민중무역협정에 가입한 나라는 모두 11개국으로 늘었는데, 앞의 3개국 외에 앤티가바부다 · 도미니카 · 에콰도르 · 그레나다 · 니카라과 · 세인트키츠네비스 · 산타루치아 · 세인트빈센트그레나딘 등이 새 회원국이다. 2012년 회담에서는 수리남이 준 회원국, 아이티는 영구회원(특별지위)이 되었다. 2010년 이후 이들 사이에서는 미국의 달러 대신 자체 통화(sucre)로 결제가 이뤄진다.

---

3 임승수, "베네수엘라, 볼리바리안 혁명의 현장을 찾아서", 〈국제노동브리프〉 vol. 5, No. 7, 2007 참조.

물론 이 민중무역 또한 여전히 국가주의에 갇혔다거나 보편성의 결여 등 한계점이 있지만, 이런 식으로 형제애와 우정에 기초한 교환이 세계적으로 확산된다면 현재와 같은 제국주의적 불평등 무역이나 초국적 자본에 의한 수탈을 넘어갈 수 있을 것이다.

반면 그간 WTO 체제나 한미 FTA 등에서 잘 나타난 것처럼 여전히 기존의 국가들과 자본은 이런 문제의식과 새 가능성 검토에 무능하다. 특히 2017년 1월에 출범한 미국의 트럼프 정부는 (자유무역을 근간으로 자본의 세계적 이윤 추구를 증진하려던) 기존의 FTA나 TPP 등마저 과감히 이탈하고 오로지 미국중심주의(Americanism), 즉 '미국의, 미국에 의한, 미국을 위한' 보호무역 체제를 강화하려 든다.[4] 심지어 (오바마 케어Obama Care 폐지와 더불어) 남미나 이슬람 국가들로부터의 이민 행렬을 철저히 차단하고 이주 노동자들에 대한 차별과 추방 압력까지 높이고 있다.[5] 아마도 미국 역사에서 가장 많이 후퇴하는 국면으로 진입한 듯하다.[6] 그러나 역설적으로 저항도 만만찮다. 그리하여 어쩌면 촛불 국면의 한국처럼 미국에서 전후 가장 격심한 정치·사회적 저항이 불붙을지 모른다.[7]

한편 자본주의 세계 체제에 대한 적극적인 대안 제시가 결여된 상태에서 일국 차원의 변화를 꾀하려 했던 남아공의 만델라

---

4 "트럼프노믹스, 전후 자본주의 질서의 파괴적 단절", 〈내일신문〉, 2017. 1. 31.

5 "트럼프는 왜 반이민 정책을 밀어붙이나?", 〈YTN〉, 2017. 1. 31.

6 "트럼프의 미국…'결함 있는 민주주의'로 하락", 〈세계일보〉, 2017. 1. 25.

7 "구글 임직원들, 트럼프 '반이민 행정명령' 반대 집회 개최", 〈블로터〉, 2017. 1. 31.

(Nelson Mandela)나 남미 브라질의 룰라(Lula da Silva) 같은 경우, 결국에는 세계 체제가 강요하는 신자유주의에 재포섭당하고 말았다.[8] 역시 사회적 역학 관계가 이 문제를 해결하는 데 결정적이겠지만, 민중무역과 같은 대안적 실험들을 부단히 확장하는 과정 속에서, 또한 세계자본 주도의 '자유무역'에 저항하는 무수한 네트워크들이 (비록 잘 보이지는 않지만) '리좀적'(뿌리와 줄기가 구분되지 않는 방식으로) 증식과 발전을 거듭하면서, 마침내 운동의 '양질 전환'이 일어날 가능성도 배제할 순 없을 것이다.[9]

셋째, 지구 평화협정 체결이 시급하다. 지구 평화협정은 일차적으로 핵무기 위협 내지 핵전쟁으로 인한 '지구 멸망'을 예방하기 위해 필요하다. 또 지구 평화협정은 지구 온난화나 자원 고갈, 이상 기후, 생태계 파괴 등을 막아 내기 위해 절실하다. 실제로 미국 〈핵과학자회보〉(*Bulletin of Atomic Scientists*)가 2017년 1월 26일, 워싱턴 내셔널프레스클럽에서 기자회견을 열고 '인류종말시계'를 공개했는데, 2016년 한 해 동안 인류는 멸망에 한 발짝 더 가까워졌다고 한다.[10] 인류종말시계가 30초 앞당겨져 현재 우리는 밤 11시 57분 30초에 와 있다는 것이다. 인류 종말이 2분 30초밖에 남지 않았다는 것이다. 그 원인으로는 미국과 러시아의 핵무기 현대화, 북한의 핵실험, 기후 변화, 민주주의에 대한 불신 등이 지적되었다.

8 박노자, 《당신들의 대한민국 2》, 한겨레출판, 2006, 307쪽.

9 이에 대한 자세한 논의는 사이먼 토미, 《반자본주의》, 정해영 역, 유토피아, 2007, 294-295쪽 참조.

10 "'지구종말시계' 30초 당겨져…북 핵 위협 언급", 〈VOA〉, 2017. 1. 27.

이런 상황에서 2017년 1월 20일에 미국 대통령으로 취임한 트럼프(Donald Trump)는 "세계의 테러리스트들을 상대로 핵무기 사용도 불사"하겠다고 했다. 그 바람에 미국 민주당 의원들이 함부로 핵무기를 사용하지 못하게 하는 법안까지 발의하고 나섰다.[11] 사실 미국은 핵과 관련해 '이중인격'을 보여 왔다. 자기들은 핵 실험도 마음대로 하고 핵무기도 만들면서 다른 나라들에게는 절대 하지 말라는 식으로 이중 잣대를 들이댔다. 어쨌든 진정한 반핵 평화를 원한다면, 그리고 핵무기 하나에 전 지구가 멸망할 수 있음을 안다면, 미국부터 먼저 나서서 핵무기 없는 세상을 만드는 데 앞장서야 한다. 이것만이 아니다. 트럼프 행정부는 유엔 분담금도 삭감하고, 파리기후변화협약[12] 탈퇴도 준비할 가능성이 크다.[13] 세계 평화의 관점에서 보면, 미국 정부 자체가 세계의 핵무기 역할을 하는 꼴이다.

---

11 "트럼프 마음대로 핵무기 사용 안 돼' 美 민주당 의원들 법안 발의", 〈경향신문〉, 2017. 1. 31.

12 파리기후변화협약이란 온실가스 감축을 위해 2015년 12월 12일 프랑스 파리에서 맺은 국제 협약이다. 미국과 중국을 포함해 총 195개 국가가 서명했다. 그 목표는 산업화 이전 시기 대비 지구 평균기온 상승폭을 2도보다 상당히 낮은 수준으로 유지하는 것이다.

13 "트럼프 '유엔 분담금 삭감, 파리기후협약 탈퇴도 준비 중'", 〈머니투데이〉, 2017. 1. 26.

정권 안보 위해 분단 현실을 이용하지 말자

한편 북한의 핵무기는 남한이나 미국만이 아니라 온 세계의 주목을 끌기도 한다. 그러나 지금까지 남한과 미국은 '정권 안보' 차원에서 또는 '미국의 동아시아 전략' 차원에서 북한 핵무기를 약방의 감초처럼 사용한 면이 강하다. 그래서 남한의 비판적 지식인들은 '북핵' 이야기만 나오면 의도적 무관심(willful blindness)을 드러내는 경향이 있다. 특히 2016년 2월에 박근혜 정부가 (최순실의 국정농단과 무관하지 않은 맥락에서) 잘 나가던 개성공단을 급작스럽게 폐쇄한 이유도 북한의 4차 핵실험 및 장거리 미사일 발사 때문이라 하지 않았던가? 게다가 2016년 이후 지금도 논란을 일으키고 있는 사드 배치 문제 역시 미국의 동아시아 전략이라는 맥락 속에 놓여 있다.

그럼에도 불구하고 북한의 핵무기 자체는 분명 한반도만이 아니라 미국, 나아가 전 세계를 위협하는 요인임에 분명하다. 문제는 북한에 핵을 먼저 없애라고 요구할 일이 아니라, 그리고 북핵을 능가하는 전략 핵무기로 북한을 자극할 일이 아니라, 북한이 핵무기 실험까지 연거푸 하면서까지 위험을 무릅쓰는 까닭을 알아야 한다. 그 배경을 잘 이해하고 원인을 제거하면 북한 핵 문제는 마치 '햇볕 정책'처럼 술술 풀린다. 그렇다면 그 배경은 무엇인가?

해마다 반복되는 일이지만 우리 일반 국민들은 잘 모르는 점이 하나 있다. 너무나 익숙하기 때문에 지극히 당연시되는 일들이다. 그것은 한반도의 남쪽에서 미국이 연례 행사로 군사 훈련을 하면서 북한을 자극한다는 점이다. 그 배경에는 '북한 체제는 붕괴되어야 한다'는 인식이 깃들어 있다. 다시 말해 북한의 입장에서는 남한과 미국이 군사적 위협까지 하면서 체제 붕괴를 노리고 있다고 보는 것이다. 그래서 그들은 그들 나름대로 체제 수호를 위해 핵무기나 장거리 미사일 발사 등을 통해 '자기 방어'를 하느라 안간힘을 쏟는다. 북한 외무성 대변인의 공개 발언을 들어보자.[14]

"우리는 미국과 그 추종 세력들의 핵 위협과 공갈이 계속되는 한, 그리고 우리의 문전 앞에서 연례적이라는 감투를 쓴 전쟁연습 소동을 걷어치우지 않는 한, 핵 무력을 중추로 하는 자위적 국방력과 선제공격 능력을 계속 강화해 나갈 것이다."

"우리는 사상과 제도가 다르다고 하여도 우리의 자주권을 존중하고 우리를 우호적으로 대하는 모든 나라들과 관계를 개선하고 정치 · 경제 · 문화 분야의 다방면적인 교류와 협조를 활발히 벌여 나갈 것이다."

"세계 여러 나라들과 긴밀히 협력하여 부당하고 비법적인 반공화국 제재압박 소동을 비롯한 온갖 강권과 전횡, 이중기준을 반대 배격하고, 자주적이고 공정한 새 국제질서를 세우며 진정한 국제적 정의를 실현하기 위하여 적극 노력할 것이다."

이 내용은 2017년 1월 26일 북한 조선중앙통신이 보도한 것으로, 1월 20일에 출범한 미국 트럼프 행정부에게 경고와 제안을 동시에 한 것으로 해석된다. 미국에게 종전의 적대적 시각을 버리

---

14 "北, 美에 '핵 위협 계속하면 선제공격 능력 강화' 위협", 〈연합뉴스〉, 2017. 1. 26.

고 우호적인 대북 정책을 전개하라고 촉구한 셈이다.

솔직히 말하면, 이명박 정부나 박근혜 정부의 '북한 붕괴론' 역시 미국의 대북 적대론과 궤를 같이 한다.[15] 반면 중국의 한반도 정책 3원칙이 비핵화, 평화·안정, 대화를 통한 문제 해결이라는 점에서 상당히 대조적이다.[16]

우리가 친구나 이웃을 사귀려면 내가 먼저 우호적으로 말을 걸거나, 최소한 상대방을 있는 그대로 존중하면 된다. 조금 더 적극적으로 한다면, 내가 먼저 상대방을 도와주거나 상대방의 필요를 조심스레 알아차린 뒤 필요한 것을 해 주면 된다. 이것이 상호 관계를 친밀하게 만들고 우애롭게 한다. 이 정도는 상식 아닌가? 이러한 원리는 당연히 나라와 나라 사이에도 통한다. 내가 먼저 웃음을 띠고 마음을 열면 상대방도 마음을 연다. 그러나 만일 내가 마음속으로라도 상대방의 존재 자체를 무시하거나 경멸한다면 상대방은 금세 이를 알아차린다. 당연히 상대방도 나에게 마음의 문을 열지 않고 오히려 경계심을 갖게 된다. 나라와 나라 사이 역시 마찬가지다.

북한이 남한과 다르다고 해서, 북한은 남한이 채택한 자본주의 체제가 아니라고 해서, 북한의 경제력이 남한보다 훨씬 못하다고 해서 남한이 북한보다 반드시 우월하다고 볼 수는 없다. 더구나 북한을 남한이 병합해 버려야 한다고 생각하는 것은 어불성설이다. 남한이 이런 식의 사고를 과감히 버릴 때 새로운 기회가 생길

---

15 "'북한 붕괴론'이라는 유령", 〈참세상〉, 2016. 10. 17; "사드 논란보다 중요한 것", 〈한겨레〉, 2017. 1. 18.

16 "'북한 붕괴론'이라는 환상", 〈한국일보〉, 2016. 10. 21.

것이다. 그동안 70년 이상 잘 우려먹지 않았는가? 분단의 현실을 정권 안보를 위해 효과적으로 활용했던 점을 솔직히 인정하고 지금부터라도 전혀 다른 방식으로 접근하면 된다. 공존과 상생, 화해와 협력, 바로 이것이 남한과 북한이 함께 걸어갈 길이다.

더 이상 불필요한 체제 경쟁이나 적대적 대립과 갈등을 지속할 이유가 없다. 같이 살자고 하면 된다. 물론 그렇게 상호 학습하고 변화하는 가운데, 분명히 비슷하게 수렴할 수 있는 '제3의 길'을 찾을 수 있을 것이다. 물론 이것은 사전에 결정되거나 설계될 수 없다. 교류와 실험을 통해 하나씩 찾아 나갈 일이다. 의지와 실천이 중요하다.

이러한 원리는 다른 글로벌 이슈에도 적용할 수 있다. 북한의 핵무기만이 아니라 미국이나 러시아의 핵 문제도 마찬가지고, 나아가 지구 온난화 문제, 이상 기후, 자원 고갈, 지구 생태계 파괴 등의 문제에도 범지구적 협력이 필요하다. 이런 문제들은 결코 일국 차원에서 해결되지 않는다. 글로벌 차원에서 유기적인 협력 체계를 구축할 필요가 있다. 2015년 12월 파리기후변화협약은 '돈'보다 '생명'을 선택하려는 노력의 일환이었다.[17] 그럼에도 지금 '인류종말시계'는 시간이 얼마 남지 않았다고 한다. 과연 우리의 어리석음을 언제까지 반복할 것인가?

---

17 이와 관련해 이유진, "탐욕의 협상-기후변화회의", 〈녹색평론〉 141호, 2015년 3-4월 참조.

제4부

삶의 질을 드높이는
민주공화국의 비전

1960년 4·19 당시 대학 교수단 4·25 시국선언문

(민주화기념사업회 자료)

- 마산, 서울, 기타 각지의 데모는 주권을 빼앗긴 울분을 대신하여 궐기한 학생들의 순진한 정의감의 발호이며, 부정불의에 항거하는 민족정기의 표현이다.
- 이 데모를 공산당의 조종이나 야당의 사주로 보는 것은 교의의 왜곡이며 학생들의 정의감의 모독이다.
- 평화적이고 합법적인 데모에 총탄, 폭력을 기탄없이 가함은 민주와 자유를 기본으로 하는 대한민국의 국립경찰이 아니라 불법과 폭력으로 권력을 유지하려는 일부 정부집단의 사병이었다.
- 누적된 부패와 부정과 횡포로써 이 비극적인 대참극과 치욕을 초래한 대통령을 위시하여 여야 국회의원 및 대법관들은 그 책임을 지고 물러서지 않으면 국민과 학생들의 분노는 가라앉지 않을 것이다.
- 3·15 선거는 부정선거이다. 공명선거에 의하여 정·부통령 선거를 실시하라. 3·15 부정선거를 조작한 주모자들은 중형에 처하여야 한다.
- 공적 지위를 이용하여 부정 축재한 자는 관, 군, 민을 막론하고 가차없이 적발, 처단하여 국가의 기강을 바로 세우고 부패와 부정을 방지하라.
- 경찰의 중립화를 확고히 하고 학원의 자유를 절대 보장하라.

- 곡학아세하는 사이비 학자와 정치 도구화된 소위 문화, 예술인을 배격한다.

1980년 5월 광주민주항쟁 「80만 광주 민주시민의 결의」

(1980. 5. 26)

① 이번 사태의 모든 책임은 과도정부에 있다. 과도정부는 모든 피해를 보상하고 즉각 물러가라.

② 무력탄압만 계속하는 명분 없는 계엄령을 즉각 해제하라.

③ 민족의 이름으로 울부짖는다. 살인마 전두환을 공개 처단하라.

④ 구속 중인 민주인사를 즉시 석방하고 민주인사들로 구국과도정부를 수립하라.

⑤ 정부와 언론은 이번 광주의거를 허위 조작, 왜곡 보도 하지 말라.

⑥ 우리가 요구하는 것은 단지 피해보상과 연행자 석방만이 아니다. 우리는 진정한 민주정부 수립을 요구한다.

⑦ 이상의 요구가 관철될 때까지 최후의 일각까지 최후의 일인까지 우리 80만 시민 일동은 함께 투쟁할 것을 온 민족 앞에 선서한다.

- 황석영,《죽음을 넘어 시대의 어둠을 넘어》

이제 우리 모두가 살아갈 새 집이 최소한 설계도 차원에서는 완성되었다. 지금부터 우리가 해야 할 일은 이 집을 제대로 짓기 위한 주체와 자원을 차곡차곡 모으는 것이다. 그 주체는 당연히 전체 국민, 그 중에서도 촛불 시민들의 마음처럼 국민주권과 민주주의를 열망하는 민초들이겠지만 이들의 열망을 그대로 대변하는 정치가들까지 포함한다. 다음으로 재료나 자원에 해당하는 것은 당연히 돈과 조직일 것이다.

우리 모두의 새로운 집을 제대로 지을 사람들, 그리고 멋진 집으로 구축될 자재들을 과연 어떻게 마련할 것인가? 나는 크게 여섯 분야의 개혁과 혁신이 시급하다고 본다. 그것은 정치 개혁, 언론 개혁, 대학 개혁, 재벌 개혁, 조세 개혁, 금융 개혁이다. 정치 · 언론 · 대학 개혁이 먼저 나오는 것은, 결국 사람이 제대로 서야 다른 일도 잘할 수 있기 때문이다. 바로 그 사람들이 돈과 조직을 제대로 운영함으로써 비로소 아름다운 우리의 집이 완성될 것이다.

인용된 선언문들은 모두 민주 정부에 의한 민주 개혁을 간절히 외치고 있다. 2017년 오늘의 우리는 1960년 4월의 외침과 1980년 5월의 외침, 나아가 1987년 6-9월의 외침을 줄기차게 이어 나가야 할 역사적 사명을 띠고 있다. 다시 촛불광장에서 함께 부른 노래를 불러 보자.

어둠은 빛을 이길 수 없다
거짓은 참을 이길 수 없다
진실은 침몰하지 않는다

우리는 포기하지 않는다

그리고

우리는 '정의로운 대통령'을 원한다
우리와 아이들이 살아갈 정의롭고 평화로운 세상을 위해!

1장

정치 개혁

선거라는 것은 조금만 깊이 생각해도 알 수 있듯이 본시 그 한계가 명확하다. 즉 선거판에서는 거의 언제나 명망가나 재산가 혹은 그들의 비호와 지원을 받는 이른바 특권적인 '엘리트'들이 승자가 되기 마련이다. 그러니까 선거란 본질적으로 기득권층이 계속해서 집권하도록 돕는 장치, 다시 말해서 기득권층끼리 돌고 돌면서 권력을 '세습'하는 것을 가능케 하는 매우 편리한 장치라고 할 수 있는 것이다.

-김종철, "촛불시위와 '시민권력'", 〈녹색평론〉 152호.

지금 필요한 것은 선거제도를 포함해서 국가 시스템 전체를 민주화하는 것이다. 권력을 장악하는 것이 아니라 권력의 성격을 변화시켜 새로운 사회에 걸맞은 민주주의 체제를 만들어나가는 것이 필요하다.

-하승수, "정치혁명, 어떻게 할 것인가", 〈녹색평론〉 148호.

'정치 개혁'의 핵심은 훌륭한 사람을 뽑는 것이다. 훌륭한 사람이란 어떤 이인가? 인성과 실력이 뛰어난 사람이다. 정의로운 대통령이 갖춰야 할 인성은 도덕성과 통찰력이다.

도덕성의 첫째 요건은 정직성이다. 거짓이나 조작, 위선이 없는 사람이 정치나 행정, 입법과 사법을 담당해야 한다. 도덕성의 둘째 요건은 청렴함이다. 부정부패로부터 멀어야 하고 인사 비리가 없어야 한다. 도덕성의 셋째 요건은 배려심이다. 지위고하를 막론하고 다른 사람을 배려하고 특히 억울함을 겪고 있는 사람들, 차별을 경험하고 있는 사람들, 실패와 좌절을 경험한 사람들에 대해 깊은 배려심을 갖고 있어야 한다.

통찰력이란 역사와 사회의 발전 원리를 꿰뚫어 보는 힘, 단기적·장기적 관점에서 나라의 여러 정책과 제도들의 효과와 영향력을 분별하여 사고하는 힘, 무엇이 옳고 그른지, 무엇이 국민 행복과 삶의 질 향상, 나아가 민주주의의 고양에 도움이 되는지를 판단할 수 있는 힘이 '정의로운 대통령'이 가져야 할 통찰력이다.

그렇다면 우리의 '정의로운 대통령'이 갖춰야 할 실력에는 무엇이 있을까? 3가지가 중요하다. 첫째, 민주주의와 생명에 대한 철학과 소신, 둘째, 그 소신을 구현할 정책적 능력, 셋째, 그 정책을 실현시킬 사람을 보는 눈이다.

불행히도 해방 이후 지금까지 이 셋을 다 갖춘 대통령은 없었다. 가장 민주적인 대통령으로 통하는 김대중과 노무현 두 분조차 (비록 내가 개인적으로 존경하지만 '정의로운 대통령'의 관점에서 보자면) 첫째 요건에서 민주주의에 대한 철학과 소신만 있었지 (노동자의 삶과 자연 생태계에 대한 입장과 태도를 볼 때) 생명에 대해서는 일관된 입장이 없었고, 둘째로 (IMF식 구조조정이나 한미FTA 국면, 그리고 '권력이 시장으로 넘어갔다'는 발언에서 드러났듯) 자신의 정책들을 구현할 역량이 부족했다. 그리고 셋째로 (IMF 경제위기를 신자유주의로 돌파하려 한 데다, 민주적으로 이뤄진 '검사와의 대화'가 검찰 개혁으로 이어지지 못한 바람에) 그런 정책들을 책임성 있고 일관되게 추진할 사람들을 기용하는 데에도 성공적이지 못했다. 좌·우로부터 저항을 많이 받았기 때문이다. 물론 이 모든 측면은 대통령 개인의 문제만은 아니다. 한국 사회 전체의 성숙도와 사회적 세력 관계, 그리고 시민 사회의 역량과 맞물린 문제였다. 그래서 어쩌면 참된 개혁을 위해 이명박, 박근혜 정부로 이어진 '잃어버린 10년'이 더 필요했는지 모른다. 지금 우리는 새로운 지점에 서 있다.

한편 민주주의와 삶의 질을 고양하는 데는 촛불 민중의 힘과 같은 국민적 열망과 지지가 절대적으로 필요하다. 만일 앞에서 말한 인성과 실력을 모두 갖춘 대통령이 있다 하더라도, 국민적 지지를 얻지 못한다면 역사의 수레바퀴를 거꾸로 돌리려는 보수 반동 세력들의 역공을 받기 쉽다. 그래서 정의로운 대통령은 국민을 지도하는 자가 아니라 국민의 지도에 따르는 자가 되어야 한다. 그래서 국민이 먼저 정의롭게 거듭날 때 우리는 정의로운 대통령을 만들 수 있다. 이것이 제대로 된 민주주의다.

이런 점들을 전제로 깔고, 정치 개혁의 영역을 몇 가지로 나눠 보자. 나는 여기서 선거와 정당, 검찰, 보안법과 국정원, 시민의회 등 4가지 영역을 정리해 보려고 한다.

선의의 정책 경쟁을 위한 선거제도 개편

> 영국 국민은 자신들이 자유롭다고 생각하는데, 한참 잘못 생각하
> 는 것이다. 이들이 자유로울 수 있는 건 단지 의회 구성원을 뽑는
> 선거기간뿐이다. 일단 의원들이 선출되는 즉시 영국 국민은 노예
> 가 되어 버린다.
> -장 자크 루소.

가장 먼저 선거제도를 바꿔야 한다. 무엇보다 현재 만 19세로 된
선거연령을 만 18세로 낮추는 게 좋겠다. 우리나라의 선거연령은
1948년 대한민국 정부 수립 당시 만 21세로 시작되었으나 1960
년 4·19혁명으로 민주당 정권이 들어서면서 민법상 성인, 즉 만
20세로 낮춰졌다. 그러다가 2005년 6월 선거법 개정으로 선거연
령이 만 19세로 하향되었다. 그런데 OECD 국가 중에서 선거연령
이 19세인 곳은 대한민국뿐이다. 미국·독일·영국·프랑스·폴
란드·호주·뉴질랜드·캐나다·일본 등 대부분은 만 18세이고,
인도네시아·북한·세이셸·수단·동티모르 등은 만 17세이며,
심지어 오스트리아·브라질·쿠바·건지 섬·맨 섬·저지 섬·
니카라과 등에서는 만 16세를 선거연령으로 하고 있다.

선거연령 하향 조정과 더불어 선거제도 자체를 개선하는 것도
중요하다. 물론 1인 1표에 의한 선거제도나 다수결주의가 (촛불 민
중이 한결같이 원하는) 민주주의와 잘 부합하는가 하는 문제는 일단

논외로 하더라도, 현재의 선거제도를 한 걸음 더 진전시키는 것은 우리의 사회적 합의만 이뤄지면 얼마든 가능하다. 선거제도 개선 문제를 크게 대통령 선거와 국회의원 선거로 나눠 살펴보자.

우선 대통령 선거(그리고 지자체장 선거)는 현재와 같은 단순다수제보다 '결선투표제'를 도입하는 것이 바람직하다.[1] 현재의 단순다수제 아래서는 많은 후보들이 겨루는 경우 예컨대 35퍼센트 정도의 유효 투표만 얻어도 대통령이 된다. 실제로 2002년 12월 대선 때 노무현 대통령은 총 유권자 3499만 1529명 중(투표율 70.8퍼센트) 득표율 48.9퍼센트, 득표수 1200만 8733표로 당선되었는데, 총 유권자 대비로는 34.3퍼센트로 당선된 것이다. 그리고 2007년 대선 때 이명박 대통령은 총 유권자 3765만 3518명 중(투표율 63.1퍼센트) 득표율 48.7퍼센트, 득표수 1149만 2389표로 당선되었고, 이는 총 유권자 대비 30.5퍼센트다. 이 경우 두 대통령 모두 유효 투표수의 과반수도 얻지 못했을 뿐 아니라 총 유권자 대비로는 35퍼센트에도 미치지 못했다. 즉 전체 유권자의 1/3 정도만의 지지를 얻어 대통령에 당선된 것이다.

이는 무엇을 말하는가? 우선은 단순다수제라는 선거제도의 문제점을 드러내는 것이지만, 좀 더 생각해 보면, 단순다수제로 선출된 대통령은 유권자의 2/3로부터는 적극적 지지를 얻지 못한 채 대통령 직을 수행하게 된다는 것이다. 노무현 대통령의 경우 보수 진영으로부터, 이명박 대통령의 경우 진보 진영으로부터 엄

---

1 "安 '대선 전 개헌 반대…대통령 결선투표제 등 선거제도 개혁하자", 〈뉴스1〉, 2016. 12. 22.

청난 저항을 받아야만 했다. 국정이 제대로 전개될 리 만무했다. 어쩌면 우리는 1987년 민주화 이후에도 여전히 잘못된 선거제도 때문에 시간과 자원만 낭비했는지 모른다.

이런 점에서 결선투표제가 대안으로 부각된다. 결선투표제란, 처음 투표 결과 누구도 유효 투표수의 과반수를 넘지 못했을 때, 1위 후보와 2위 후보만을 놓고 제2차 투표를 하는 것이다. 그 결과 최종 1등 득표자를 당선자로 결정하는 제도다.

물론 이와 좀 다른 차원에서 '제비뽑기 방식'이 제안되기도 한다. 그것은 우선 유권자들이 좋은 후보를 3명 정도 뽑은 뒤, 이들 사이에 누가 대통령이 될지 제비뽑기로 정하자는 것이다. 사실 이것은 최초로 민주주의를 시행한 그리스에서 효과적으로 작동했던 제도다.

"그리스의 많은 공직자 대부분은, 사람들의 이름을 모자에 던져 넣고, 그 모자에서 무작위로 끄집어내어 지명하는 방법으로 선택되었다. (…) 한 시민이 한번 공직을 맡으면, 다시 그 공직을 맡지 않도록 배제되었다. 왜냐하면 그리스인들은 누구든지 돌아가면서 국가를 운영하는 방법, 즉 윤번제를 신봉했기 때문이다."[2]

이 제비뽑기 선출 방식의 장점으로는, 누가 제비뽑기로 최종 선정될지 잘 모르기 때문에 모든 후보자들이 적정 자격(인성과 실력)을 갖추기 위해 노력한다는 점, 따라서 오늘날 우리가 보는 이미지 정치나 돈 선거 같은 것이 먹히지 않는다는 점이다.

다음으로 국회의원이나 지자체의원 선거와 관련해서는 현재

---

2   C. L. R. 제임스, "고대 그리스 민주주의", 〈녹색평론〉 141호, 2015년 3-4월, 125쪽.

의 소선거구제(상대다수 1인 선출) 대신에 '연동형 비례대표제'가 바람직하다. 원래 이는 벨기에 법학자 빅토르 동트(Victor d'Hondt)에 의해 1880년대에 제안되었고 마침내 1899년에 벨기에에서 세계 최초의 연동형 비례대표제(정당명부식 비례대표제)가 실시되었다. 이어 핀란드, 스웨덴, 스위스, 독일 등 유럽 대부분의 나라들이 이 연동형 비례대표제를 도입했다.[3]

현재의 소선거구제에서는 각 선거구마다 최다 득표를 한 1인만 뽑는다. 그렇게 되면 근소한 차이의 2등 후보자는 탈락한다. 이미 다층적인 지배력을 확보한 상태에서 압도적 힘을 가진 여당이 이기기 쉬운 구조다. 또한 그 결과 다양한 야당들이 제각기 상당수의 표를 얻었음에도 불구하고 1등이 아니라는 이유로 모두 사장(死藏)된다. 결국 그 표를 던진 국민들의 마음이 헌신짝처럼 내버려지고 만다. 마침내 1등으로 뽑힌 자는 유권자 내지 국민 일부만의 지지로 당선된 뒤, 마치 자신의 입장이나 정책이 그 선거구의 모두를 대변하는 것처럼 행동한다.

이것은 미국에서 대통령을 뽑을 때 벌어지는 모순과 같다. 2016년의 미 대선에서 민주당의 힐러리(Hillary. R. Clinton) 후보는 유효 투표수(5905만 9121표)에서 공화당의 트럼프 후보(5893만 5231표)보다 12만 표 이상 앞섰지만, 각 주마다 벌어진 선거인단 선거에서 지는 바람에(218:289) 결국 탈락하고 말았다.[4] 즉 '승자독식' 원리가 작동하는 선거인단 선거에서 지게 되면 설사 유권자 개인

3　이하 하승수, "정치혁명, 어떻게 할 것인가", 〈녹색평론〉 148호, 2016년 5-6월호, 19쪽.

4　"트럼프 미 대통령 당선…대형 경합 주 모두 승리", 〈한겨레〉, 2016. 11. 9.

별 투표수가 많다고 하더라도 패배하게 되어 있는 것이다.

바로 이런 문제를 극복하기 위해 제안되는 '연동형 비례대표제'는 유권자들이 정당별로 투표하면 그 정당의 득표율에 정확히 비례하여 국회의원들이 정해지는 것이다. 그렇게 되면 사표(死票)가 예방되어 유권자의 마음이 정당 득표율에 정확히 반영된다. 나아가 어느 정당도 압도적 다수를 형성하기 어려운 구조이기에 현재와 같은 거대 양당 체제가 극복되고 다당제가 활성화될 것이다. 다당제의 활성화는 서로 다른 정당끼리 연립정부를 수립하도록 강제한다. 승자독식 원리가 지배하는 현재의 거대 양당 구도에 비해 (연동형 비례투표제로 다당제가 되면) 대화와 타협의 정치, 설득과 감동의 정치가 훨씬 더 가능해진다. 비록 직접 민주주의는 아니지만 그래도 민심을 더 많이 반영할 수 있게 되는 셈이다.

이런 식으로 연동형 비례대표제의 긍정적 효과는 많다. 현재 우리나라는 총 300명의 국회의원 중 지역구 의원이 253명, 비례대표 의원이 47명으로 되어 있다. 비례대표로 선출된 의원은 15.7퍼센트밖에 되지 않는다. 전체 국회의원의 85퍼센트 가까이가 '승자독식' 원리로 선출되는 셈이다. 이러다 보니 유권자 내지 국민의 민심이 제대로 반영되지 않는다. 보수 여당과 중도 야당이라는 거대 양당이 정치 세계를 좌우한다. 대다수 국민들은 보수 여당 아니면 중도 야당 사이를 시소 타듯 왔다 갔다 하며 표를 준다. 진보 야당이나 녹색당 같은 대안 정당들은 맥을 추지 못한다. 설사 이들이 압도적 다수를 차지하는 여당이 되기 어렵더라도 연동형 비례대표제가 도입된다면 이들은 연립정부의 한 파트너가 되어 최소한 일부의 정책이라도 색다르게 바꿔 나갈 수 있을 것이다. 생각보다 더디지만 진일보가 가능한 시스템이라는 말이다.

실제로 뉴질랜드는 (유권자의 과반수가 찬성하여 도입하기로 한 뒤) 1996년 선거에서 처음으로 연동형 비례대표제를 도입했다. 기존의 양당제에서 다당제로 전환이 이뤄졌고 국민당과 뉴질랜드제일당이 연립정부를 구성했다. 이어 1999년 선거에서는 노동당이 제1당으로 상승해 동맹당 등과 연립정부를 구성했다. 녹색당은 연립정부엔 참여하지 못했지만 연립정부 구성을 지지했다. 2014년 선거에서는 총 7개 정당이 국회 내 의석을 가진 원내 정당이 되었다.

여기서 흥미로운 것은 뉴질랜드가 1980년대 이후 1990년대 중반까지 신자유주의 정책 일변도였는데, 그에 불만을 품은 유권자들이 범국민적 여론을 형성하면서 연동형 비례대표제 및 다당제가 도입될 수 있었던 점이다. 마침내 1999년의 선거 이후 노동당 중심의 연립정부가 구성되는데, 이때 기존 신자유주의 정책들과는 다른 정책들이 도입되었다.

최저임금이 인상되었고, 소득세 최고세율을 33퍼센트에서 39퍼센트로 올리는 고소득층에 대한 증세가 단행되었다. 공공주택 임대 사업이 개선되었고, 민영화되었던 산재보험이 국유화되었다. 노조의 설립을 장려하고 노조의 지위를 강화하는 고용관계법이 제정되었다. 그에 따라 노동자들의 실질임금은 올라갔고, 고용안정성도 증대되었다. 2004년에는 가족수당제도가 도입되어, 어린 자녀가 있는 저임금 노동자들에게 혜택이 돌아가기 시

작했다.[5]

현재의 대한민국이 뉴질랜드 사례와 동일한 변화를 기대할 수는 없다. 이미 주어진 상황 자체도 많이 다르고 현재의 대한민국이 지어야 할 새로운 집(국가)의 모양과 내용도 다를 수밖에 없기 때문이다. 하지만 확실한 것은, 선거제도를 어떻게 바꾸는가에 따라 다층적 개혁을 추진할 리더십과 주체가 상당히 달라진다는 점이다. 특히 보수와 중도 사이에서만 움직이는 거대 양당 체제를 탈피하고, 정의당과 노동당, 녹색당 등 다양한 민주 · 진보 · 혁신 정당들이 (사악한 권력 쟁투가 아니라) '선의의 정책 경쟁'을 하면서 또 다양한 형태의 연립정부를 구성하면서 오로지 국민 모두의 행복 증진과 민주주의 발전을 위해 노력하는 것이 중요하다.

여기서 다양한 정당들이 '선의의 정책 경쟁'을 하려면, (노골적 폭력을 쓰는) 극우와 극좌를 제외한 모든 이념적 스펙트럼을 자유롭게 허용해야 한다. 헌법 8조 1항도 "정당의 설림은 자유이며, 복수정당제는 보장된다"고 명시하고 있다. 이런 면에서 2013년에 이석기 의원을 국회의원에서 제명하고 그가 속했던 통합진보당을 (헌법 8조 4항인, 그 "목적이나 활동이 민주적 기본 질서에 위배"되지 않았는데도) 헌법재판소가 해산 판결한 것은 결코 자유민주주의의 모습이 아니었다.

---

5   하승수, "정치혁명, 어떻게 할 것인가", 〈녹색평론〉 148호, 2016년 5-6월호, 22쪽.

권력과 자본의 편에서 사법정의와 양심의 편으로

홍만표 변호사의 전관비리가 가능했던 건, 그리고 넥슨이 진경준에게 뇌물주식을 사준 것은 검사의 막강파워 때문이다. 즉 내사 종결하고, 무혐의 처분하고, 일부 혐의만 기소하고, 구형을 낮추어 주고, 반대로 상대방을 괴롭혀야 할 경우는 없는 죄 탈탈 털어 유죄로 만드는 힘이 있기에 수십억 수임료를 지불하고 주식을 갖다 바치는 것이다.[6]

둘째, 검찰 개혁이 필요하다. 지금까지 검찰은 대체로 사법정의와 양심의 편이 아니라 권력과 자본의 편이었다. 이것을 다시 사법정의와 양심의 편으로 돌리는 것이 검찰 개혁의 핵심이다.

이것이 가능하려면 우선은 검찰총장을 대통령과 마찬가지로 국민들이 직접선거로 선출하는 것이 바람직하다. 그것도 단순다수제보다 '결선투표제'로 선출하는 것이 더 낫다.

그것은 현재 OECD 최저 수준(27퍼센트, 42개국 중 39위)인 대한민국 사법부에 대한 국민의 신뢰도를 높이기 위해서다.[7] '박근혜-최순실 게이트' 국면에서조차 법원은 2017년 1월 19일, 삼성 재벌 3

---

6   황운하, "사실 검찰개혁은 어려울 게 없다", 2016. 8. 1. http://2kim.idomin.com/3089

7   "韓 국민 10명 중 7명 정부 신뢰 안 해…사법 신뢰도 밑바닥", 〈연합뉴스〉, 2015. 8. 9.

세 이재용 부회장에 대한 뇌물죄 구속 영장을 일차 기각할 정도였다.[8] 반면 그 이틀 뒤엔 김기춘 전 비서실장과 조윤선 문체부 장관을 구속 수감했다.[9] 이 두 장면은 매우 대조적인데, 여전히 대한민국 사법부가 ①재벌을 경제와 동일시하고, 동시에 ②경제를 정의보다 더 중시하고 있음을 방증하기 때문이다. 그러나 촛불 항쟁과 특검의 보강 수사가 결국은 이재용을 구속시켰다.

나는 아직도 2003년 3월 9일에 있었던 '대통령과 전국 검사와의 대화'라는 TV 방송을 기억하며 안타까운 마음을 갖고 있다. 당시 갓 출범한 노무현 정부는 검찰 개혁의 향배와 법무부 장관 및 검찰 인사를 놓고 일선 검사들과 마찰을 빚었는데, 이에 노 대통령과 강금실 법무부 장관이 일선 검사들과 자유 토론을 통해 논리와 설득으로 검찰 개혁에 대한 합의를 도출하고자 했다. 이 자리에서 검사들은, "검찰 개혁을 한다면서도 대통령이 인사위원회도 거치지 않고 인사 개입을 하는 것은 검찰 개혁이 아니"라며 대통령에 의한 검찰 인사의 부당성을 지적했다.

이에 노 대통령은 "지금 인사위원회에 앉아 있는 사람들이 모두 인사 대상"이라며 "여기서 인사하지 않으면 낡은 검찰로 몇 달 더 가자는 것"이라며 검찰 인사의 불가피성을 강조했다. 또 검사들이 대통령의 친인척 의혹 등 부적절한 발언을 하자 대통령은

---

8 "노회찬, 이재용 영장 기각에 '사법부 신뢰도 OECD 최저 수준…법 앞에 만 명만 평등'", 〈동아일보〉, 2017. 1. 19; "이재용 구속영장 기각…사법부의 이런 결정 막으려면", 〈오마이뉴스〉, 2017. 1. 19.

9 "김기춘·조윤선 왜 구속됐나…'범죄 소명·증거인멸 때문'", 〈연합뉴스〉, 2017. 1. 21.

"이쯤 되면 막 하자는 거죠"라며 불쾌한 반응을 보였다. 이에 검사들은 토론회의 의도에 대해 "대통령께서 토론의 달인으로 알고 있는데, 토론의 아마추어인 검사들을 말로써 제압하려 한다면 무의미하다"며 비판했다. 원리와 원칙, 논리적 일관성에 충실하지 못한 검사들, 언행일치가 되지 않는 검사들의 자기 방어가 두드러졌다. 물론 이 토론회는 가시적 성과는 별로 없었지만, 결국은 권위적이고 군림하는 대통령이 아닌 탈권위적으로 토론하는 대통령의 모습을 온 국민에게 잘 보여 준 시도라 평가된다.[10]

그럼에도 불구하고 내가 이 토론회에 대해 안타까운 마음을 갖고 있는 이유는 무엇일까? 그것은 (비록 일부라 할지라도) 권위와 권력 앞에 굽실대고 약자에게 군림해 온 검찰, 주기적으로 재벌에게 거액의 뇌물을 받고 특정한 스폰서들에게 경제적·비경제적 후원을 받던 검찰 핵심부와 그 관련자들을 제대로 정리하지 않은 상태에서 성급하게 '민주적'이고 '개방적'인 토론을 전 국민 앞에서 시도했다는 점 때문이다.

나 역시 민주주의자로 자부하지만, 열린 토론 내지 생산적 토론을 위해서는 몇 가지 전제 조건이 충족되어야 한다고 생각한다. 첫째, 토론자들이 연령, 지위, 이념 등에 상관없이 상호 존중하고 대등한 입장에서 참여해야 한다. 둘째, 각자의 입장이 다를 수 있음을 인정하되, 더 올바르고 나은 의견이 있으면 수용할 열린 마음이 되어야 한다. 셋째, 토론의 내용이나 방식과 관련해 사후에 그 어떤 불이익도 받을 위험이 없어야 한다.

10   위키백과, "노무현", https://ko.wikipedia.org/wiki/%EB%85%B8%EB%AC%B4%ED%98%84

이런 기준에서 보았을 때 2003년 3월의 위 토론회는 사후 불이익의 위험이 전혀 없었다는 세 번째 조건은 충족했으나, 상호 존중 원칙이나 열린 마음의 원리가 지켜지지 못했다. 우선 대통령이나 법무부 장관이 평검사들과 눈높이를 맞추려 노력했음에도 오히려 평검사들이 기존의 권위주의나 연공서열주의에 집착하는 바람에 수평적이고 열린 토론이 어려웠다. 같은 맥락에서 검사들 사이에서도 사법정의를 바로 세우기 위한 검찰 개혁의 필요성을 절감하지 못하고 있었다.

그것은 마치 영화 〈더 킹〉(한재림 감독, 2017)에서 권력 변화에 따라 교묘히 줄을 잘 서는 방법으로 출세 가도를 달리고 심지어 스스로 왕이라 자부하는 한강식이 검사장으로 앉아 있는 것과 유사하다. "태수야, 안 보이니? 내가 역사야. 내가 이 나라고." 그리고 바로 그 아래로는 그 왕을 추종하며 같이 술 마시고 춤추는 검사들이 수두룩하게 포진하고 있다. 바로 이런 상황 속에서는 결코 민주적이고 개방적인 토론이나 제대로 된 검찰 개혁의 방안 도출과 같은 것을 기대하기 어렵다.

정말 안타깝고도 역설적이게도 당시에 '권력의 시녀' 내지 '자본의 시녀'들인 검찰을 제대로 정리하지 못한 끝에, 노무현 대통령은 퇴임 이후 (이명박 정부 하에서) 바로 그 검찰에 의해 갖은 고초를 당했다.

흥미롭게도 당시 노무현 대통령을 뇌물죄로 조사한 검사 중 하나가 최근 '박근혜-최순실 게이트'의 한 핵심 인물인 우병우 전 청와대 민정수석이다. 그리고 우병우 아래서 조사를 담당했던 검사가 이건령으로, 그는 2012년 말 박근혜가 대통령에 당선된 직후, 진보 성향의 주진우 〈시사IN〉 기자를 상대로 구속영장까지 청구한 인물이다. 주 기자는 선거 국면 당시 '박근혜 5촌간 살인 사건'을 둘러싼 의혹 기사를 써서 검찰의 주시 대상이었으나 무죄로 풀려났다.[11] 그리고 '박-최 게이트'가 터지기 전인 2016년 5월에 불거진 정운호의 '네이처리퍼블릭' 사건에 (검사장을 지낸 뒤 '전관예우'를 받아 거액의 수임료를 챙긴 것이 드러난) 홍만표 변호사가 연루되었는데, 그 역시 2009년 노무현 수사 당시 검사였다.[12] 홍만표 수사 과정에서 우병우의 개입 혐의가 드러났고, 이어 진경준과의 연관성, 다시 넥슨 김정주와의 관련성도 드러났다. 우병우는 처가의 강남 땅을 처분하는 과정에서 진경준의 소개로 김정주에게 원래 금액보다 비싸게 팔 수 있었다. 진경준(86학번)은 우병우의 대학 2년 후배이고 김정주와는 대학 동기 동창이다. 2015년 2월, 진경준이 검사장으로 승진할 당시 인사 검증을 맡았던 우병우 청와대 민정수석이 진경준의 주식 보유를 알고도 문제 삼지 않았던 게 아니냐는 의혹도 불거졌다.[13]

마침내 2016년 7월, 검찰 역사상 처음으로 현직 검사장(진경준)이 구속되었다. 100여 일 지지부진하다가 특임검사가 금세 밝혀냈다. 내용은 이렇다. 2005년 당시 현직 검사 진경준이 절친 김정주가 대표로 있는 넥슨(게임업체)으로부터 비상장 주식을 대량 받

11 "주진우 구속영장 청구 이건령 검사, 우병우 밑에서 노무현 대통령 조사했던 '특수통 젊은 검사'", 〈부산일보〉, 2016. 12. 18.

12 "후배 검사들에게 조사받게 된 홍만표", 〈민중의소리〉, 2016. 5. 27.

13 "檢, 강남 땅 중개업자 6일 소환…진경준 개입 밝혀질까", 〈헤럴드경제〉, 2016. 10. 5.

았다가 주식 상장 뒤인 2015년에 80만 주 이상을 전량 매각해 무려 126억 이상의 수입을 올렸다. 뇌물죄 혐의였다.[14] "'수임료 50억 원' 다툼에서 비롯된 정운호(전 네이처리퍼블릭 대표) 사건은 검사장 출신 홍만표 변호사와 부장판사 출신 최유정 변호사, 김수천 부장판사의 구속으로 이어졌다. 김형준 부장검사는 고교 동창에게서 술값 등을 지원받아오다 구속됐다. 이를 계기로 검찰·법원 개혁 요구가 더욱 커졌다."[15]

그런데 진경준 검사장은 검사 출신이자 청와대 민정수석 우병우의 2년 후배다. 그리고 진경준 검사장과 넥슨 김정주 대표는 '지음지교'(知音之交)로 불리는 사이다. 흥미롭게도 1심에서 진경준 검사장은 유죄, 김정주 대표는 무죄가 선고되었다.[16] '지음지교'에게 4억 정도 건넨 것은 '대가성'이 없기 때문에 뇌물죄가 아니란 것이다.[17] 그러나 우정은 명분이었고 실제는 돈의 경제였다. 여기서도 대한민국 법원은 '경제가 정의보다 더 중요'하다는 인식을 드러냈다. 영화 〈부당거래〉나 〈내부자들〉 못지않은 권력 실세와 기업들 간의 부당거래 의혹의 민낯이 이런 식으로 드러난다. 또 영화 〈더 킹〉에서도 드러난 바와 같이 같은 검사들끼리도 대

<hr>

14 "우병우 민정수석 넥슨 부동산 거래 의혹에 청와대 강력 부인…진경준 검사장 구속, 김현웅 장관 두 번째 대국민 사과", 〈환경TV〉, 2016. 7. 18; "판 커지는 '우병우 논란'…검사·대학 후배 '진경준 입'에 쏠린 눈", 〈헤럴드경제〉, 2016. 7. 19.

15 "2016 조선일보 선정 10대 뉴스", 〈조선일보〉, 2016. 12. 27.

16 "진경준 전 검사장 1심서 징역 4년, '넥슨 공짜 주식' 무죄…김정주 넥슨", 〈조선일보〉, 2016. 12. 13.

17 "절친(知音)이라 무죄? -진경준 뇌물죄 사건", 〈슬로우뉴스〉, 2017. 1. 20.

학 선후배 관계가 족쇄가 되기도 하고, 승진이나 출세 욕망이 (오직 정의감에 불탔던) 초심을 버리게 만든다. 돈과 권력이 아닌, 진실과 정의를 바로 세우기 위한 검찰 개혁의 필요성이 바로 여기에도 있다.

그러나 검찰이라고 해서 영원한 '권력의 시녀'일 수는 없다. 사실 현재의 검찰제도는 처음부터 잘못 태어난 것이었다. 왜냐하면 검찰제도 자체가 사법정의 구현 및 인권의 보루 역할을 위해 만들어진 게 아니라 일제가 식민지 조선을 효율적으로 통치하기 위한 치안 내지 공안의 수단으로 출발한 것이기 때문이다. 1925년 일제 강점기 때 만들어진 '치안유지법'이 대표적이다. 때문에 검찰은 처음부터 권력의 시녀 역할을 당연시해 왔다. 그리고 불행히도 지금까지 90년 이상 그런 근본이 바뀌지 않았다.

최근 '박근혜-최순실 게이트'는 그러한 적폐들을 제대로 도려낼 수 있는 절호의 기회다. 전술한 '박정희 체제' 또는 '중독 시스템'으로서의 대한민국을 제대로 혁신하고 치유할 수 있는 역사적 기회다. 게다가 인간의 마음은 아무리 억압당하고 배제당해도 깊은 곳의 양심과 본심, 진심은 살아 있기 마련이다. 헌법 19조에도 "모든 국민은 양심의 자유를 가진다"고 하지 않았던가?

이런 면에서 검찰은 권력의 시녀 혹은 공안 통치의 수단이라는 낡은 패러다임을 훌훌 털어 내고 사법 정의와 인권의 보루라는 건강한 패러다임으로 이행해야 한다. 이것이 현재 대한민국 검찰의 역사적 사명이다. 따라서 검찰 개혁과 관련해 단골 메뉴로 등장하는 기소 독점권, 기소 재량권, 수사 독점권, 경찰 수사 지휘권, 그리고 '검사동일체 원칙에 따른 상명하복 문화' 등을 혁파해야 한다.[18] 그 대안은 무엇인가? 그렇다. 예컨대 기소 법정주의, 기소권 다원화, 경찰 수사권 독립, 그리고 검찰을 감시·감독하는 특별감찰관제(암행어사) 및 고위공직자비리수사처(공수처) 도입 등이 그 현실적 대안이 될 것이다.[19] 그리고 무엇보다 상명하복 또는 선배-후배 관계로 인한 사법정의의 왜곡을 방지하려면, 상-하 간 역할 분담은 가능하다 할지라도, 그리고 아무리 신임 검사라 할지라도, 각 개별 검사는 한낱 풋내기 부하가 아니라 모든 검사 그 자체가 곧 검찰 전체를 대변한다는 의식, 즉 '검사-검찰청 동일체 의식'이 필요하다. 그래야 영화 〈더 킹〉에 나오는 한강식과 양동철, 박태수의 상호관계처럼, 상사나 선배랍시고 부하나 후배를 함부로 대하거나 정의를 왜곡하는 부당 지시를 내리지 못할 것이다.

이런 변화가 가능하려면 미국처럼 검찰총장이나 각 지역별 검사장, 경찰청장과 지역별 경찰서장 등을 시민이 직접선거로 선출하는 것도 한 방법이다.[20] 그리고 당연하게도 시민이 선출한 검찰총장이나 검사장, 경찰총장이나 경찰서장 등이 만족스럽지 못하다면 강제소환할 수 있는 리콜제, 즉 국민소환제를 만들 필요가 있다. 검찰이나 경찰이 사법정의와 인권의 최후 보루로서 대중의 신뢰를 회복하기 위해서라도 시민들과의 교감과 소통이 잘 이뤄

---

18 "고개 든 검찰 개혁, '공수처' 논의 활발", 〈M이코노미뉴스〉, 2016. 8. 9 참고.

19 "국민의당, 발동 걸린 '공수처 신설'…긴급 간담회 개최", 〈머니투데이〉, 2016. 7. 26. 참고.

20 권종상, "법꾸라지 우병우와 검찰 및 교육 개혁의 필요성", 2016. 12. 23, http://blog.naver.com/josephkwon/220892795687

져야 하기 때문이다. 즉, 정의로운 사회를 만들기 위해 원칙과 양심에 따라 검찰과 경찰이 정의롭게 바로 서야 한다.

다행스럽게도 2016년 12월 20일경 시작해 2017년 2월 말까지 계속된 박영수 특검팀의 70일 간 수사 과정은 사법정의의 모범을 잘 보여 주었다.[21] 향후 이 특검팀의 정신으로 검찰 개혁이 제대로 이뤄졌으면 한다. 그리하여 '유전무죄, 무전유죄'의 기형적 전통도 없어지고, 전관예우도 없어지며, 진실이 밝혀져 범죄자 단죄가 이뤄질 때까지 공소시효도 없어져야 할 것이다. 대신 내부고발자나 양심선언자에 대해 신변 보호는 물론 특별 포상까지 해 주어야 한다. 이 모든 조치들이 깔끔하게 시행될 때, 비로소 우리는 헌법 11조 '법 앞의 평등'을 떳떳하게 말할 수 있을 것이다.

정권 안보로서의 국가 안보는 더 이상 안 된다

나는 헌법을 준수하고 국가를 보위하며 조국의 평화적 통일과 국민의 자유와 복리의 증진 및 민족문화의 창달에 노력하여 대통령으로서의 직책을 성실히 수행할 것을 국민 앞에 엄숙히 선서합니다.

-헌법 제69조, 대통령 취임 선서문

21 "박영수 특검팀, '최순실 재산' '박근혜 7시간' 규명 속도 내나", 〈시사포커스〉, 2016. 12. 28; "수사 반환점 도는 특검, 남은 과제는?", 〈뉴스1〉, 2017. 1. 22; "특검 '블랙리스트 대통령 공모' 결론", 〈KBS 뉴스〉, 2017. 2. 1.

셋째로, 보안법과 국정원 문제를 보자. 우선 국가보안법의 기원은 역시 일제 치하인 1925년의 치안유지법이고, 이것이 해방 후 반공법을 거쳐 오늘날 국가보안법에 이른다. 이 법의 핵심은 "반국가활동을 규제, 국가의 안전보장과 국민의 생존 및 자유를 확보함"을 목적으로 한다. 이 국가보안법에서 '반국가단체'라 함은 정부를 참칭하거나 국가를 변란할 것을 목적으로 하는 국내·외의 결사 또는 집단으로서 지휘통솔 체제를 갖춘 단체를 뜻한다.

여기서 분명한 것은 국가보안법은 국가 안보도 중요시하지만 국민 생존 및 자유도 중시한다는 점이다. 불행히도 현실에서는 전자(국가 안보)만 중시되어 온 감이 있고, 그것도 국민이 사는 집으로서의 국가가 아니라 특정 정치권력 집단으로서의 국가를 위한 안보였다. 즉, 참된 의미의 국가 안보가 아니라 정권 안보 내지 권력 안보에 불과했다.

그 증거는 이렇다. 2016년 10월에 나온 김기덕 감독의 〈그물〉, 그리고 특히 최승호 피디의 다큐 영화 〈자백〉을 보면 1950년대 이후 1980-1990년대 내내, 그리고 (서울시 공무원 유우성 씨 간첩조작 사건에서도 잘 드러났듯) 2010년대에조차 얼마나 많은 무고한 사람들이 (납북 귀환 어부 또는 재일교포 한국 유학생을 포함해) '간첩'으로 몰려 국가보안법의 희생양이 되었는지 실감나게 그려진다. 영화의 끝부분에는 한국전쟁 이후 최근까지 조작된 간첩 사건 목록 총 96건이 소개된다. 내가 대학과 대학원을 다니던 시기인 1981-1986년에만 모두 41건이 발생했다. 대부분 수년간의 징역 또는 무기형을 선고받았다. 무서운 시절이었다. 대부분 나중에 재심 결과 무죄로 판명된 것으로 보아 정권 안보의 희생물이었다고 볼 수밖에 없다.

특히 위 목록을 찬찬히 보면, 흥미롭게도 이승만 정부, 박정희 정부, 전두환 정부, 노태우 정부, 김영삼 정부 등 모든 정권에서 간첩조작 사건이 있었으나, 김대중 정부와 노무현 정부에서는 없다. 그런데 이것이 다시 이명박 정부와 박근혜 정부에 와서 부활(미수 포함)했다. 영화 〈자백〉에는 원세훈 전 국정원장과 '법꾸라지' 김기춘도 우연찮게 등장한다.

이런 면에서 2017년 1월 21일의 김기춘 구속(문화계 인사 약 1만 명 블랙리스트 작성과 탄압 등 혐의)이 민주 투사 내지 양심적 지식인들에 대한 파쇼적 탄압 시대의 종언을 상징한다. 낡은 체제의 종언이 확실히 되려면 더 이상 이런 사태가 발생하지 못하도록, 그리하여 명실상부 '민주공화국'이 될 수 있도록 사회 시스템 전반을 획기적으로 고쳐야 한다.

이런 맥락에서 우리의 '정의로운 대통령'은 국가보안법과 관련해 둘 중 하나를 택해야 한다. 그것은 먼저 정권 안보 또는 권력 안보로서의 국가 안보가 아닌, 국민이 사는 집을 편안하게 만든다는 의미로서의 국가 안보를 위한 새로운 법을 만들든지, 아니면 과감하게 구시대의 유물인 국가보안법 자체를 폐기하는 것이다. 사실 앞서 말한 "정부 참칭"을 하거나 "국가 변란"을 목적으로 하는 '반국가단체'의 조직과 활동은 현행 형법 87조-104조의 "내란·외환의 죄"로도 얼마든지 규율할 수 있다.

더구나 국가보안법 1조 2항에는 이 법의 오·남용을 금지하고 있다. "이 법을 해석·적용함에 있어서는 제1항의 목적 달성을 위하여 필요한 최소한도에 그쳐야 하며, 이를 확대해석하거나 헌법상 보장된 국민의 기본적 인권을 부당하게 제한하는 일이 있어서는 아니된다." 분명히 이런 조항이 있음에도 최근까지 부당하게 인권 침해를 자행한 국가는 과연 어떻게 책임을 질 것인가?

사실 위 간첩조작 사건 목록에서도 명백히 드러나듯, 대부분 재심 결과 무죄 판명이 나지 않았던가? 그러나 오랜 세월이 흐른 뒤 무죄 판결이 난들, 그 사이에 고문 후유증으로 고인이 된 사람도 많고, '빨갱이'라는 낙인으로 인해 정상적인 사회생활을 전혀 하지 못한 사람들이 태반이다. (사실상의 연좌제로 인한) 가족이나 친인척들의 고통도 이루 말하기 어렵다. 그리고 무엇보다 그 팔팔하던 청춘의 세월을 컴컴한 옥살이로 보냈으니 그 누가 어떻게 지나 버린 세월 자체를 보상할 수 있겠는가? 그 피해자들의 가슴 속에 깊이 박힌 트라우마는 누가 치유할 수 있겠는가?

영화 〈자백〉에 나오는 재일교포 김승효 어른은 1974년 서울대에 유학 중이었는데 (그는 김기춘이 사법고시에 합격한 나이와 같은 21세였다) 간첩으로 몰려 징역 7년을 선고받았다. 당시의 고문과 7년간의 억울한 옥살이로 지금까지 정신적·육체적 병을 앓고 있다. 그는 영화 속에서 문득문득 기억을 더듬어 말한다. "한국은 나쁜 나라입니다. 목적을 위해 수단과 방법을 가리지 않는 나쁜 나라…." 자신의 사건에 대한 재심을 위해 한국 법정에 가서 증언을 하겠느냐는 질문에 그는 "절대 가지 않겠다"고 말한다. "한국은 무서운 나라"라며. 그렇다. 무서운 나라다. 정권 앞에 인권이 헌신짝처럼 버려지는 나라다.

지금부터라도 인권이 정권을 위해 희생되는 것이 아니라, 정권이 인권을 위해 존재하는 나라, 정권이 힘을 쓰는 나라가 아니라

(국민)주권이 힘을 쓰는 나라, 또한 대통령이 정권이나 권력을 보위하는 것이 아니라 국민의 국가를 보위하는 나라를 만들어야 한다. 그것이 정의로운 대통령의 직책이요, 주권자인 국민 모두의 과제다.

다음으로 볼 것은 국정원이다. 국정원의 원조는 박정희의 중정(중앙정보부, 1961년)과 전두환의 안기부(국가안전기획부, 1981)다. 1993년 김영삼 문민정부 때 국정원(국가정보원)으로 개칭되었다. 원래 중정은 1961년 박정희의 군사 쿠데타(5·16) 직후 '반혁명 세력'과 간첩을 색출하고 국가 안보 관련 정보활동을 전개한다는 명분으로 설립되었다. 결국 국가보안법의 취지를 실질적으로 구현하기 위한 조직이 곧 중정-안기부-국정원으로 이어져 온 셈이다.

그렇다면 이 국정원이 수행하는 주요 업무는 무엇인가? 그것은 ①대한민국을 위해하려는 국내·외의 적 및 기타 외국 정부나 단체들이 대한민국의 국가 기밀 정보 및 중요 산업 정보를 도취(盜取)해 가지 못하도록 방어하며, 그러한 정보 도취활동을 자행하는 간첩들을 색출하는 업무, ②국가 안보 관련 범죄(내란·외환·반란죄, 암호부정사용죄, 군사비밀보호법·국가보안법 위반 범죄)에 대한 수사 업무, ③국내·외 적대 세력의 활동에 관한 정보 및 국가의 안보와 번영을 위해 필요한 각종 해외 정보를 수집·분석·배포하는 업무, ④대통령이 국정 전반에 관해 올바른 의사결정을 하도록 필요한 정보를 지원하고, 정보 관련 업무를 수행하는 여타 관련 국가기관들의 정보활동을 조정하는 업무 등이다.[22]

---

22 한국학중앙연구원, 〈한국민족문화대백과〉 중 '국가정보원' 설명 참조.

이를 요약하면, 원래 국가 최고의 정보기관이란 '국가를 보위'하고 '국민의 행복'을 위해 일하는 대통령을 측면에서 보좌하는 조직이다. 대통령이 안전한 상태에서 정확한 정보로 현명한 판단을 하도록 돕는 것이다. 그 궁극적 목적은 (국민의 집으로서) 국가 발전과 (그 집에 사는) 국민 행복일 것이다. 바로 이것이 본래 의미에서 봤을 때, 국가 정보기관의 존재 근거(raison d'être)다.

그러나 현실의 국정원은 어떤가? 이미 영화 〈그물〉이나 〈자백〉에서도 각종 간첩 조작 사건을 통해 권력의 시녀 역할을 한 정황들이 구체적으로 나왔지만, 비교적 가까운 사례들만 살펴보자.

우선 2012년 12월 11일, 대통령 선거를 불과 8일 앞둔 국면에서 (새누리당) 박근혜를 지지하고 (민주당) 문재인을 혐오하는 댓글을 무수히 다는 등 불법 선거운동을 하던 국정원 여직원 김OO이 있었다. 그런 첩보를 받은 경찰, 선관위, 민주당 의원들이 그 오피스텔로 몰려가 문을 열라고 하자 국정원 여직원은 문을 걸어 잠근 채 증거인멸에 바빴다. 그런 뒤에는 현장에서 문을 열어 달라고 요구했던 이들을 오히려 '감금죄'로 고소했다. 그러나 법원은 그것을 '셀프 감금'이었기에 무죄라 판결했다.[23]

그런데 그 사건은 단순히 애국심에 불탄 일부 국정원 직원의 일탈이 아니었다. 국정원과 군부대(사이버사령부)가 협력해 조직적이고 체계적으로 '정권 안보'를 위해 치밀하게 움직인 작전 수행 과정이었다. 예컨대 한국산업기술시험원(KTL)이란 조직은 국정원 '댓글부대'를 체계적으로 훈련하고 운용해 왔다는 의심을 받아 왔

---

23 "법원, 대선 댓글 국정원 여직원은 '셀프 감금' 판결", 〈한겨레〉, 2016. 7. 6.

다. 또 그런 한국산업기술시험원의 글로벌기술정보 용역 사업이 국가기관과 전·현직 장·차관들까지 농락한 희대의 '사기극'으로 비화될 조짐을 보이기도 했다. 두 사건의 연결고리에는 2014년 12월, 해당 용역업체에 회장으로 영입된 국정원 출신의 김흥기 카이스트(KAIST) 지식재산대학원 겸직교수가 있었다.[24]

2013년 검찰 특별수사팀은 18대 대선 당시 '국정원 심리전단' 조직이 다수 민간인 조력자(PA)들을 선거 여론 조작에 동원한 사실을 밝혀냈다.[25] 마침내 검찰은 2013년 6월, 원세훈 국정원장을 불법 선거 개입 혐의로 기소했다. 2014년 9월, 1심 법원은 원 국정원장에 대해 국정원법은 유죄, 선거법 위반은 무죄 판결을 내렸다. 그리고 2015년 2월, 2심 법원은 국정원법과 선거법 모두 유죄라 판시하고 원세훈을 법정 구속했다. 그러나 2015년 11월, 대법원 전원합의체 판결은 '심리 미진'을 이유로 파기 환송했다.[26]

한편 '국정원 댓글녀' 김OO 씨도 연세대 정외과 선배인 이 모 씨와 다수의 아이디를 공유하며 무수한 댓글활동을 했다.[27] 변변한 직업이 없던 이씨의 계좌에는 대선을 전후한 1년 동안 모두 29차례에 걸쳐 무려 9234만 원이 입금되었다. 민간요원 1명에게 활동비로 의심되는 1억 원 가까운 돈이 흘러든 것이다. 당시 4개

---

24 "'가짜 수료증' 장사에 장·차관 동원한 국정원 출신 '댓글부대' 회장의 힘", 〈경향신문〉, 2015. 11. 2.

25 이하, "댓글부대 돈은 누가 대고 있을까", 〈주간경향〉 1199호, 2016. 11. 1 참조.

26 "국정원 대선 개입 판결 '하세월'", 〈한국일보〉, 2016. 12. 21.

27 이하 "댓글부대 돈은 누가 대고 있을까", 〈주간경향〉 1199호, 2016. 11. 1 참조.

팀으로 나눠진 국정원 심리전단 조직에 모두 12개의 부서가 존재했던 만큼 각각의 활동을 위해 민간 댓글부대에 적잖은 돈이 필요했을 것이다. 또한 민간 댓글부대원들이 대선 후 지금까지 또 다른 댓글부대로 활동하고 있다면 '어버이연합'의 관제 데모 동원과 마찬가지로 전경련이나 재벌 기업 등의 지속적 자금 지원에 기대고 있을 가능성이 크다.

아니나 다를까, 청와대가 2014-2016년 동안 삼성·현대차·에스케이·엘지 등 재계 서열 1-4위 기업들에게 70여 억 원을 받아 어버이연합·엄마부대·고엽제전우회 등 10여 개 보수·극우 단체들의 친정부·친재벌 '관제 데모'를 집중 지원해 왔다는 사실이 드러났다.[28]

청와대 정무수석실이 주도한 지원 회의에는 매번 삼성 미래전략실 임원이 참석해 지원 대상 단체와 액수 등을 논의했으며, 김기춘 전 대통령 비서실장은 이들 단체에 자금 지원을 독려하는 등 깊숙이 개입했다. 김기춘 등은 '좌파 척결 블랙리스트'뿐만 아니라 '우파 지원 화이트리스트' 실행 혐의까지 받고 있다.

2012년 국정원 대선 개입에 관한 진실이 하나씩 드러나고 당시 국정원장마저 구속·수감되는 상황의 다른 편에서, 국정원은 2012년 10월 이후 유우성 서울시 공무원을 간첩으로 만드는 작전을 편다. 이에 관해서는 앞에서 언급한 최승호 피디의 영화 〈자백〉이 수사관보다도 더 철저하고 객관적으로 밝혀 냈다. 유우성은 2013년 1월 간첩 혐의로 체포된 이후 산전수전 끝에 2015년

---

28 이하 "청와대, 4대 기업 70억 걷어 '아스팔트 우파' 지원", 〈한겨레〉, 2017. 1. 31 참조.

10월 대법원에서 간첩 혐의를 벗었다. 요컨대 유우성 간첩조작사건은 국정원이 그 여동생 유가려의 (강요된) 허위자백을 근거로, 북한 간첩이 아님에도 억지로 간첩으로 몰아갔으며, 중국 공안의 출입국 스탬프 등 공문서들을 허위로 만들어 증거로 제시함으로써, 박근혜 정부의 정통성 위기는 물론 국정원 자체의 위기까지 덮으려 했던 사건이다.[29]

마침내 이 사건이 백일하에 드러나 국정원의 위기가 심화하자 2014년 4월 15일, 남재준 국정원장이 공식 사과한다.

국민 여러분께 심려 끼쳐드린 점 머리 숙여 깊이 사과드립니다. 일부 직원들이 증거위조로 기소되는 있을 수 없는 일이 벌어진 것에 대해 원장으로서 참담한 마음으로 책임을 통감하고 있습니다. 국정원은 이번 일을 계기로 과거의 잘못된 관행을 완전히 뿌리뽑아 다시는 이런 일이 일어나지 않도록 뼈를 깎아 나갈 것입니다. 낡은 수사 관행과 절차 혁신을 위해 T/F를 구성해 쇄신책을 마련하겠습니다.[30]

그런데 기이하게도 바로 그 다음날인 2014년 4월 16일, 무려 304명의 생명을 앗아간 '세월호' 침몰 참사가 발생한다. 이에 대해서는 다양한 원인 규명과 해석이 존재하나, 여기서 중요한 건 세월호와 국정원의 연관성이다. 지금까지 언론이나 세월호 국정

---

29 위키백과, '서울시 공무원 간첩 조작 사건' 참조.
30 "朴대통령 '국정원 사건, 국민께 송구'…남재준 사과문 발표", 〈MBC 뉴스〉, 2014. 4. 15.

조사 및 특조위 청문회 등으로 드러난 사실들은 ①세월호 배 안에서 발견된 노트북 안에 '국정원 지적사항'이란 문건이 나온 점, ②해양 사고 시 가장 먼저 국정원에 보고하도록 되어 있는 점, ③ 국정원 전·현직 직원들이 운영하는 '양우공제회'(양우회)가 세월호의 실질 소유주로 추정되는 점[31] 등이다.

2014년 4월 이후 현재까지 세월호 유가족과 세월호 특조위원들, 그리고 수많은 시민들은 진실 규명과 책임자 처벌, 재발 방지 등을 일관되게 요구해 왔으며, 특히 '대통령의 7시간'은 초미의 관심사로 부각되었다. 문제는, 이에 대해 가장 잘 알고 있을 박근혜 대통령조차 헌법재판소의 탄핵 심판 과정에서 제출 요구된 '자신의 7시간'에 대해 정확하고 상세하게 밝히지 못했다는 점이다.[32]

게다가 '박-최 게이트' 특검 수사의 한복판에서 '블랙리스트' 사태가 터졌다. 헌법 19조의 양심의 자유, 21조 언론·출판·집회·결사의 자유, 그리고 22조의 학문과 예술의 자유를 정면으로 침해하는 사건이다. 당연하게도 2017년 1월 21일, 김기춘 전 대통령 비서실장과 조윤선 전 문체부 장관이 그 핵심 주동자로 전격 구속되었다. 하지만 크게 보면 청와대 및 문체부와 더불어 국정원(이병기 원장)이 유기적으로 협력한 결과가 바로 약 1만 명에

---

31 **31** "'그것이 알고 싶다' 세월호 투자 의혹…국정원 사조직 '양우공제회'는 무엇?", 〈국제신문〉, 2016. 4. 18; "이석태 세월호 조사특위 위원장, 침몰하는 특조위, 지금이 골든타임", 〈주간경향〉 1189호, 2016. 8. 10.

32 "헌재 '박 대통령 7시간 행적, 사적인 부분까지 밝혀라' 요구", 〈인사이트〉, 2016. 12. 23.

이르는 '블랙리스트'가 아닌가.[33]

이 모든 사례들을 종합하면, 국정원은 국민을 위한 국가 보위보다는 특정 보수 세력을 위한 정권 보위를 해 왔음에 틀림없다. 국가 정보기관 자체는 필요하다. 국민의 집으로서의 국가를 보위하고 그 집에 사는 국민의 행복을 위해 다양한 활동을 해야 하기 때문이다. 그러나 현실로 드러난 국정원의 실상은 차라리 이를 해체하는 것이 바람직하다는 결론을 끌어낸다.

한편 국정원의 직원 수는 과연 얼마나 될까? 2016년 2월 말과 3월 초에 새누리당이 강행 통과하려 한 '테러방지법' 저지를 위한 필리버스터 중 더불어민주당의 전순옥 의원과 임수경 의원이 밝힌 바에 따르면, 그 수가 총 37만 명에 이른다. 대한민국 육·해·공군의 수가 총 68만 명에 이른다고 하면 국정원 직원은 그 절반을 넘는다.

불행히도 국정원의 1년 예산 규모는 공개적으로 밝혀진 적이 없다. 2016년 3월 1일에 무제한 토론에 참여한 안민석 의원은 "국정원은 국민의 세금으로 특수활동비를 쓰고 있지 않습니까? 직원들의 급여도 마찬가지예요. 국정원에서 쓰는 모든 예산들은 다 특수활동비로 씁니다. 활동비, 국정원 직원들의 급여, 이게 다 우리 국민들의 세금인데요, 그러면 당연히 이 특수활동비가 어떻게 쓰이는지 저는 국민들이 알 권리가 있다고 생각을 합니다. 우리가 낸 돈인데, 우리가 낸 돈으로 국정원 직원들 급여를 주는데 세

---

33 "'문화계 블랙리스트' 작성에 국정원이 개입했다?", 〈프레시안〉, 2016. 12. 28.; "김기춘·국정원·문체부, 블랙리스트 악의 트라이앵글", 〈프레시안〉, 2017. 1. 4.

세하게는 못 밝히더라도 국정원 전체 직원들의 급여가 5천 억이다, 6천 억이다 그런 정도는 왜 못 밝힙니까? 이게 성역으로 되어 있어요. 하여튼 여당에서는 국정원의 '국' 자도 꺼내지 마라, 이러고 있습니다"[34]라고 고발한 바 있다. 그러면서도 "국정원의 예산은 특수활동비입니다. 1조 가까운 국정원의 이 예산이 바로 국민 혈세입니다. 이것을 누가 어디에 어떻게 쓰는지조차 모른다는 것을 국민 여러분들께서 용납하시겠습니까?"라고 했다. 이에 따르면 국정원 1년 예산은 1조 원으로 추정된다.

그러나 김용택 선생은 달리 본다. "도대체 국정원 직원이 정말 37만 명이라면 이들에게 지급되는 월급이 얼마나 될까? 대기업 평균 연봉 6020만 4천 원으로 지급한다고 보면 이들에게 지급되는 인건비만 무려 22조 원이라는 계산이 나온다."[35] 2017년 정부 예산이 400조 원이란 점을 생각하면 무려 5.5퍼센트가 국정원 인건비라는 추정이다.

물론 정확한 수치는 국정원만 알고 있다. 이제까지 알려진 것은 최저 1조, 최대 22조다. 그 규모가 어떠하건 최소한 그 예산과 지출 내역이 공개되어야 하고, 그리고 원래의 국가정보원 목적에 걸맞은 활동을 해야 한다는 점만은 확실히 해 둘 필요가 있다.

34 2016. 3. 1. 안민석 의원 필리버스트 내용. http://blog.naver.com/vitom-inc/220645489675

35 김용택, "국정원 37만 명, 육해공군 68만 명의 절반… 1인당 국민 139명 감시?", 〈고발뉴스〉, 2016. 3. 9.

시민의회 통해 '역량으로서의 권력' 되찾기

시민들이 상시적으로 권력을 행사할 수 있는 제도적인 틀을 만들어, 기성의 정치가들이 민중의 의사를 정당하게 대변하는 정치를 하도록 강제하는 것이다. 그러기 위한 새로운 제도로 지금까지 나온 아이디어 중 가장 합리적인 것이 '시민의회'(혹은 '시민주권회의')라고 할 수 있다.[36]

넷째, 시민의회 활성화 문제다. 이미 국회도 있고 지방의회도 있는데, 무슨 시민의회를 또 말하는가?

그러나 생각해 보라. 그동안 우리는 얼마나 많은 '배신'을 당해 왔는가? 아무리 똑똑하고 정직한 사람이라도 일단 국회의원이나 도·시 의원만 되면 무슨 완장 찬 사람이라도 된 듯 거들먹거리지 않던가? 게다가 무슨 정책이니 법안이니 조례니 만든다고 하는 것을 보면, 주민의 생활과는 동떨어진 개발 사업이나 하려 들고 실질적인 삶의 개선이나 행복 증진에 별 도움이 되는 것 같지도 않다. 좀 심하게 말해, 국회의원이나 지방의원 이름을 차지한 뒤에는 그 이름을 빌려 '공인된 사기'를 치려고 하는 경우가 많다. 그렇게 이런 짓 저런 짓으로 미움을 실컷 사 놓고서는 또 선거 때만 되면 시장 바닥으로 경로당으로 마을 행사로 달려와 악수를

---

36 김종철, "촛불시위와 '시민권력'", 〈녹색평론〉 152호, 2017년 1-2월, 11쪽.

하자고 청한다. 정말 보기 싫은 작자들이다.

그럴 때마다 나는 결심한다. "마을 이장 이상의 권력을 탐하는 자는 일단 수상하게 봐야 한다." "나는 마을 이장 이상의 권력을 탐하지 않겠다." 사실 내가 2005년 5월부터 2010년 6월까지 꼬박 5년 동안 (조치원읍 신안1리) 마을 이장을 했던 것도, 처음부터 마을 이장을 하고 싶어서 한 건 아니었다. 당시 가짜 민원서를 조작해 토지 용도를 불법 변경한 뒤 농경지를 하루아침에 아파트 단지로 둔갑시킨 '조직범죄 집단'과 격렬한 싸움을 하느라 마을 주민들과 고락을 같이 하는 맥락에서 (투쟁위원장으로서) 이장 직을 수행했을 뿐이다. 이에 대해서는 이미 《나부터 마을혁명》이란 책에 소상하게 정리한 바 있다. 어쨌든 당시 나는 진정한 풀뿌리 민주주의가 무엇인지 몸으로 느꼈다. 그리고 우리가 뽑은 국회의원이니 군의원이니 하는 자들 중 제대로 된 이가 거의 없다는 사실도 절실히 깨달았다. 나아가 대부분의 도지사, 군수, 국회의원, 군의원 등이 건설 비리 세력들과 한통속임을 알았다. 그래서 아마 나는 이장 이상의 권력에 지독한 회의를 느낀 것 같다. 지금도 내 마음은 변함없다. 솔직히 말하면 우리 풀뿌리 민중 내부에 우리 자신의 힘 (권력)이 존재하는데, 이걸 선거라는 절차를 통해 일부 엘리트들에게 위임하는 것 자체가 우리 스스로를 소외시키는 일이라고 생각한다.

바로 이런 맥락에서 '시민의회' 아이디어는 중요하다. 시민의회 개념을 '촛불시민' 또는 '촛불광장'으로 바꿔도 무방하다. 예컨대 우리는 이미 2002년 6월, 월드컵의 광적인 분위기 속에서 어이없게도 미군 장갑차에 깔려 숨진 (중학생) 미선이와 효순이를 추모하기 위해 광장으로 몰려나와 촛불을 들었다. 전국 곳곳에서 촛불광장이 열렸고, 시민들은 사건의 진상 규명과 가해자 처벌, 그리고 불평등한 주한미군지위협정(SOFA) 개정과 주권 회복을 요구했다. 그리고 2002년 12월 14일, 서울 시청광장에선 시민들이 '주권 회복을 위한 10만 범국민 평화 대행진'을 벌이기도 했다. 시위대의 요구도 기존의 '살인 미군에 대한 처벌'과 '재판권 이양'에서 '반미' '반핵' '평화운동' '주한미군 철수' '이라크전 반대' 등으로 확장됐다. 당시 촛불광장은 인터넷(카페)이나 휴대폰(문자)을 활용한 시민 연대의 새로운 조직 가능성과 다양한 계층의 폭넓은 참여라는 가능성을 모두 보여 주었다.[37]

또 우리는 2008년 미국산 '광우병' 소의 수입을 추진하던 이명박 정부를 향해 '미국산 쇠고기 수입 금지'를 외치며 촛불을 들었다. 배경은 이랬다. 2008년 4월 18일, 수많은 시민과 농축산민들의 반대에도 불구하고 '한·미 쇠고기 협상'이 타결되었다. 사실상 '미국산 쇠고기의 전면 개방'이었다. 뼈와 내장을 포함한 30개월 이상 소와 소의 뇌, 머리뼈, 척수 등 광우병 위험물질(SRM)을 포함한 20개월 미만 소가 수입 대상에 포함됐던 것이다. 그런데 이미 2003년 12월에 미국에서 광우병 소가 발견된 직후 한국은 미국산 쇠고기의 수입과 중단을 반복하다 2007년 10월 이후 검

---

37 주한미군지위협정(SOFA) 22조 3항은 "공무 중인 경우엔 미국에 1차적 재판권이 있다"고 규정하고 있다. 이에 따라 재판권을 가해자 쪽인 미국이 가져가면서 그해 11월 미 군사법원은 관제병 페르난도 니노 병장과 운전병 마크 워커 병장에게 무죄를 선고했고, 이들은 미국으로 돌아갔다. 이에 수많은 시민들이 더욱 분노해 광장으로 몰려나오기 시작했다. "'2002 효순·미선 사망 사건' 광장에 촛불을 밝히다", 〈포커스뉴스〉, 2016. 12. 1 참조.

역과 수입이 전면 중단된 상황이었다. 그런데 새 정부가 미국 쇠고기 시장을 전면 개방한 것이다.

5월 2일, '미 쇠고기 수입 반대'를 외친 최초의 촛불집회는 10대 청소년들이 주도했다. 학교 급식에 나올 것이 뻔했기 때문이고, 나아가 국민 건강을 생각하지 않는 정부를 향해 '이게 나라냐?'라고 묻고 싶었던 것이다. 학생들은 대통령을 '쥐박이'로 부르며 "미친 소, 너나 먹어"라고 외쳤다. '이명박 해고 통지서' '쥐를 잡자 쥐를 잡자 찍찍찍'처럼 자신의 의사를 표현하는 팻말도 등장했고, 정부를 풍자한 노래를 부르는 등 새로운 집회 문화가 열렸다. 이제 권력은 공포의 중심이 아닌 풍자와 조롱의 대상이 되었다. 게다가 2008년 촛불집회 참가자들의 면면은 이전보다 훨씬 다양해졌다. 전통적 시민사회단체(NGO)나 노동조합은 물론 청소년, 대학생, 회사원, 예비군, 유모차 부대, 인터넷 동호회 그룹 등 서로 다른 정치 지향을 가진 여러 집단이 참여했다. 아마도 1987년 6월 민주항쟁을 기념하는 '6·10 100만 촛불대행진' 전야제 성격으로 열린 '72시간 릴레이 촛불문화제'가 최고점을 기록한 것 같다. 집회 참여자들은 '광우병 쇠고기'만이 아니라 공영방송, 대운하, 의료보험, 물 민영화, 0교시 수업 등 당시 이명박 정권이 추진하던 모든 국정 운영 정책을 '공공성'의 관점에서 자유롭게 토론하고 비판했다.[38]

그리고 우리는 2016년 10월 24일, JTBC 손석희 〈뉴스룸〉의 최

---

38 "'2008년 광우병 촛불'…쇠고기에서 국정 전반 개혁 확산", 〈포커스뉴스〉, 2016. 12. 14; "2008 촛불세대, 주체적 민주시민 '집단 정체성' 강하다", 〈한겨레〉, 2016. 12. 26.

순실 태블릿PC 폭로 이후 하나씩 드러나는 '박-최 게이트'를 보면서 놀라움과 분노를 금치 못하고 촛불광장으로 나섰다. 그리하여 수많은 시민들은 박근혜 퇴진과 탄핵, 최순실 구속, 김기춘·우병우 구속, 이재용 구속과 재벌 개혁 등을 외치며 촛불을 들었다.[39] 10월 29일 불과 2-3만 명으로 시작된 제1차 촛불집회는 12월 3일 광화문광장의 232만 명 6차 촛불집회까지 총 1천 만 명 이상이 참여했다.[40] 그리고 마침내 촛불광장의 힘으로 12월 9일, 국회에서 박근혜 대통령 탄핵안이 찬성 234, 반대 56명, 기권 2명, 무효 7명으로 가결되었다.[41] 국회 청문회와 촛불집회가, 또 JTBC 〈뉴스룸〉과 특검 등이 서로 상승 작용을 했다. 그리고 같은 날 헌법재판소에 탄핵 결의서가 접수됨으로써 헌재의 심판 절차가 공식 개시되었다.[42] 날이면 날마다 새롭게 밝혀지는 '박-최 게이트'의 비밀스런 국정농단과 헌재의 탄핵 심판 경과를 지켜보며 추운 날씨에도 촛불시위를 이어가고 있다.[43]

한편 박사모 중심의 맞불집회(또는 태극기집회)도 만만찮은데, 이들은 (일부 신념을 가진 자들도 있겠지만) 하루 몇만 원에 이르는 일당을 받기 위해 모인 자들이 압도적 다수인데다, 모인 군중의 숫자

---

39 "함박눈에도 꺼지지 않는 촛불…'이재용 구속하라'", 〈한겨레〉, 2017. 1. 21.

40 "설 이후 광장 향방은…'촛불'에 기름 붓고 '태극기'는 결집 효과?", 〈연합뉴스〉, 2017. 1. 29.

41 "국회, 朴대통령 탄핵…찬성 234표·반대 56표", 〈연합뉴스〉, 2016. 12. 9.

42 "'박근혜 탄핵소추의결서' 헌재 접수…탄핵심판 공식 개시", 〈브릿지경제〉, 2016. 12. 9.

43 "'3대 위기' 맞은 촛불…'조금만 더 힘을 내 끝을 보자'", 〈아시아경제〉, 2017. 1. 21.

조차 속인다.[44] 2017년 1월 26일 JTBC 〈뉴스룸〉 보도에는 친박 '태극기집회'가 노숙자나 경제적으로 어려운 사람들에게 돈을 주며 집회에 동원한다는 관계자 증언이 나왔다. 이에 따르면 친박 집회 참가자들은 통상 2만 원을 받으며 날씨가 추워지거나 상황이 바뀌면 6만 원까지 받는다. 또 목욕을 하고 깔끔한 모습으로 나오면 5만 원, 유모차를 끌고 나오면 15만 원 등 구체적인 '가격표'까지 있었다. 이른바 '관제 데모'다.

과연 이 돈은 어디서 나올까? 그것은 앞에서 언급했듯 놀랍게도 청와대가 전경련을 매개로 4대 재벌 기업들로부터 70억 원 이상을 거두어 친박 우익 조직들을 지원했다는 보도를 통해 밝혀졌다.[45] 결국 청와대(박근혜와 최순실)가 재벌을 도와주는 대신,[46] 바로 그 재벌의 돈으로 정권 안보를 위해 가난한 자들 또는 스스로를 '순수 애국자'라 생각하는 이들을 적극 활용한 셈이다.

이제 2002년, 2008년, 2016년의 촛불시위들은 과연 무엇을 의미하는가? 그것은 압축하자면, 국민이 가진 권력을 소수의 정치가들에게 넘겨주기만 하고 별 다른 감시와 통제가 행해지지 못할 때 국민들은 바로 자신이 넘겨준 권력으로부터 소외당한다는 것, 그리하여 마침내 그 권력의 억압과 지배, 고통을 당하게 된다는 것이다.

44 "김진태 '최순실 돈 풀어 태극기집회? 거짓 선동 하태경 의원직 사퇴해야'", 〈미디어펜〉, 2016. 12. 31; "강추위에 촛불 vs 맞불, 누가 더 많이 모였나", 〈머니투데이〉, 2017. 1. 15.

45 "청와대, 4대 기업 70억 걷어 '아스팔트 우파' 지원", 〈한겨레〉, 2017. 1. 31.

46 "박 대통령 뇌물죄 굳힐 '결정적 증거' 나왔다", 〈헤럴드경제〉, 2017. 2. 2.

그런데 여기서 유의할 점이 하나 있다. 처음에 국민이 가졌던 것은 국가의 주인으로서 민주주의 관점에서 스스로 생각하고 행동하는 '역량(competence)으로서의 권력(power)'이었다. 그런데 바로 이 권력이 정치가 혹은 통치자들의 손에 넘어가면, 그것은 더 이상 국민이 가지고 있던, 스스로 생각하고 행동하는 역량으로서의 권력이 아니라 정치경제적·사회문화적 의사결정에 미치는 '영향력(influence)으로서의 권력(power)'으로 돌변한다. 그래서 이제 국민들은 더 이상 '역량으로서의 권력'을 행사하기보다는 (전문가라는 외피를 쓴) 소수의 정치 엘리트에 의해 행사되는 '영향력으로서의 권력'에 통제당한다. 그 수단이 이른바 입법, 사법, 행정, 경찰, 군대, 국정원 등이다. 이것을 나는 권력의 배신, 즉 '영향력으로서의 권력'이 '역량으로서의 권력'을 배반하는 것이라 불렀다.

그렇다면 권력의 배신이 발생하는 이유는 무엇일까? 3가지 설명이 가능할 듯하다. 첫째, 국민으로부터 권력을 위임받은 정치 엘리트들이 국민의 입장을 대변하려고 혼신의 노력을 다하기보다는 '자기이해'(self-interest)를 관철하려는 경향이 있기 때문이다. 권력자는 일단 권력을 넘겨받으면(권력을 장악하면) 그 권력을 넘겨준 국민에게 충실히 다가서기보다 오히려 '자체 동력'이 생겨 자신의 이해관계를 위해 움직인다. 한마디로 국민들이 '속은' 것이란 말이다.

둘째, 어차피 선거가 다수결주의로 결정되는 상황에서, 처음부터 속물주의에 빠진 다수의 국민들이 뽑는 정치가들 역시 속물들일 수밖에 없기 때문이다. 권력자와 속물적 유권자들이 일종의 속물 연대를 이루어 본연의 민주주의를 배신하는 것이다. 요약하면, 국민들이 속아서가 아니라 오히려 '영리'하기 때문에 자신들의 속물적 이해를 잘 대변해 줄 사람들을 뽑는다는 것이다.

셋째, 설사 국민에게 권력을 넘겨받은 권력자가 민주주의와 국민 행복을 위해 일하고자 결심했다 하더라도 선거 과정에서 또는 그 이전에 기업이나 자본가로부터 막대한 경제적·사회적 후원 또는 뇌물을 받은 경우, '본의 아니게' 자본을 위한 정치를 해야 하기 때문이다. 특히 대한민국의 선거는 '돈' 선거다. 정책 경쟁보다 이미지 경쟁이 관건이다. 요컨대 권력자들도 자본 진영에 '발목'을 잡힌 상태라 자유롭지 못하게 된다.

그 어떤 설명이건, 결국 현재 우리가 경험하는 국회나 정당정치가 본연의 민주주의를 제대로 실행하지 못하고 있다는 점만은 분명하다.

바로 이런 맥락에서 국민들이 본연의 주권, 즉 '역량으로서의 권력'을 되찾기 위한 장치가 필요하다. 그것이 곧 촛불광장이요, 시민의회다. 생각해 보라. 2016년 10월 말부터 12월 말까지 10차례의 촛불집회를 거치는 과정에서, 또, 2017년 들어 설날만 빼고 주말마다 진행된 촛불시위에서 보여 준 시민들의 역량이 어떠했는가? 나는 촛불광장에 갔다가 많은 사람들 앞에서 거리낌 없이 자유발언을 하던 초·중·고 아이들에게, 그리고 남녀 성인들의 발언들에 내심 놀랐다. 아이나 어른이나 모두 '의외로' 당당했을 뿐 아니라, 자신의 느낌과 생각을 너무나 정직하고 날카롭게 잘 표현했기 때문이다. 심지어 제6차 서울 광화문 촛불시위에 참여한 어떤 60대 아주머니는, "맨날 한나라당, 새누리만 찍어서 미안합니다. 우리가 잘못해서 아이들이 고생이 많습니다. 미안합니다.

우리 노인네들이 정신을 차리자고요"라는 취지의 발언을 해 큰 박수를 받았다.[47] 이런 모습들을 보면서 나는 우리나라 사람들이 자유발언에 굶주려 있다는 사실을 알았다. 평소에 우리는 권위주의 문화 때문에, 체면 때문에, 아니면 두려워서 말문이 막혀 있었던 게 아닌가 싶다. 그러나 광장의 민중은 달랐다. 축제 분위기, 말하고 싶은 분위기, 함께 노래하고 싶은 분위기를 타고서 조금 긴장되고 떨리긴 하지만 많은 사람들 앞에서 자유롭게 말하고자 하는 욕구가 분출하고 있었다. 그러면서도 개인적으로는, 이렇게 똑똑하고 자유로운 이 시민들이 나라를 새롭게 만들기 위한 제안을 하나씩 하고, 그것을 잘 정리해 국회나 대통령에게 전달해 요청하면 어떨까 하는 생각까지 하게 되었다. 따지고 보면 바로 이것이 촛불광장의 힘이요, 시민의회의 단초가 아닌가.

시민의회 아이디어는 촛불광장 아이디어를 조금 더 제도화하는 것이다. 즉 ①평범한 시민들이 제비뽑기 등의 방법으로 무작위로 대표들을 뽑아, ②이들이 자유토론과 심층토론을 하여, ③필요시엔 통찰력 있는 전문가들의 도움을 받아 주요 현안에 대한 결정을 한 뒤, ④국회와 정부에 그 결정을 수용하도록 만드는 것이다. 이것을 '숙의 민주주의'라 한다.[48] 여기서 시민의회는 주권자인 국민을 직접 대변하는 주체이고, 국회나 정부는 그 국민의

---

47 인터넷 동영상, 촛불집회 사이다 발언. https://search.naver.com/search.naver?sm=tab_hty.top&where=video&oquery=%EC%B4%9B%EB%B6%88%EC%A7%91%ED%9A%8C+%EB%B6%80%EC%82%B0++%EB%AF%B8%EC%95%88&ie=utf8&query=%EC%B4%9B%EB%B6%88%EC%A7%91%ED%9A%8C++%EB%AF%B8%EC%95%88+%EB%85%B8%EC%9D%B8

48 김종철, "촛불시위와 '시민권력'", 〈녹색평론〉 152호, 2017년 1-2월, 11쪽.

결정을 집행하는 기관에 불과하다. 이렇게 되면 더 이상 국회나 정부가 주권자인 국민을 배신할 수 없다. 이제 민주주의가 제대로 구현된다. 비로소 명실상부 '민주공화국'이 바로 서는 것이다.

그러나 과연 이것이 현실적으로 가능할까? 사례가 있다. 아이슬란드와 아일랜드가 개헌을 포함해 국가의 주요 정책을 변경·결정할 때 시민의회를 통해 실행한다. 실제로 2016년 10월, 아일랜드는 낙태 합법화 문제 등 몇몇 현안을 토의하기 위해 시민의회를 새로 출범시켰다.[49] 전술한 '권력의 배신'을 극복하고 명실상부 주권재민을 구현하기 위해 우리나라도 이런 식으로 시민의회를 시도해 볼 수 있겠다. "예를 들어 연간 1-2회 정도 시민의회를 소집하여 정부와 국회가 해당 기간 동안 행한 일들을 검토, 평가, 감사하고, 만약 오류와 부정이 있다고 판단될 때 정부와 국회에 주권자의 이름으로 시정명령을 내리는 제도도 충분히 구상해 볼 수 있다."[50]

이렇게만 된다면 우리는 촛불광장과 시민의회를 더욱 활성화함으로써 더 이상 권력으로부터 소외되거나 '권력의 배신'이 주는 쓰디 쓴 맛을 보지 않아도 될 것이다. 동시에 우리는 '제왕적 대통령' 또는 '비선실세'들에 의한 국정농단이라는 폐해 같은 것들도 사전에 잘 막을 수 있을 것이다. 오히려 우리는 숙의 민주주의를 통해 더욱 성숙한 민주공화국을 만들어, 국민 모두가 행복에 더 가까이 다가갈 수 있을 것이다.

49   같은 글, 11쪽.
50   같은 글, 11-12쪽.

2장

언론 개혁

전국언론노동조합 강령(2000. 11. 24.)

1. 우리는 언론의 사회적 책임과 역할을 깊이 인식하고 공정보도를 가로막는 권력과 자본의 횡포에 맞서 편집·편성권을 지켜내기 위한 민주언론수호투쟁에 나선다.

1. 우리는 언론노동자의 정치·경제·사회적 지위 향상과 권익의 보호 및 신장을 위해 앞장선다.

1. 우리는 자주적이고 민주적인 언론노동조합운동의 역사를 계승해 조합원들의 폭넓은 참여를 통한 조직민주주의를 실현한다.

1. 우리는 노동자 정치세력화를 기치로 비민주적 법·사회제도의 개혁과 인간의 존엄성 보장, 자유·평등 실현의 한길에 힘차게 나선다.

1. 우리는 전 세계 노동자가 모두 하나라는 인식 하에 국제연대운동을 실천하고, 전쟁을 반대하며 항구적 세계평화실현을 위해 노력한다.

나는 언론 개혁의 핵심을 정직, 공정, 통찰이라고 생각한다. 오프라인 언론이건 온라인 언론이건 마찬가지다.

우선 정직한 언론, 거짓을 밝히는 언론, 조작과 은폐를 드러내는 언론, 사실 그 자체도 중요하지만 사실 뒤에 숨은 진실을 알려주는 언론이 필요하다. 또 동일한 사건을 보도하더라도 이쪽 입장과 저쪽 입장을 두루 보여 주고, 단기 관점과 장기 관점, 개인 관점과 사회 관점에서 알려주고 분석하며 다양한 시각을 가진 주체들이 자유롭고 평등한 토론을 하도록 만들어 주는 언론이 공정한 언론이다.

그리고 언론이 갖가지 사실들과 입장을 단순히 병렬로 나열만 하고 끝내는 것이 아니라 그런 다양성 속에서도 무엇이 더 진실하고 더 정의로운 것인지, 무엇이 나라 발전과 국민 행복을 위해 더 바람직한 것인지 분별력 있게 보여 주는 것이 필요하다. 그것이 통찰력 있는 언론이다.

그런데 이렇게 정직하고 공정하며 통찰을 가진 언론이 활발하게 존재하기 위해서는 언론의 독립성이 보장되어야 한다. 권력으로부터의 독립, 자본으로부터의 독립이 핵심이다. 자유 언론, 독립 언론, 자율 언론, 자주 언론이 얼마든지 가능해야 한다. 물론 언론의 이름을 빌어 공작 정치를 하거나 이른바 '기레기'들처럼 정권의 하수인으로 떡고물만 노리는 자들, 나아가 온갖 선정적인 기사와 사진으로 국민을 현혹하는 자들은 언론의 범주에 들어갈 수 없다. 차라리 사회적 처벌의 대상이다.

요컨대 권력이나 자본으로부터 자유롭고 독립적인 언론 풍토가 사회적으로 보장되어야 비로소 정직하고 공정하고 통찰하는 언론이 가능하다. 그래서 헌법 21조에서도 '언론·출판의 자유'를 적극 보장하는 것이 아닌가.

지금 대한민국 언론의 맨얼굴

"탑승객 전원 선박 이탈…구명장비 투척 구조 중." 이것은 2014년 4월 16일 10시 56분에 KBS 텔레비전에 나온 '뉴스특보'의 핵심 내용이다. 그 위쪽에는 작은 글씨로 "474명 탄 여객선 '침몰'"이라 되어 있었다.[1] 즉 제주도로 수학여행을 가던 안산 단원고 2학년 학생들 수백 명을 포함해 총 500명 가까이 탄 대형 여객선 '세월호'가 침몰했으나, 해경 등이 구명장비를 투척하는 등의 방법으로 탑승객 전원이 구조되었다는 내용이었다.

이 내용은 곧장 수많은 다른 언론사들에도 전해져 한마디로 "학생 전원 구조" 또는 "승객 전원 구조"라는 뉴스특보가 나라 전체를 달구었다. 이를 본 국민들 모두 안도의 숨을 내쉬었다. 나도 그랬다. 나는 속으로 '그러면 그렇지, 지금이 어떤 세상인데, 큰 배 하나 침몰한다고 사람들을 못 구하겠나?' 하고 생각했다.

그런데 시간이 흐를수록 상황이 이상하게 돌아갔다. "전원 구출 보도가 오보"라는 것이었다.[2] 나중에 알고 보니 모두 새빨간 거짓말이었다. 오후 5시를 지나 중앙재난안전대책본부를 방문해

---

1   "최민희 'KBS가 전원 구조 오보 진원지'", 〈프레시안〉, 2014. 7. 7.
2   "세월호 '전원 구조' 오보 진원지가 KBS? 사실과 달라", 〈미디어오늘〉, 2014. 7. 7.

텔레비전에 나온 대통령은 현장 보고를 받으면서 "학생들은 구명조끼를 입었다고 하는데 그렇게 발견하기가 힘듭니까?"라고 물었다. 이어 대통령은 "지금도 다 동원을 하고 있는 걸로 알지만 중앙재난안전대책본부를 중심으로 동원 가능한 모든 인력을 다, 장비를 다 동원해서 최선을 다해 주기를 바란다"라고 당부했다.

그러나 불행하게도 우리는 476명[3]의 승객이 전원 구조된 것은 아니며, 게다가 구조 작업이 신속하고도 효과적으로 이뤄지고 있는 것도 아닐 뿐 아니라 300명 이상의 사람들이 배와 함께 깊은 물속으로 가라앉는 것을 거의 실시간 중계로 지켜볼 수밖에 없었다. 선장 등 승객 구조에 혼신을 다해야 할 자들은 해경 배를 타고 탈출하기에 바빴다. 이를 보는 사람들은 모두 발을 동동 구르며 "도대체 지금 국가는 무엇을 하고 있나?" 하고 분개했다.

그뒤 시간이 흐르면서 '세월호' 참사의 비밀이 하나 둘 드러나기 시작했다. 우선 '세월호'라는 배를 (주)청해진해운이 일본에서 사올 때부터 이미 18년이나 노후한, 곧 폐기될 배였다는 점, 그럼에도 이명박 정부 아래의 국회에서 여당 주도로 (규제 완화 차원에서) 운항 연한의 연장이 이뤄져 총 30년간 운항할 수 있도록 법 개정까지 되었던 것이 드러났다. 심지어 배가 기울고 침몰 위기인데도 안산 단원고 학생들을 포함한 모든 승객들에게 "가만히 있으라"는 선내 방송만 10번 이상 했다는 사실도 밝혀졌다. 나아

---

3 최종 확인된 승객 숫자로, 처음보다 2명 많아졌다. 사실 이 수치도 아주 정확한 것은 아니다. 배에 실렸던 트럭 안에도 사람들이 있었기 때문이다. 당시 관행이 모든 승객 명부를 정확하게 기재·관리하지는 않았다고 한다. 그러나 통상 476명으로 이야기되고 있다.

가 처음 침몰 사고가 발생했을 때 선장과 해경, 해군과 청와대 등이 유기적 협력으로 승객 구조에 힘을 기울여야 함에도 그렇게 하지 않고 '언딘'이라는 인양 전문 회사의 대형 크레인을 기다리다 '골든타임'을 놓쳤다는 사실도 드러났다. 그리고 탄핵 사태로까지 이어진, 박근혜 대통령의 '7시간' 문제가 불거졌다. 헌법재판관들이 박 대통령이 가장 잘 알 터이니 스스로 '7시간'의 활동 내용을 정확하게 밝히라고 요구했으나 요구 내용을 충족시키지 못한 답변서만 제출했을 뿐이다. 그러다가 2017년 1월 말 설 명절 직전에 '정규재TV'와의 인터뷰 형식으로 제반 사태에 대해 대통령이 의견을 말하는 것으로 나왔으나, 그것은 인터뷰라기보다는 잘 짜여진 연극이었다. 마침내 특검은 법원으로부터 영장을 발부받아 2017년 2월 3일 10시부터 청와대 압수수색(피의자 박근혜의 뇌물죄 관련)을 시도했으나 '보안시설'임을 내세운 청와대 측의 완강한 저항으로 5시간 만에 철수하고 말았다.[4] 황교안 대통령 직무대행 역시 압수수색에 협조하기를 거부했다.[5]

이와 관련해 이른바 '가짜 뉴스' 소동도 언급할 만하다. 참언론 형성에 치명타이기 때문이다. 2017년 1월 들어 박근혜 대통령 탄핵이 거의 확실시되면서 예비 대선 주자들의 활동이 많아지는 와중에 '가짜 뉴스'가 유행처럼 번졌다. 예컨대 반기문 전 UN 사무총장은 귀국 직후 다양한 구설수에 올랐는데, 특히 고향 선친 묘

---

4 "'피의자' 대통령…마라톤 압수수색 불가피", 〈YTN〉, 2017. 2. 3; "청와대, 특검 압수수색 불허…정미홍부터 추미애까지 정계 반응은?", 〈헤럴드경제〉, 2017. 2. 3.

5 "황교안 '법령에 따라 청와대 압수수색 못한 것'", 〈위키트리〉, 2017. 2. 3.

소 참배 도중 '퇴주잔'을 분향도 않고 자신이 마시는 것처럼 편집된 영상이 '가짜 뉴스'로 방송과 SNS를 타고 확산되는 바람에 치명타를 입기도 했다.[6] 또 문재인 예비 후보는 금괴 200톤(약 9조 원 이상의 가치)을 숨겨 놓고 있다는 '가짜 뉴스'에 시달리기도 했다. 앞으로 '가짜 뉴스'를 엄금하고 처벌도 강화해야 하겠지만, 특히 SNS 등 온라인 공간에서 불특정 다수와 공유할 때는 반드시 그 진위 여부를 확인하는 것이 좋겠다.

한편 세월호 참사와 관련해 참사 원인 규명과 책임자 처벌이 제대로 이루어지기도 전에 이른바 '기레기'들은 엉뚱한 프레임으로 사태의 본질을 흐렸다. 가장 대표적인 것이 세월호 유가족들이 아주 많은 '보상금'을 받았다는 것, 또는 사고를 당한 단원고 2학년 학생들에게 '대학 특례 입학'의 기회를 주어야 한다는 논리 등이었다.[7]

나아가 '기레기'들과 동일한 맥락에서 극우 그룹인 '일베'(온라인 커뮤니티 일간베스트저장소) 회원들은 2014년 추석 연휴가 시작되던 9월 6일 광화문광장에서 '폭식 투쟁'을 하자고 제안했다. 이들은 실제로 2014년 9월 6일, 서울 종로구 광화문광장에서 '세월호 특별법' 제정을 촉구하며 단식 투쟁을 벌이던 세월호 유가족과 시민들의 천막 인근에서 마치 단식 투쟁을 비웃듯 '폭식 투쟁'을 벌였다. 세월호 참사 국민대책회의에 따르면 당일 오후 광화문광장 단식 농성장 앞에서 온라인 커뮤니티 '일베'와 보수 단체 '자

6　"정치 데뷔 20일 만에…반기문 '퇴장'", 〈경향신문〉, 2017. 2. 1.

7　"세월호 유가족, 막대한 보상금 받는다고?", 〈한겨레〉, 2014. 7. 15; "기레기 언론, 거짓말·반만 보도하기·침묵하기 행태 반복", 〈PD저널〉, 2016. 8. 30.

유청년연합' 회원 100여 명이 "광화문광장을 시민들에게 돌려 달라"며 치킨과 피자 등을 먹었다.[8]

민주언론시민연합(이하 민언련)은 2016년 12월 말에 최악의 언론 보도들을 소개하면서, "세월호 유족과 특조위를 비판하는 보도들이 쉬지 않고 나왔다"고 했다. 대표적 사례로, 지상파 MBC 방송은 특조위와 관련, 사실관계도 맞지 않는 흑색선전을 예사로 했고, 왜곡 편파 공세를 마다하지 않았다는 것이다. 그리고 〈조선일보〉 역시 세월호 특조위와 유족에 대해 꾸준히 문제 있는 보도를 일삼았다고 했다. 민언련은 이에 대해 "언론으로서 윤리 이전에 인간적으로 너무 부족한 태도 아닌가?" 하고 반문했다. 이런 식으로 사실 보도 또는 진실 보도에 소홀했던 일부 언론들이 최악의 보도를 한 것으로 평가받았다.[9] 심지어 〈미래한국〉을 비롯한 박사모 계열 내지 극우 언론들은 진실 보도에 힘쓴 JTBC에게 "언론난동 중심축"이라고 하거나 '왜곡'과 '조작'을 일삼는다고 보도했다.[10]

여기서 잠시 현재의 언론 지형을 정리하는 것이 좋을 듯하다. 앞서 내가 말한 참언론, 즉 정직하고 공정하며 통찰하는 언론에 속하는 것에는 JTBC, 한겨레, 경향신문, 오마이뉴스, 프레시안, 레디앙, 민중의소리, 참세상, 시사IN, 오마이TV, 한겨레TV, 뉴스타

---

8 "일베, 광화문 세월호 단식농성장서 '폭식 투쟁'", 〈한국일보〉, 2014. 9. 7.

9 "올해 최악의 보도: MBC, 조선일보의 세월호 보도", 〈노컷뉴스〉, 2016. 12. 25.

10 "언론난동 중심축 JTBC의 못 말리는 왜곡·조작 본능", 〈미래한국〉, 2017. 1. 11.

파, 딴지일보, 그리고 각종 팟캐스트 방송(김어준의 뉴스공장, 김용민 브리핑, 정봉주의 품격시대, 김현정의 뉴스쇼, 정봉주의 전국구, 시사자키 정관용입니다 등) 등이 있다. 물론 언론사의 이름과는 무관하게 모든 언론사들에는 참언론인이 되기 위해 노력하는 기자들도 꽤 많다.

그러나 최소한 나의 경험에 비춰 볼 때, 위에 적시한 언론들 외에는 대체로 정치적으로 보수적이거나 (인권과 노동권, 진실과 민주주의보다는) 자본의 이해를 더 많이 대변하려는 언론이 대다수라고 본다. 특히 이른바 조 · 중 · 동(조선, 중앙, 동아일보)은 보수 언론의 3인방으로 통한다. 물론 이들이 운용하는 종편 방송도 (손석희의 JTBC를 제외하고) 2016년 '최–박 게이트' 이전에는 대체로 권력과 자본의 이해를 대변해 왔다.

그러나 언론의 지형도를 이런 식으로만 정리하면 곤란하다. 첫째, 손석희의 JTBC에서 보는 바와 같이 JTBC가 삼성 계열의 언론사인 중앙일보의 종편임에도 불구하고 손석희 사장 개인의 소신과 역량 덕에 현재 대한민국 국정농단의 진실, '중독 시스템'의 진상을 파헤치는 데 있어 탁월한 선구자 역할을 하고 있지 않은가? 특히 JTBC의 〈뉴스룸〉은 참언론의 모범을 잘 보여 줄 뿐 아니라 대한민국 뉴스 프로그램의 품격까지 고양했다.

둘째, JTBC의 선구적 역할 덕분에 (그와 시청률 경쟁을 하던) TV조선(조선일보)이나 채널A(동아일보), MBN마저 JTBC를 따라가느라 노력하는 가운데, 상당 정도 사실과 진실을 규명하는 방향으로 선회했다.

물론 한계도 있다. TV조선은 2017년 1월 들어 황교안 권한대행을 우호적으로 홍보하는 동시에 문재인 대선 후보를 혐오하는 보도를 시작했기 때문이다.[11] 이는 크게 보면 더 이상 박근혜 정부의 권력이 유지될 가능성이 없어 새로운 권력을 따라가야 할 필요 때문에 그렇게 변했다고 할 수 있다. 특히 2017년 3월에 종편 재심사가 있기 때문에, 지나친 편향성을 탈피해야 생존이 가능하다는 판단도 있었을 것이다. 결국 진실을 향한 선구적 언론인들의 노력과 참언론을 요구하는 국민 여론에 의해 기존의 보수 우익 언론조차 상당히 변할 수 있었다. 이 모든 면에서 기존의 보수 언론을 고정된 프레임으로만 볼 필요는 없을 것 같다.

셋째, 최순실 국정농단 사태의 진실이 드러나는 데 있어 어떤 면에서는 가장 보수 우익에 속하던 〈조선일보〉가 의외로 큰 역할을 했다. 2014년 가을 청와대의 이른바 '정윤회 문건' 사건과 세월호 '7시간'과 관련해 등장한 '정윤회와의 밀회설' 등을 〈조선일보〉가 가장 먼저 보도했기 때문이다. 물론 이러한 일들은 〈조선일보〉가 진정으로 참언론으로 거듭나기 위한 노력의 일환에서 나온 것이라 보긴 어렵다. 보수 언론이 대체로 그러하듯이 늘 강자 편에 붙어 다층적 이득을 취하려는 '강자 동일시' 경향을 보이기 때문이다. 일례로 〈조선일보〉는 우병우 민정수석의 비리가 하나씩 드러나자 청와대와 우병우를 분리하려 안간힘을 썼다.[12] 아직 청와대는 건재하다고 보았고, 박근혜 권력이 급속도로 허물어지리라고는 생각지 못했기 때문이다. 그래서 청와대와 〈조선일보〉 간

---

11 "구미 봉변도 문제인 탓? 'TV조선'의 기막힌 논리", 〈오마이뉴스〉, 2017. 1. 12; "황교안 권한대행 홍보물로 전락한 'TV조선'", 〈오마이뉴스〉, 2017. 1. 24.

12 "우병우 개인의 문제를 왜 정권의 문제로 만들어가나", 〈조선일보〉, 2016. 8. 20.

의 갈등조차 '찻잔 속의 태풍'에 불과하다는 평도 있다.[13] 결국 〈조선일보〉는 (마치 미국이 한국 정부와의 관계를 관리하는 방식처럼) 안정된 통치력을 행사하는 정권과 우호적 관계를 맺고 그 안에서 주도권을 쥐려고 하는 셈이다.

한편 수많은 언론인들이 언론의 자유와 언론 공공성, 진실 규명을 위해 노력하다가 탄압을 받거나 해고를 당하기도 했다. 2008년과 2012년, YTN과 MBC의 공정방송 투쟁 과정에서 해직된 언론인들의 이야기를 다룬 다큐멘터리 영화 〈7년-그들이 없는 언론〉(김진혁 감독, 2017)이 2017년 1월에 개봉되었다. 기자 등 구성원들의 민주적 의견이 반영된 사장이 아닌 위에서 찍어 내린 '낙하산' 사장 관행과 공영방송의 공공성 훼손에 저항한 언론인들의 해직 과정과 복직 투쟁 과정이 담긴 영화다. 이 영화를 보면, 정직과 공정과 통찰을 모두 담은 참언론이 결코 저절로 만들어지는 것이 아니라 정권이나 자본과의 관계 속에서 지난한 투쟁을 거쳐 비로소 하나씩 완성되어 간다는 사실을 알 수 있다.

국민의 알 권리와 민주적 여론 형성에 기여하는 참언론

이제 우리가 언론 개혁을 어떻게 이행해야 새로운 집을 지을 때 필요한 사람들을 많이 확보할 수 있을까? 누차 강조하지만, 우리가 만들 새로운 집은 민주성과 생태성을 동시에 담보해야 한다.

---

13 "성한표 '靑과 〈조선일보〉 싸움, '찻잔 속 태풍'으로 끝날 듯'", 〈뷰스앤뉴스〉, 2016. 8. 25.

그것은 사람과 사람, 사람과 자연 사이에 건강하고 우호적인 관계를 맺어야 우리 모두가 사람답게 살 수 있기 때문이다.

첫째, 이제까지 기존 언론사에서 부당하게 해직된 언론인들을 조속히 복직시키고 명예를 회복시켜야 한다. 이를 위해 MBC 기자 출신 박광온 더불어민주당 의원이 발의한 '한국언론인공제회법안'과 발의 예정인 '해직언론인 등의 복직 및 명예회복 등에 관한 특별법안'은 대단히 시의적절하다.[14] 특히 '해직언론인 명예회복 특별법'은 2008년 2월부터 2016년 12월까지 KBS와 MBC, YTN, 연합뉴스 등에서 '언론 자유'와 '공정성 수호'를 목적으로 활동하다가 강제 해직된 언론인들이 대상이다. 실제로 이명박 정부 아래서만 20명이 해직되었고 440명이 징계를 받았다.[15] 이 법에는 해직 언론인 즉각 원직 복귀, 복귀 후 2년간 인사이동 금지, 보상금 지급 규정 등이 들어 있다. 이런 식으로 해직 언론인들의 복직과 명예회복이 이뤄져야 비로소 수많은 언론인들이 자부심을 갖고 참언론을 만들어 가는 데 동참할 것이다. 또 이들이 만드는 참언론이 노동자, 농민, 시민, 학생, 노인, 청소년 등 모든 사회 구성원들에게 올바른 인식력과 판단력 등을 자극할 수 있을 것이고, 마침내 건전한 비판과 대안이 깃든 여론을 형성하는 데 일조할 것이다.

둘째, 오프라인이건 온라인이건 모든 언론이 자율성과 독립성을 견지할 수 있도록 기존의 '신문법'이나 '방송법'을 더욱 강력히

---

14 "해직 언론인 명예회복 특별법' 공감", 〈기자협회보〉, 2017. 1. 25.

15 신태섭, "언론개혁, 어떻게 할 것인가", 〈오마이뉴스〉, 2016. 12. 29.

준수하도록 해야 한다. 사실 이미 신문법(신문 등의 진흥에 관한 법률)은 "신문 등의 발행의 자유와 독립 및 그 기능을 보장하고 사회적 책임을 높이며 신문 산업을 지원·육성함으로써 언론의 자유 신장과 민주적인 여론 형성에 기여함을 목적으로 한다"고 그 목적을 명시한다. 신문법 제4조는 "편집의 자유와 독립"을 보장하고 또 사주는 "편집인의 자율적인 편집을 보장"해야 한다고 규정한다.

방송법 역시 "방송의 자유와 독립을 보장하고 방송의 공적 책임을 높임으로써 시청자의 권익 보호와 민주적 여론 형성 및 국민문화의 향상을 도모하고 방송의 발전과 공공복리의 증진에 이바지함을 목적"으로 함으로써, '국민의 알 권리'를 지키고 '민주적 여론 형성'에 기여할 책무를 강조한다. 방송법 제4조 역시 '방송 편성의 자유와 독립'을 말하고 있는데, 사실 이것만 잘 지켜도 모든 언론인들이 사주나 정권, 나아가 기업 광고나 뇌물 등으로부터 자유로운 언론 활동을 할 수 있다. 역으로 말하면, 사주나 정권, 기업이나 로비스트 등이 경제적·비경제적 방법으로 언론의 자유와 독립을 침해하는 경우, 또는 그러한 내·외적 힘에 굴복해 언론의 자유와 독립을 침해하는 데 기여한 자는 현행 규정보다 더 엄한 처벌, 즉 각 법의 벌칙 조항에 규정된 과태료나 과징금 차원에 그치는 것이 아니라 (뇌물이나 촌지를 금지한 '김영란법'과는 별개로) '언론 자유 침해죄'로 3-5년의 징역형을 부과함이 마땅하다. 또한 이와 별개로 언론 본연의 공정성과 공공성을 위배, 국민의 알 권리를 침해하거나 민주적 여론 형성을 방해한 경우, 즉 이른바 '기레기' 언론의 경우 해당 언론을 즉각 폐쇄 조치하는 것이 옳다.

셋째, 신문법이나 방송법상의 '자유와 독립'을 보장하기 위해 편집위원회 또는 편성위원회 구성, 나아가 사장 선출이나 이사회 구성에 있어 노동자의 경영참여권이 보장되도록 함이 바람직하다. 다시 말해 '노·사 동수로 구성되는 공정보도위원회' 또는 '노·사 동수의 경영위원회' 나아가 '노·사 동수의 이사회'가 언론 조직 운영에 대단히 중요하다.[16] 그리고 언론 노동자 몇몇이 각종 위원회에 단순 참가하는 것을 넘어, 회사별로 전 구성원들이 '1인 1표' 원칙으로 편집위원장 또는 편성위원장, 그리고 사장까지 민주적으로 선출하는 것이 옳다. 이러한 조치들은 이른바 '낙하산 사장'을 예방할 뿐 아니라, 위에서 강조한 언론의 생명인 자유와 독립을 확보하는 데 결정적으로 중요하다.

한편 바른정당 주호영 의원은 '반기문법'이라 불리기도 하는 '가짜 뉴스 방지법'을 제안했는데,[17] 사실의 조작, 왜곡, 편집 등의 방법으로 아무 근거 없는 뉴스를 만들어 배포함으로써 해당 당사자의 명예를 실추할 뿐 아니라 국민의 알 권리 및 건강한 여론 형성을 방해하는 행위를 엄벌에 처할 필요가 있다. 일례로 〈노컷일베〉 〈미디어워치〉 〈뉴스타운〉 등 무료 신문들은 "(JTBC 손석희가 보도한) 최순실의 태블릿 PC는 조작이다" 또는 "대통령의 일굴 사진은 영상 조작 결과다" 등과 같은 '가짜 뉴스'를 아파트 단지 등에 대량으로 배포한 바 있다.[18] 어떠한 일이 있더라도 진실을 가리는

16 같은 글.

17 "대선 후보, '가짜 뉴스'와의 전쟁", 〈이투데이〉, 2017. 2. 3.

18 JTBC 〈뉴스룸〉, 2017. 2. 6.

가짜 뉴스 또는 폭력과 쿠데타를 선동하는 언론은 척결해야 한다.

넷째, 방송통신위원회(방통위)는 2008년 이명박 정부 아래서 '방송통신위원회 설립 및 운영에 관한 법률'에 근거해 설치된 대통령 직속 기구다. 방송통신 정책 수립 및 관리가 주요 목적이다. 방통위는 정치적 독립성과 균형성을 보장하기 위해 여권 추천 위원은 위원장을 포함한 3명, 야당 추천 위원은 2명 등 3년 임기의 위원 5명으로 구성된다. 방통위는 방송·통신 융합 시대에 대비해 방송 영역과 통신 영역 간 갈등을 조정하고 정책의 일관성을 유지하기 위한 정책으로 출범했다. 그런데 방통위 위원장을 포함한 3명을 여권 추천 인사로, 2명을 야권 추천 인사로 하는 등 그 구성에서부터 불균등성을 보인다. 이는 이명박 정부가 출범 초기부터 현재까지 친정부 성향의 언론, 관료주의적인 언론, 상업화한 언론을 의도적으로 육성하는 데 결정적 기여를 해 왔다고 본다. 따라서 방통위의 '민주적 재구조화'가 절실하다. 나아가 방통심의위원회의 역할과 조직, 업무의 전면적 개편을 통해 언론 민주화 및 언론 공공성 강화에 기여하도록 해야 한다.[19]

19　신태섭, "언론개혁, 어떻게 할 것인가(2)", 〈오마이뉴스〉, 2017. 1. 13.

3장

대학 개혁

> 유럽의 다수 국가가 그러하듯이, 교육은 무상이어야 하는 게 본래 모습이다. 일본에서도 메이지시대 이래 국립 대학을 전국적으로 설립하고, 학비를 최소한으로 책정하고, 장학금제도를 충실히 하며, 가급적 많은 젊은이들에게 취학의 기회를 제공하려고 하였다. 그렇게 한 것은 젊은이들에게 입신출세를 하고, 자기의 자산을 불리고, 배타적인 경쟁에서 살아남으라고 한 것이 아니었다. 그것은 일본의 미래를 담당하기 위한 시민적 성숙성을 기르도록 젊은이들을 지원하려는 것이었다.
> —우치다 다쓰루, "대학개혁망국론: 인문계 학부 폐지의 어리석음", 〈녹색평론〉.

오늘날 대학은 더 이상 진리 탐구와 비판적 지성을 갈고닦는 큰 배움터가 아니다. 처음에 대학(universitas)이 생길 때는 '배움의 공동체' 내지 '진리 탐구의 공동체'로 출발했다. 그러나 자본주의 산업화와 더불어 대학은 기업이 필요로 하는 고급 노동력(경영자, 관리자, 기술자, 과학자, 심리상담가, 회계사, 법률가 등)을 체계적으로 공급하는 노동력 생산 공장으로 변했다. 오늘날 대학 캠퍼스에 들어선 각종 쇼핑몰이나 카페 등에서 볼 수 있듯이, 갈수록 대학은 더 한층 상업화하고 돈벌이의 공간으로 변하고 있다.

그것도 모자라 이제는 대학과 산업이 융합하면서, 또 대학과 정치가 복합되면서, 대학이 세상의 모순을 해결하고 정화하는 역할을 하기보다는 오히려 소수 기득권층을 대변하거나 대학 스스로 특권층 내지 기득권층에 깊이 편입되어 간다. 그것의 가장 선구자적인 역할을 한 곳이 미국이나 유럽, 일본 등 선진 자본주의 국가에서 큰 논란이 된 '군산학 복합체'가 아닌가. 군산학 복합체는 군사, 기업, 대학이 유기적 공모를 하여 온 세상의 생명과 평화를 희생시키는 대가로 자기들만의 권익을 추구하는 것이다.

최근 우리나라에서 각종 방위산업비리(일명 방산비리) 등이 반복해 일어나는 이유도 바로 이런 배경에서다. 특히 최근 우리의 대학에서는 산학협력이라는 이름 아래 대학이 자본에 더욱 종속될 뿐 아니라 심지어 '창업'이란 미명 아래 대학기업까지 설립되어 운용되기도 한다.

요컨대 오늘날 대학은 자본을 위해 유용한 고급 노동력을 생산하는 장이기도 하고, 심지어 대학 자체가 이윤 추구의 기업으로 변모해 버렸다. 이제 대학 교수나 대학생의 관심은 더 이상 진리 탐구나 비판적 지성이 아니라 취업과 창업, 돈벌이와 부자 되기에 놓여 있다.

이 암담한 사태를 어떻게 할 것인가? 내가 이 책을 쓴 이유도 결국은 이런 현실을 포함한 '헬조선'의 대안을 찾는 것이니, 너무 낙담하지는 말자. 사실 우리는 진리 탐구의 욕구나 비판적 지성의 필요성을 충분히 알고 있다. 다만 '현실'이 그럴 여유를 주지 못할 뿐이니, 지금부터 우리가 힘을 모아 해야 할 일은 바로 그 척박한 '현실' 조건들을 하나씩 바꿔 내는 일이다.

진정한 진리 탐구의 장이 되기 위해

내가 모든 것을 세세히 대안이랍시고 제시할 수는 없으나, 적어도 '정의로운 대통령'의 시각이라면 최소한 이런 것부터 바꾸면 그나마 현실이 달라지고, 또 그 달라진 현실 속에서 우리의 생각과 태도가 많이 달라질 것이라 믿는, 그래서 기본적으로 가장 중요하다고 보는 것을 4가지로 압축해 본다. 그것은 대학 입시제도, 높은 등록금, 평가제도, 비정규 교수(대학 강사) 문제로 정리된다.

첫째, 대입 제도다. 이미 앞에서 말한 대로 5천 만 국민이 걱정하는 공통분모 중 하나가 대학 입시다. 모든 부모들은 자녀들이 이른바 '일류 대학'에 가기를 원한다. 하지만 해마다 50만 명 이상이 대입 시험을 치는데, SKY 대학에 과연 몇 퍼센트나 들어갈까? 또 SKY 대학에 들어간 아이들은 정말 행복하게 자기 하고픈 공부를 할까? 과연 진리 탐구의 열정은 얼마나 높을까? 나아가 그 SKY 대학을 졸업한 사람 중에서 과연 몇 퍼센트가 자기 행복을 넘어 온 사회의 행복을 위해 열심히 살아가고 있을까? 이런 질문들에 답을 하노라면, 결론은 '굳이 SKY 갈 필요 없다'가 되지 않을까? 최소한 굳이 SKY에 목을 맬 필요 없다 정도는 누구나 생각할 것이다. 그렇다. SKY 강박증을 버려야 산다. 어른도 아이도 이 강박증에서 해방되어야 사람답게 산다.

따지고 보라. 전국의 수백만 초 · 중 · 고 아이들이 오로지 SKY 대학만을 위해서 산다면 과연 행복할까? 영화 〈말죽거리 잔혹사〉에도 실감나게 묘사되듯, 공부 잘하는 극소수의 아이들을 제외한 대부분의 아이들은 이러지도 저러지도 못해 '그냥' 학교에 다닌다. 부모의 기대 압력을 잔뜩 짊어지고 말이다. 그러니 아이들의 얼굴은 늘 어둡다. 시험 하나가 지나면 또 시험이다. 게다가 공부를 잘하는 아이라고 해도 원래 자기가 하고픈 일이나 흥미는 다를 수 있다. 한 사회가 돌아가는 데는 무수히 많은 종류의 일이 필요하다. 농사, 옷, 디자인, 도로, 집, 책, 공장, 교육, 춤, 노래, 뮤지컬 배우, 영화 감독, 목수, 발명, 실험, 자전거, 농기구, 유모차, 벽지, 라디오, 연필 등등. 이렇게 다양한 일들이 필요하고 또 각 분야에 맞는 다양한 재주가 필요한데, 왜 우리는 오로지 국 · 영 · 수 등 시험 과목만 열심히 해서 SKY 대학만 가면 된다고 믿을까? 그러다가 아이들이 비관해 진짜로 '하늘나라'로 먼저 가 버리면 어떻게 할 것인가? 해마다 10대 청소년 250명 내외가 자살한다는 통계는 이런 의미에서 섬뜩하다. 그러니 아이들이 팔팔하게 살아 있을 때, 계속해서 팔팔하게 살아가도록 제대로 지도하고 지원해야 하지 않을까?

그렇다면 대학 입시제도를 '획기적으로' 바꾸지 않으면 안 된다. 어떻게? 앞에서도 말했지만, 우선은 모든 아이들이 대학에 갈 필요가 없다는 점(고교 졸업 후 4년간 직장 경험을 쌓은 자의 월급을 대졸 초임보다 높게 주면 된다)을 사회적으로 공유하되, 대학 가고픈 아이들은 별 부담 없이 대학 입학이 가능하게 해야 한다. 앞서 말한 대로 전국의 대학 수를 대폭 줄이고 전국 대학을 '상향평준화'한 뒤,

아이들이 고3 말기에 대학 수능 시험에서 '평균 70점'만 넘으면 누구나 지망하게 한다. 10지망까지 하게 하고 재수, 삼수생은 약간의 가산점을 준다. 그리고 취업 시엔 대학 이름을 쓰기보다는 전공 분야만 쓰게 하며, 그 일자리에 필요한 역량에 대해서만 테스트하게 한다. 그리고 전공 분야별 차별을 없애야 한다. 이렇게 대입 제도와 취업 제도를 연동해서 바꿀 때, 비로소 부모와 아이들은 'SKY대 강박증'을 탈피할 수 있을 것이다.

둘째, 반값 등록금이다. 앞의 인용문에서 우치다 다츠루 선생의 말처럼 궁극적으로는 유럽 대학들처럼 무상교육이 옳겠지만, 그 전 단계로서 '반값 등록금'을 실시하는 것도 좋겠다. 돈이 없어 대학을 가지 못하는 사태, 나아가 대학생 시절부터 높은 학비 때문에 수천만 원의 빚을 짊어지고 살아야 하는 사태, 그리고 그 등록금을 부담하기 위해 부모들이 잔업, 철야, 특근, 비정규, 무권리 노동을 감수해야 하는 사태, 그리하여 갈수록 부모와 아이들 사이에 친밀한 소통과 인간적 교류 및 유대감이 급속도로 사라지는 사태 등을 더 이상 방치할 순 없다.

이것도 전술한 대로 조세나 공유재 수입으로부터 나오는 사회적 기금을 모아 유효적절히 잘 사용하면 얼마든지 반값 등록금이 가능하다. 사실 매년 40조에 이르는 온갖 사교육비만 유효적절하게 써도 반값 등록금이 아니라 무상 대학교육이 가능하다고 하지 않았던가? 문제는 우리의 의지이지 재원이 아니다.

더군다나 고졸자의 4년 경력 후 월급을 대졸자 초임보다 많게 설계한다면 굳이 공부가 싫은데 대학에 갈 사람이 얼마나 될까? 동시에 대학 공부를 점수 따기나 졸업장 따기가 아니라 오로지 진리 탐구와 비판적 지성 도야, 나아가 창의적 대안의 개발 등에 치중하는 것으로 바꾸어 간다면, 바로 그런 방향성에 맞는 학생들만 대학에 가지 않을까? 지금처럼 고졸자의 80퍼센트가 '묻지 마, 대학 입학'을 하는 게 아니라 자신의 내면에서 진리 탐구의 필요성을 간절히 느끼는 이들만 대학에 간다면, 진학률이 30퍼센트 내외가 되어도 충분하다. 그리고 이런 학생들을 위해 온 사회가 지원한다면 우리가 못 해낼 것이 무엇이겠는가?

셋째, 절대평가의 도입이다. 현재 초·중·고는 물론 대학 역시 상대평가를 위주로 하고 있다. 상대평가란 다른 말로, 한 줄 세우기 방식이다. 개성과 흥미, 적성과 재주가 모두 다른 아이들을 어떻게 한 줄로 세운단 말인가? 사실 이런 방식은 국가나 자본이 국민을 통치하는 방식, 학교와 교사가 학생들을 통제하는 비법에 불과하다. 한 줄로 세우는 경쟁을 통해 서열을 만들고 대우를 달리 함으로써, 잘하는 아이나 잘 못하는 아이나 위로부터 강제되는 지시나 명령에 '말없이' 복종하게 만드는 메커니즘이 곧 한 줄 세우기 경쟁이 아니던가? 이러한 메커니즘은 모든 아이들을 잠재적으로 '예루살렘의 아이히만'으로 만든다. 즉 평범한 아이들조차 사람을 죽이라는 부당한 명령에도 거부할 엄두조차 내지 못하고 마치 그것을 당연한 과업처럼 받아들여 '충실히' 수행하는 것이 자기 책임을 다하는 것이라 여기는 것이다. 이것을 한나 아렌트(Hannah Arendt)는 '악의 평범성'이라 했다. 세계 어느 나라이건 교육이 한 줄 세우기 경쟁으로 치닫는 한, 우리 모두가 '악의 평범성'으로부터 자유롭지 못할 것이다.

나는 개인적으로 교육과정의 평가와 관련해 가장 좋은 것은 아무런 외적 평가가 없는 것이라고 본다. 마음으로 배우고 마음으로 토론하며 마음으로 느낄 때, 가장 큰 감동과 깨우침이 일어나지 않던가?

그럼에도 굳이 평가를 하고자 한다면, 상대평가가 아니라 절대평가 시스템을 도입해야 한다. 절대평가란 한 아이를 다른 아이와 비교하는 것이 아니라 자기 자신과 비교하는 것이다. 일례로, 부모나 교사가 아이의 성취도를 보고 "3월엔 50점이었는데 노력을 하더니 70점이 되었구나. 그동안 고생 많았어. 이제부터는 좀 느긋하게 해도 되겠네? 잘 했어" 이런 정도로 말할 수 있는 것이 절대평가다. 이렇게 되면 부모도 교사도 아이도 모두 편해진다. 배움이 즐거워진다. 게다가 친구들끼리 협동 학습도 가능해진다. 친구랑 같이 70점을 통과해야 같이 놀 수 있기 때문이다.

나아가 서로 가르쳐 주는 과정에서 학생들은 동일한 내용도 더 확실하게 배우고 느끼며, 또한 자기도 모르게 새로운 차원을 학습하거나 발견하게 되기도 한다. 게다가 절대평가 시스템 아래서는 토론식 수업이 훨씬 쉬워진다. 사실 토론이야말로 대학 교육의 핵심이다. 교수와 학생, 또 학생과 학생 사이에 개방적이고 심층적인 토론이 활발해야 진리 탐구와 비판적 분석, 그리고 창의적 대안 제시가 가능하다. 바로 이런 것이 배움의 즐거움이요 공동체의 형성 과정이다. 나만 잘한다고 행복한 것이 아니라 친구와 함께 대안을 찾아 나가는 것이 행복한 배움임을 교수와 학생들이 깨닫게 되는 것, 바로 이런 것이 온 사회를 연대와 협동의 공동체로 만들어 가는 기초가 아닐까?

넷째, 비정규 교수 문제다. 흔히 하는 말로 시간강사 문제다.

오늘날 한국 대학에는 정규 교수가 5만 명 내외, 비정규 교수가 10만 명 내외 있다. 이들이 대학 교육을 담당하고 있는데, 전공 교육에서는 정규 교수와 비정규 교수의 비율이 반반이지만, 교양 교육에서는 비정규 교수의 비율이 압도적으로 많다.

도대체 비정규 교수란 어떤 존재인가? 속된 말로 '보따리장수' 이고, 교육법상 용어로는 대학 강사다. 나 역시 독일에서 박사학위를 받고 귀국한 뒤인 1994년 가을부터 1996년 말까지 시간강사 생활을 했다. 내가 강의를 했던 대학들은 경남대, 고려대, 광운대, 서울대, 성신여대, 숙명여대, 연세대 등으로 다양했다. 아마도 당시에 내 강의를 들었던 학생들은 지금쯤 40대 중반의 삶을 지나고 있을 것이다. 한 학기 강의가 끝날 때마다 학생들에게 '이번 강의에서 새롭게 배우거나 느낀 점'을 적어 보라고 했을 때, 많은 학생들이 "신선한 강의"가 좋았다며 "꼭 다음 학기에도 뵙기를 바란다"고 했다. 고마운 일이었다.

지금은 좀 다른 경우도 있지만, 당시 시간강사들은 별도의 고용계약을 맺지 않았다. 어떤 교수가 전화로 "다음 학기에 이런 과목 강의할 수 있나요?"라고 물어 올 때, "네, 할 수 있습니다. 고맙습니다"라고만 대답하면 다음 학기 강의가 개설되고 그 과목을 담당하게 된다. 박사 공부까지 하고 대학생을 가르친다는 것은 큰 기쁨이다. 마침내 학생 신분을 벗어나 선생 신분이 되는 것만으로도 좋다. 더구나 20대의 팔팔한 청춘들을 매일 만난다는 것은 얼마나 큰 행운인가. 나아가 진리 탐구, 비판적 지성, 창의적 대안의 관점에서 연구하고 고민한 것들을 대학 강의실에서 학생들과 공유하는 것, 그리고 인생 후배뻘인 젊은이들이 나오는 어떻게 다른 생각을 하는지 등에 대해 사유하고 고뇌하는 일은 내게 큰 기쁨이었다. 또한 그런 과정이 내게는 부단한 깨우침의 과정이었다. 이런 것이 학문의 길에 들어선 사람들의 보람이자 기쁨이 아닌가.

그러나 이런 즐거움에 금이 가기 시작했다. 아내는 초등학교 교사라 출근하고 없는데, 나만 집에 남아 빨래를 널고 있던 겨울방학이 생각난다. 당시 과천의 작은 아파트에 살고 있었는데, 베란다에 빨래를 너는데 바깥에서 동네 아주머니들이 삼삼오오 모여 나를 힐끗 보는 것만 같았다. 동네 아주머니들이 무슨 얘기를 나눴는지 알 수도 없고 알고 싶지도 않았지만, 그때 나는 '아, 실업자의 마음은 어떨까?'라는 생각이 들었다.

게다가 방학이란 시간강사에게는 월급이 나오지 않는 달이다. 아내가 월급을 받았기에 망정이지 그게 아니라면 시간강사는 어떻게 살아야 하나? 다음 학기에 강의를 하면 다행이지만 만일 강의 요청 전화가 오지 않는다면? 다음 학기 강의를 준비하기 위해서라도 집에서 계속 책도 보고 논문도 써야 하는데, 도대체 시간강사들은 어떻게 살아야 하는가? 혹 2-3년 안에 정규직 자리(전임강사, 조교수, 부교수, 정교수)를 얻지 못하면 어떻게 될까? 이런 불안감을 재촉하는 질문이 꼬리에 꼬리를 물었다.

그러면서도 아내가 고정 월급을 받으니 내가 혹시 평생 시간강사로 살더라도 괜찮지 않을까? 한곳에 고정되지 않고 이 학교 저 학교 다니며 자유롭게 사는 '유목민' 대학 강사도 멋지지 않을까? 이런 자위 아닌 자위도 해 보았다. 그러면서도 가슴 한쪽엔 진짜 그렇게 된다면 과연 나는 정말 내가 하고픈 일을 하면서 살 수 있을까 하는 불안감도 모락모락 피어올랐다. 왜냐하면 시간강사는 다음 강의의 지속성 면에서만 아니라 강의 내용 자체에서도 늘 '눈치'를 보아야 하기 때문이다.

심지어 최근 정유라 부정 입학 사례와 같은, 대학 내 학사 비리를 고발하면 금세 그 화살이 당사자에게 돌아온다. 수많은 사례가 있지만 가장 최근 사례 중 하나로 명지전문대 이상돈 선생을 들 수 있다. 그는 2016년에 대학 내 '대포통장' 개설이나 '시험의 대리 출제' 의혹을 제기했는데, 그로 인해 일방적인 계약해지를 통보받았다.[1] 또 내가 일하는 고려대 세종캠퍼스의 김영곤 선생은 2005년 2학기부터 2012년 2학기까지 무려 15학기 동안 '노동의 역사' 및 '노동의 미래'란 과목을 잘 강의해 왔는데 대학 강사의 신분 보장을 위한 운동을 하는 과정에서 학교 당국에 '미운털'이 박혔다.[2] 그 결과 학교 당국에서 김영곤 선생에게 강의 배정을 못하게 하는 바람에 사실상 해고를 당하고 말았다. 나는 강사 권익을 위한 김영곤 선생의 투쟁과 우리 대학의 강의 배정은 개별 사안으로 다루어야 한다고 보고, 강의 배정을 지속적으로 주장하고 요구했다. 그러나 학교 당국은 (예전에 없던) 학과 교수들의 투표 또는 합의 절차를 거치도록 하고 또 캠퍼스 학사운영위원회 차원에서 검토 과정을 거치도록 만들어 '미운털'이 박힌 시간강사에 대한 강의 배정을 불가능하게 만들어 버렸다. 이에 나는 당국의

---

1   "명지학원 요즘 최대 관심사는 '내부 고발자 색출'", 〈국제뉴스〉, 2016.10.19;
     "학사 부정 의혹 제보 후 '계약 해지'당한 겸임교수", 〈경향신문〉, 2017. 1. 31.
2   "김동애, 김영곤. 그들의 천막농성 1702일", 〈참세상〉, 2012. 5. 4.

학사행정에 저항하는 의미로 주임교수직 사퇴 선언을 했다.[3]

이런 식으로 대학 강사들은 언제라도 사실상의 '해고' 내지 '실직'을 당할 수 있다. 사실 이런 상황 속에서 과연 '자기 검열' 없이 연구나 교육이 가능하겠는가?

한편 대학 강사의 가슴에 작은 상처를 남기는 또 다른 일도 있다. 그것은 학생들이 전임교수와 시간강사를 마음속에서부터 엄격히 구분해 차별의 시선을 던지는 일이다. 가장 대표적인 것이, 학생들이 시간강사를 부를 때 '교수님'이나 '선생님'이라 하지 않고 '강사님'이라 부르는 것이다. 실제로 나는 강사 시절, 어느 대학에서 수업 직후 한 학생이 나를 그렇게 부르는 바람에 약간의 상처를 받았다. 차별의 시선이 곧 폭력이 되는 순간이었다. 그래서 나는 학기 말 무렵 전체 수강생들에게 "박사학위를 받기까지 학문적 고투를 해 온 시간강사들께도 차라리 '선생님'이란 공통 호칭을 썼으면 좋겠다"는 말로 완곡한 부탁을 했다. 나는 정규직 교수가 된 1997년 3월 이후로도 학생들에게 동일한 취지로 이야기한다. 시간강사 선생님들도 다 같은 대학 교수들이니 절대로 '강사님'이란 호칭을 쓰지 말라고 말이다.

또 하나 대학 강사의 서러움이라 할 수 있는 것이, 강사들은 수업이 끝나면 '보따리'를 들고 오갈 데가 없다는 점이다. 고정된 자리, 즉 '정처' 없이 떠돌아야 한다. 전임강사 이상의 정규직 교수들은 안정된 소득만이 아니라 개별 연구실이 따로 있다. 그래서 강의와 강의 사이엔 좀 쉴 수도 있고, 다음 강의에 필요한 자료를

<hr>

3 "강수돌 고려대 교수, 해고 강사 문제로 주임교수직 사퇴", 〈미디어오늘〉, 2014. 12. 22.

챙기기도 쉽다. 그러나 강사들은 별도의 방이 없었기 때문에 수업 직후에 그냥 집으로 가거나 다른 대학 강의를 위해 서둘러 떠나야 한다. 그야말로 '보따리장수' 신세다. 혹시 같은 대학에서 한두 시간 뒤에 다음 강의가 있더라도 캠퍼스 벤치 같은 곳에서 쉬든지 아니면 모든 정규 교수들이 사용하는 '교수 휴게실'로 가서 약간의 눈치를 보며 쉬어야 한다. 그러니 무슨 연구가 제대로 되겠으며, 나아가 진로 고민이나 전공 관련 고민을 하는 학생들과 친밀한 교류를 하며 지도할 수 있겠는가?

이와 더불어 등장하는 문제가, 대학 강사들은 교과과정 개편이나 학사행정 등과 관련된 여러 중요한 의사결정 과정에 참여할 수 없다는 점이다. 한마디로 기존 교수들이 제시하는 교과목에 해당하는 수업만 열심히 해 주는 '비정규 강사' 역할만 하라는 것이다.

이런 식으로 오늘의 한국 대학에서 큰 차원에서 동일한 대학 교육을 담당하고 있는 전체 교원들은 철저히 정규 교수와 비정규 교수로 분리되어 있고, 비정규 교수는 정규 교수에 비해 경제적·비경제적 차별을 받는다. 이 모두를 관통하는 핵심은 불안감이다. 사실 비정규 교수 생활을 2-3년 한 뒤에 정규직 교수가 된다는 보장만 있어도 전혀 불안하지 않을 것이다. 그러나 지금도 약 10만 명에 이르는 대학 강사들은 이 불안감 앞에서 제대로 된 연구도, 제대로 된 강의나 학생 지도도 할 수 없다.

'정의로운 대통령'이라면 과연 무엇을 할 수 있을까? 그것은 현재 우리나라의 고등교육법을 하루 속히 개정해 시간강사들 역시 엄연한 '교원'으로 인정하고, 이들에게 방학 기간을 포함해 안정된 월 소득과 연구실을 보장하며 나아가 주요 학사행정에의 참여를 보장해야 한다. 재벌들이 대통령이나 그 측근들에게 주는 뇌물 정도의 액수만으로도 이런 정도의 변화는 충분히 가능하며, 심지어 각 대학들은 엄청난 적립금을 보유하고 있지 않은가? 강의나 연구를 위한 건물을 더 짓거나 시설을 개선하는 것도 중요하지만, 그것보다 시급한 것이 곧 강사들의 신분을 보장하고 생활을 안정화하여 연구와 강의, 학생 지도를 더 장려하는 것이 아닐까? 이것이 현재 약 10만 명에 이르는 대학 강사만이 아니라 향후 계속 이어질 학문 후속 세대를 위해, 또 결국은 대한민국 진리 탐구의 전당인 대학의 참된 발전을 위해 최소한 우리가 해야 할 일이다.

4장

재벌 개혁

기업경영헌장 7대 원칙

(2013년 2월 21일, 전경련)

1. 기업 본연의 역할을 충실히 하여 성장, 일자리 창출, 복지의 선순환 구조를 구축하고, 성장의 과실을 온 국민이 누려 모두가 행복한 사회를 만드는 데 앞장서겠습니다.

2. 기업 활동에 이어 '기업윤리'를 최우선 가치로 삼고 투명경영, 준법경영을 함으로써 신뢰받는 기업이 되겠습니다.

3. 협력업체, 중소기업 및 소상공인과의 상호 신뢰관계 구축을 통해 모든 경제 주체가 조화롭게 동반 성장할 수 있는 건강한 기업 생태계를 구현하겠습니다.

4. 소비자에게 유익하고 안전한 제품과 서비스를 제공하고, 거래관계에 수반되는 충분한 정보 제공 및 보호를 통해 소비자의 권익을 증진하겠습니다.

5. 근로자들의 근로환경 개선과 차별 없는 직장문화 확산을 위해 노력하고, 상호 신뢰하는 노사관계를 구축해 나가겠습니다.

6. 기업의 사회적 책임을 다하기 위해 환경문제 해결, 사회공

헌 확대, 지역사회 발전에 적극적으로 동참하겠습니다.

7. 기업은 본 헌장에 대해 책임의식을 가지고 실천하며, 경영
진은 헌장을 구현하기 위해 적극적으로 힘쓰겠습니다.

"권력과 재벌의 정경유착은 그 뿌리를 뽑아 법치를 바로 세우겠습니다. 제가 대통령이 되면 미르, K스포츠 같은 비리, 비선실세 딸의 입학비리 같은 일도 없을 겁니다. 국민연금의 팔을 비틀어 국민의 쌈지돈으로 재벌의 경영권 승계를 도와주는 비리도 없을 것입니다. 재벌 총수와 경영진이 저지른 불법에 대한 사면복권도 없을 것입니다. (…) 이제 재벌주도 성장의 시대는 끝났습니다. 성장은 혁신으로만 가능한 혁신성장의 시대가 왔습니다. 혁신은 창의적·도전적 기업가정신에서 나옵니다. 혁신은 경제정의가 살아 있는 공정한 시장경제에서 꽃을 피웁니다. 혁신창업과 혁신중소기업이 일자리를 만들고 성장을 주도하는 새로운 경제를 만들겠습니다."[1]

2017년 1월 16일, (새누리당에서 바른정당으로 옮긴) 유승민 의원의 대권 후보 출마 선언문 중 일부다. 권력과 재벌의 정경유착, 비선실세, 재벌 총수에 대한 사면 불가, 재벌 주도 성장의 종식, 혁신성장, 경제정의, 그리고 공정시장 등이 키워드들이다. 진정한 보수를 내세우는 바른정당 내지 합리적 보수라 불리는 유승민 후보의 재벌 개혁 관련 핵심 개념들이다.

---

1   "'재벌 주도 성장 시대 끝났다', 유승민 대권 도전", 〈오마이뉴스〉, 2017. 1. 26.

이것만 보면 더불어민주당의 우상호 대표나 문재인 대권 후보의 의식과 별반 다르지 않은 듯 보인다. 우상호 대표는 2017년 2월 2일 임시국회에서 "재벌 대기업은 권력이 두려워서 모금에 참여했다고 한다. 그러나 대기업 회장들은 박 대통령의 부탁을 들어주면서, 그 대가로 자신들의 민원을 제기했다. 회장의 사면복권, 경영권 승계, 면세점 인허가 등 다양한 민원들이 전달됐고, 상당부분 해결됐다. 정경유착의 단면이다. (⋯) 재벌 개혁의 시작은 1퍼센트의 소유로 100퍼센트를 지배하는 비정상적 지배 구조의 개선과 재벌 경영에 대한 감시 감독 강화이다. 소액 주주들의 권리 보호를 위한 전자투표제와 집중투표제의 도입, 총수 입김이 작용하지 않는 감사위원회 위원의 독립성 확보, 총수 일가의 방만한 자회사 운영을 막기 위한 다중대표소송제 도입을 골자로 하는 '상법 개정안'을 통과해야 한다."[2] 문 전 대표는 '소득주도 · 국민성장'을 내세운다. 성장의 열매가 국민에게 고르게 흘러가는 성장이다. '재벌 개혁'이 그 수단이다. 징벌적 손해배상제, 노동자 추천 이사제, 다중대표소송제, 집중투표제 도입 등이 대안이다.[3]

아니나 다를까 2017년 2월 임시국회에서는 더불어민주당과 국민의당이 재벌 개혁 법안을 전면에 내세웠으며, 새누리(자유한국)당은 야권이 그간 반대해 온 경제활성화 법안으로 맞불을 놓겠다는 전략이다. 통과 가능성이 높은 법안은 다중대표소송제, 집중

2　"우상호 '대한민국은 최순실의 나라였다'⋯재벌 개혁 나서야", 〈한국경제〉, 2017. 2. 3.

3　"거침없는 문재인 '내가 대세'⋯한 발짝 앞선 행보로 '독주 굳히기'", 〈한국경제〉, 2017. 2. 5.

투표제, 전자투표제 의무화, 사외이사 독립성 강화, 감사위원 분리 선출 등을 담은 상법 개정안과 공정거래위원회의 전속 고발권 폐지를 골자로 하는 공정거래법 개정안이다.[4]

그러나 과연 이런 법 개정이 이뤄지고 몇 가지 새 제도들이 도입된다고 과연 촛불 민중이 요구한 재벌 개혁 내지 재벌 해체 구호가 실현될까? 이런 개혁안들이 참된 '경제 민주화'로 가는 지름길일까?

정경유착의 '더러운 거래'를 끝내기 위해

만일 '정의로운 대통령'이라면 재벌 개혁과 관련해 어떤 변화를 시도할까? 나는 최소한 다음 4가지가 절실한 재벌 개혁의 내용이라고 생각한다.

첫째, 정경유착을 근원적으로 타파한다. '박근혜-최순실 게이트'에서도 드러났듯, 정경유착의 핵심은 정권이 재벌의 민원을 들어주는 대신 재벌로부터 비자금 내지 뇌물을 받은 거래관계에 있다. 한마디로 '더러운 거래'다. 사실 이 더러운 거래는 영화 〈내부자들〉에 나오듯 국회의원, 재벌, 언론인, 금융권 사이에서 흔하디흔한 일이다. 이 더러운 거래를 더 이상 가능하지 않게 하려면, 옛날의 암행어사에 해당하는 '고위공직자특별수사처'를 조속히 신설하는 한편, '공정거래위원회'가 원래의 설립 취지에 맞게 모든

4　"與 경제 활성화 vs. 野 재벌개혁…막오른 입법전쟁", 〈파이낸셜뉴스〉, 2017. 2. 1.

경제 관계들에 대해 제대로 된 감시, 감독을 해야 한다.

특히 정경유착 내지 더러운 거래로 인해 구속된 공직자나 재벌 총수 등에 대한 사면은 물론 보석이나 벌금형을 사실상 금지해야 한다. 국민들이 관심을 갖고 지켜볼 때만 엄벌하는 듯 보이고 시간이 지나 관심이 덜해지면 슬그머니 석방해 주는 관행은 더 이상 없어야 한다. 그런 엄벌의 전통이 지속되어야 정경유착이나 부정부패가 다시 발생하지 않을 것이다. 이런 맥락에서 정권과 '더러운 거래'를 행한 전경련을 하루빨리 해체해야 한다.

둘째, 재벌 체제의 핵심 문제는 세습 제도와 황제 경영, 그리고 문어발 경영이다. 따라서 하나의 재벌 그룹 안에 계열화로 편성된 수많은 기업들을 독립 법인으로 낱낱이 분할하고 각 독립 법인들 사이의 상호출자를 금지해야 한다. 그래야 소수의 지분으로 전체 계열사들을 사실상 지배하는 편법적 지배 구조를 타파할 수 있다. 동시에 각 독립 법인들은 경영 세습을 금지하기 위해 전문 경영인 사장을 민주적으로 선출해야 한다. 이것이 가능하려면 주주총회와 노동자총회가 동일한 위상에 놓여야 하고 주주총회에서 선출된 사장과 노동자총회에서 선출된 사장 사이에 최종 결선투표가 이뤄져야 한다. 전남대학교 김상봉 교수는 《기업은 누구의 것인가》라는 책을 통해 주식회사에서 '사장을 노동자가 뽑으면 안 되는가?'라는 도발적 질문을 제기했다.[5] 그에 따르면, 주식회사의 주인은 주주가 아니며, 노동자들에게 경영권 또는 사장 선출권을 보장하고 주주들에게는 배당만 보장하는 '기업의 민

---

5 김상봉, 《기업은 누구의 것인가》, 꾸리에, 2012 참조.

주화'가 필요하다. 쉬운 일은 아니지만 '진정' 재벌 개혁을 원한다면 이런 정도로 가야 한다. 청와대의 압력 아래 재벌들이 전경련을 통해 수백억 원의 돈을 갖다 바치고, 그 대신 노동탄압법과 규제 완화, 공공부문 민영화, 불법 인수합병, 면세점 특혜 승인 등을 쉽사리 달성하는 '더러운 거래'를 계속 용인할 것인가, 아니면 대한민국 역사상 최대의 스캔들이 만천하에 들통 난 절호의 기회를 통해 제대로 된 재벌 혁파를 할 것인가?

셋째, 재벌 체제의 또 다른 문제는 이른바 '갑질'이다. 재벌 기업은 계열사별로 1차 하청, 2차 하청, 3차 하청 등으로 무수한 하청의 사다리질서를 갖고 있다. 아래로 갈수록 중소기업, 영세기업들이 수직으로 매달려 있다. 이른바 '트리클 다운' 효과가 일어나기보다는 '펌핑 업' 효과, 즉 윗물이 아래로 흐르기보다는 오히려 저 아래의 지하수까지 완전히 뽑아 올려가는 전 사회적 수탈과 착취 구조가 온존한다. 그 수직 질서의 제일 밑바닥에는 국내외의 자연 생태계(석탄, 석유, 철광, 숲, 물, 흙, 자갈, 산, 강, 바다 등)가 놓여 있다.

예컨대 재벌들은 중소기업이 특허를 내려고 하면 그 특허 기술을 가로채 자기 것으로 만들고 해당 중소기업을 하청 계열화해 버린다.[6] 또 재벌 계열 기업에 납품하는 하청업체들에게 납품 단가를 지속적으로 인하하라고 압박을 가한다.[7] 심한 경우 정기적으

---

6 "삼성전자 실적 잔치의 빛과 그늘", 〈경향신문〉, 2013. 1. 9.

7 "재벌이 말하지 않는 21가지 돈 버는 비법", 〈딴지일보〉, 2016. 9. 6; "'재벌 개혁'이 재앙이 안 되려면…", 〈시사IN〉, 2017. 1. 28.

로 거액의 돈을 내라고 요구하기도 한다.[8] 재벌 기업이 중소기업 등 하청 회사를 기술적으로나 재정적으로 도와주는 경우도 많지만, 가장 확실히 도와주는 부분은 노동조합 탄압이다. 삼성전자서비스가 그 협력업체에 설립된 노조를 탄압하는데 적극 개입한 사례,[9] 그리고 현대자동차에 납품하는 하청업체의 하나인 유성기업 노동조합을 탄압하는 데 현대자동차가 상당한 역할[10]을 한 것이 그 대표 사례들이다.

넷째, 개별적으로 독립된 기업들이 건강한 미션과 비전으로 올바른 경영을 해 나가게 하려면 생산의 목표나 방법, 그 과정 등 제반 경영 과정에 노동자 대표들이 참여해 의사결정을 할 수 있어야 한다. 그렇다고 무조건 노조가 경영을 멋대로 하라는 말이 아니다. 무슨 기업이건 고유의 미션이 있고, 그것을 달성하기 위한 수단이나 방법이 있다. 그리고 그 수단이나 방법을 올바로 집행하는 과정들이 있다. 바로 그 모든 과정이 지금은 오로지 주주나 총수의 판단에 맡겨져 있다. 그 폐해가 바로 '박근혜-최순실 게이트'에서 여실히 드러나지 않았던가?

한편 재벌 총수도 문제지만 주주들도 문제다. 대부분 주주들의 관심사는 오직 높은 배당금이다. 높은 배당금이 가능하려면 기업

---

8 "납품가 후려치기, 인력 빼오기, 삥 뜯기…해도 너무한 '형님'", 〈중앙SUN-DAY〉, 2012. 12. 9.

9 "삼성전자서비스, 협력업체 사장에 노조 가입 땐 그 직원도 업체도 끝이라 경고", 〈경향신문〉, 2013. 6. 20.

10 "유성기업 노동자 죽음, 노조 파괴 배후 조정한 현대차가 책임져라", 〈민중의 소리〉, 2016. 3. 31; "꼬리가 길면 잡히는 법, 유성기업·노동부·검찰 그리고 현대차", 〈매일노동뉴스〉, 2016. 7. 5.

이 수단과 방법을 가리지 '않고' 수익을 많이 내야 한다. 수익을 많이 내려면 생산과 매출을 높이고 각종 비용 요인은 철저히 줄여야 한다. 이것이 냉정한 자본주의 기업의 행동 법칙이다. 한편 기업들은 사회적 책임(CSR)을 가진다. 그것은 일반적으로 법률적 책임, 경제적 책임, 도덕적 책임, 재량적 책임으로 구성된다.[11] 요컨대 기업은 적절한 방법으로 수익성을 추구하면서도 일정한 사회적 책임을 져야 한다.

바로 이런 맥락에서 기업의 사회적 책임이 제대로 집행되는지 그 전반적인 생산 및 경영 과정에서 투명하게 감시하고 감독하며 공동 책임을 지기 위해 노동자의 경영 참가가 보장되어야 한다. 현재 노동법 중 '근로자참여및협력에관한법률'이 노사협의회를 통한 경영 참가를 보장하고 있지만, 그 수준이나 내용은 대단히 미약하다. 따라서 실질적 경영 참가가 되기 위해서는 최근 서울시 및 성남시가 산하 기관들에 도입하는 근로자이사제[12] 정도 또는 그 이상의 노동자 경영 참가가 실효성 있게 실시되어야 한다. 일례로 독일의 기업은 상시 근로자 5명 이상이면 노동자평의회를 설치해 이것이 관리적 의사결정에 참여하도록 하며, 노동자 대표가 회사 규모에 따라 감독이사회의 1/2에서 1/3 정도 참여하여 전략적 의사결정에 참여한다.[13]

---

11   Archie B. Carroll(2000). "The Four Faces of Corporate Citizenship", In Richardson, J. E. *Business Ethics*, Dushkin/McGraw-Hill. pp. 187 – 191 참조.

12   "성남시도 '노동이사제' 도입", 〈경향신문〉, 2017. 1. 9.

13   강수돌, "노동자 경영 참여, 어떻게 볼 것인가", 〈녹색평론〉 149호, 2016. 7-8월호.

물론 우리가 진심으로 기업 경영을 더 한층 민주화하려면, 노동자들의 경영 참가를 넘어 노동자 자주 관리 기업이나 노동자 협동조합과 같이 (주주도 총수도 국가도 아닌) 당해 노동자들이 사실상의 주인이 되는, 전향적인 기업 경영 방식들을 더 많이 실험하고 확장해 나가야 한다.

바로 이런 개혁들이 충실히 이뤄지고 기업들도 그 규모나 업종에 관계없이 개별적 민주화는 물론 수평적 협력 관계를 달성할 때, 우리는 비로소 전경련이 제시한 '기업경영헌장 7대 원칙'이 잘 지켜진다고 할 수 있다. 전경련이 박근혜 정부 출범 무렵인 2013년 2월에 공식적으로 내건 '기업경영헌장 7대 원칙'은 다음과 같다. 하나씩 음미해 보면, 일단 말은 좋은데, 얼마나 실천하고 있는지 자괴감이 들 정도다.

1. 기업 본연의 역할을 충실히 하여 성장, 일자리 창출, 복지의 **선순환 구조**를 구축하고, 성장의 과실을 **온 국민**이 누려 **모두가 행복한 사회**를 만드는 데 앞장서겠습니다.
2. 기업 활동에 이어 '**기업윤리**'를 최우선 가치로 삼고 **투명경영, 준법경영**을 함으로써 **신뢰**받는 기업이 되겠습니다.
3. 협력업체, 중소기업 및 소상공인과의 **상호 신뢰관계** 구축을 통해 모든 경제 주체가 조화롭게 **동반 성장**할 수 있는 건강한 기업 생태계를 구현하겠습니다.
4. 소비자에게 유익하고 안전한 제품과 서비스를 제공하고, 거래관계에 수반되는 충분한 정보 제공 및 보호를 통해 **소비자의 권익**을 증진하겠습니다.

5. 근로자들의 **근로환경 개선**과 **차별 없는 직장문화** 확산을 위해 노력하고, **상호 신뢰**하는 노사관계를 구축해 나가겠습니다.

6. **기업의 사회적 책임**을 다하기 위해 환경문제 해결, 사회공헌 확대, 지역사회 발전에 적극적으로 동참하겠습니다.

7. 기업은 본 헌장에 대해 **책임의식**을 가지고 실천하며, 경영진은 헌장을 구현하기 위해 적극적으로 힘쓰겠습니다.

이렇게 그럴싸한 다짐을 해 놓고선, 그간 밝혀진 대로 '박근혜-최순실 게이트'처럼 정치경제, 사회문화, 교육체육 등 전 분야에서 온갖 부정부패가 저질러진 것을 상기해 보라. 지난 70년 이상 표리부동한 한국 재벌과 권력이 주도한 중독 시스템으로서의 '재벌-국가 복합체'의 민낯이 아니고 무엇인가.

더 이상 긴 말이 필요 없다. '외화내빈'(外華內貧)이 아니라 '지행합일'(知行合一)이 재벌과 기업들에게 가장 필요한 사자성어가 아닐까 싶다.

5장

조세 개혁

국세청은 납세자를 세정의 중심에 두고 납세자의 권익을 철저하게 존중하고 보호하기 위해 노력하고 있습니다. (…) 국세청 직원 모두는 "세금을 고르게 하여 국민을 사랑하라"는 균공애민(均貢愛民)의 자세로 「국민이 신뢰하는 공정한 세정」을 구현하기 위해 최선을 다하겠습니다.

-국세청 홈페이지.

2017년 2월 6일, 국세청 홈피에 들어가 보았다. 거기에 나와 있는 국세청장 인사말 중에 멋진 표현이 있었다. 균공애민(均貢愛民), '세금을 고르게 하여 국민을 사랑하라.' 제발, 이렇게만 되면 얼마나 좋을까? 진정 고른 세금으로 국민을 사랑한다면 상후하박, 즉 부자들에겐 세금을 더 매기고 서민들에게는 조세 부담을 줄여야 한다. 그러나 현실은 그렇지 않다. 자산가들이나 고소득자들은 아무렇지 않게 탈세를 하고, 서민들은 누구나 다 내야 하는 부가가치세나 소비세(담뱃세와 같은 '죄악세' 포함) 등 간접세를 점점 많이 내고 있는 형편이다.

나라 살림살이를 맡은 정부의 세입은 크게 조세수입, 세외수입, 자본수입으로 구분된다. 조세수입은 국민들에게 세금(소득세, 법인세, 부가세 등)으로 징수한 것이며, 세외수입은 수수료·입장료·벌과금 등으로 얻는 수입이다. 조세수입과 세외수입을 합한 경상수입이 세입의 대부분을 차지하며, 특히 조세수입이 87퍼센트가량이다. 그외 자본수입이란 정부 소유의 토지나 건물 등을 매각해 얻는 수입으로, 그 비중은 작다. 따라서 여기서는 조세수입과 관련해 온 국민들을 분노케 한 몇 가지 사례를 더듬어 보려 한다.

자산가들의 탈세, 누구나 내야 하는 간접세

첫째 사례는 삼성의 경영권 편법 승계와 탈세 건이다. 삼성의 이재용 부회장은 에버랜드 전환사채 저가발행 등의 탈법적 방법으로 (재벌 2세 이건희로부터) 경영권을 승계하면서 도덕적 논란에 휩싸였지만, (재벌 3세 이재용이 구속된) 2017년 2월 17일 이전까지 법적 처벌을 받은 적이 없었다. 재벌 3세 이재용은 1995년에 부친으로부터 60억 원을 증여받아 16억 원의 세금만 낸 뒤 계열사의 주식을 사고파는 과정에서 527억 원의 시세차익을 남겼다. 이 돈으로 다시 계열사의 전환사채(convertible bond, CB) 등을 사고팔아 1천 억 원대의 시세차익을 얻고 마침내 자산가치 5조 원으로 평가되는 에버랜드의 최대 주주가 되었다.[1] 그 방법은, 에버랜드 전

---

1   "삼성家(가) 탈세 의혹 철저 규명을", 〈경향신문〉, 1999. 7. 8; "삼성 탈세 의혹 철저히 밝히라", 〈한겨레〉, 1999. 7. 8; "국·감·현·장·중·계 재경위 '이재

환사채를 헐값으로 산 뒤 나중에 주식으로 전환해 자기 재산을 수조 원대로 불린 것이다.

여기서 전환사채란 '주식과 채권'의 특징을 모두 가진 증권으로, 처음엔 채권이지만 일정 시간이 지나면 주식으로 전환할 수 있는 권리가 주어진 증권이다. 따라서 전환사채는 처음에 기업이 발행할 땐 보통의 회사채와 동일하나 일정 기간이 지나 주식전환권이 발동하면 투자자가 원할 때 채권을 주식으로 바꿔 주가 상승에 따른 시세차익을 볼 수 있는 구조가 내장돼 있다.

그렇게 해서 수조 원대의 지분을 갖게 된 후, 이 에버랜드 지분이 제일모직 합병으로 넘어갔고, 이것이 최근에 삼성물산 지분으로 넘어가면서 덩치는 자꾸 커졌다. 한편 삼성물산은 삼성전자의 2대 주주이고 1대 주주는 삼성생명인데, 다시 삼성생명의 최대 주주는 삼성물산이다. 결국 이재용은 60억 원으로 20년에 걸쳐 삼성전자에 대한 지배력을 완성한 셈이다. 이런 식으로 삼성 재벌은 다양한 방식으로 탈세와 편법 승계를 대물림(이병철→이건희→이재용)해 왔음에도 최근까지 그 누구도 옥살이를 하지 않았다.[2]

두 번째 사례는 우병우 탈세(변호사 사업소득에 대한 종합소득세) 혐의 부분이다. 우병우 전 청와대 수석은 2013년 5월부터 2014년 5월까지 변호사로 활동했다. 이 기간에 우 전 수석이 맡았던 사건은 40건 안팎인데, 이 기간에 벌어들인 돈이 무려 62억 원에 달한

용 탈세' 집중 포화", 〈한겨레〉, 1999. 10. 7.

2   "삼성가, 3대째 꼼수 탈세 '준비 완료'", 〈뉴스타파〉, 2016. 10. 6; "79년 만에 무너진 삼성공화국, 그보다 더 중요한 사회의 진일보", 〈민중의 소리〉, 2017. 2. 17.

다. 더불어민주당 박주민 의원에 따르면, 우병우 전 수석은 2013년 12억 7천여 만 원, 2014년에는 9억 8천여 만 원의 종합소득세를 냈다. 이를 토대로 종합소득을 계산하면 2013년에는 35억 원, 2014년은 27억 원이 된다. 그러나 서울변호사회에 따르면 우 전 수석은 (수입액 등을 소속 지방 변호사회에 제출하도록 되어 있는) 변호사법을 따르지 않았다.[3] 그리고 우 전 수석은 가족 회사인 '정강'을 통해 횡령·탈세한 의혹이 있다.[4]

세 번째 사례는 간접세의 하나인 담뱃세 인상이다. "국민 건강을 증진시키기 위해 담뱃값 인상이 불가피하다"고 한 정부가 2015년 1월부터 담뱃값을 2500원에서 4500원으로 올린 결과, 2016년에 거둬들인 담뱃세가 무려 10조 5천 억 원에 이른다. 정부는 당시 "가격 인상으로 42.5퍼센트에 달하는 흡연율이 2016년에 35퍼센트로 떨어져 경제협력개발기구(OECD) 회원국 가운데 최고라는 오명에서 벗어나고 국민 건강 수준도 향상될 것"이라 홍보했다. 그러나 실제로는 약 3조 원 정도의 추가 수입만 올린 셈이다.[5] 10조 5천 억 원에 이르는 담뱃세 수입은 정부의 예상보다 7천 억 원이나 더 걷힌 것으로, 전체 수입물품에 부과하는 관세(10조 원)를 넘어서는 규모다. 담뱃세가 전체 세수에서 차지하는 비중은 3.7퍼센트나 된다. 이는 우리보다 GDP 규모가 훨씬 큰

---

3 "'한해 소득 62억' 우병우 前 수석 탈세·수입 비리 조사", 〈MBC 뉴스〉, 2016. 11. 29.

4 "우병우, '가족회사 「정강」 통해 횡령·탈세한 적 없다", 〈아시아경제〉, 2016. 12. 22.

5 김민구, "아서 래퍼와 담뱃값 인상의 역설(逆說)", 〈이데일리〉, 2014. 12. 26.

미국, 일본과 비교할 때도 3배나 높은 수준이다. 게다가 우리나라 조세 수입 중 간접세 비중은 매년 늘어나 60퍼센트에 육박하는 반면 OECD 평균은 39퍼센트다.[6]

이것은 담뱃값 인상으로 담배 소비나 흡연인구 감소를 유도해 국민 건강을 증진하겠다는 정부의 논리가 별 효과가 없음을 증명한다. 민주당 박영선 의원은 "정부는 담뱃값 인상 효과로 담배 소비가 감소하고 있다고 홍보하고 있지만, 실제 담배 판매는 증가하는 추세에 있으며, 담뱃값 인상 전 담배 회사들이 재고를 쌓아 수천억의 부당 이익을 챙기고, 담배 수입 2배, 담배 밀수 7배, 면세점 담배 판매 40퍼센트 이상 급증 등 부작용만 속출하고 있다"고 했다.[7] 실제로 담뱃값 인상 직후엔 담배를 끊거나 줄이는 사람들이 제법 늘었지만, 갈수록 다시 증가해 최근엔 예전 수준으로 되돌아갔다는 보고도 있다.[8]

한편 사채와 불법도박, 금시장, 성매매, 사교육시장, 탈세 등의 분야는 성실 납세가 제대로 이뤄지지 않는 '지하경제'라 불리는데, 우리나라의 지하경제 규모는 GDP(약 1600조 원)의 4분의 1(정부 예산 규모)이 넘는 것으로 추정된다. 선진국의 경우 전체 경제 규모의 10퍼센트 미만이란 점을 감안하면 그에 비해 우리는 두 배 이상이다. 《지하경제와 죄악세》의 저자 정연태는, "만약 지하경제

---

6 "담뱃값 인상은 어떻게 가난한 사람을 더 가난하게 만들었는가", 〈머니투데이〉, 2016. 10. 15.

7 "담뱃값 인상으로 인한 흡연 감소? '면세점 담배 판매 15.7퍼센트 증가'", 〈이코노믹리뷰〉, 2016. 10. 4.

8 "담뱃값 인상 금연효과 '도루묵'⋯줄었던 흡연인구 다시 늘어", 〈브릿지경제〉, 2017. 1. 12.

양성화가 선진국 수준에 도달한다면 50조 원의 세수 증대 효과가 있을 것"으로 내다본다.[9]

세금을 고르게 하여 국민을 사랑하자

이런 현실을 감안하면 현재 우리나라 조세 행정은 전향적으로 혁신되어야 한다. 조세혁신이 되어야 하는 까닭은, 그 자체로도 문제가 심각할 뿐 아니라, 이것이 제대로 이뤄져야 비로소 주거-교육-의료-노후로 이어지는 복지 시스템과 기본소득 보장 등을 위한 물적 토대가 구축될 수 있기 때문이다. 여기서는 아래 네 측면을 중심으로 살핀다.

첫째, 앞서 삼성가의 경영권 편법 승계 과정에서도 보았듯이, 상속세와 증여세 및 재산세 부분을 더욱 철저히 관리해 탈세와 누세를 효과적으로 잡아내야 한다. 우선 상속세나 증여세와 관련한 법제를 간단히 보자. 현재 우리나라 상속세 및 증여세법상 자녀에게 재산을 물려줄 때 10년간 만 19세 이하는 2천 만 원, 만 20세 이상은 5천 만 원까지 증여세가 공제된다. 즉, 자녀들에게 일정 금액 이하까지는 세금 없이 줄 수 있지만, 그 이상에 대해서는 1억 원까지에 대해서는 10퍼센트, 그 초과 부분에 대해서는 20퍼센트 이상의 세금을 내야 한다. 소시민들은 이런 법제를 성실히 준수하고 있는데, 세계 18위 기업에 드는 삼성전자를 비롯

---

9   정연태, 《지하경제와 죄악세》, 생각비행, 2016 참조.

한 한국의 재벌들은 그 재산이 워낙 많다 보니 상속이나 증여, 부동산 등과 관련해 성실 납세를 하지 않는 경향이 있다.

그러나 미국만 해도 다른 면모를 보인다. 일례로 20세기에 들어 미국 석유시장을 90퍼센트 이상 장악했던 석유 왕 록펠러(John D. Rockefeller)는 정치권력을 백악관부터 손바닥 위 장난감처럼 갖고 놀았다. 그러나 1930년대 경제대공황 때 '독점금지법'에 따라 록펠러의 석유회사는 30여 개 회사로 분할되었고 재산의 70퍼센트를 상속세로 납부했다. 이런 혁신 과정이 있었기에, 비록 정경유착이 완전히 사라진 건 아니라 할지라도 기본적인 고리는 끊어졌고, 소유와 경영이 분리된 미국식 기업 전통이 정립되었다. 문제는 여전하나 그래도 빌 게이츠(Bill Gates), 마크 주커버그(Mark Zuckerberg) 같은 기업가들이 등장할 제도적 기반이 다져진 것이다.[10]

둘째, 소득세다. 소득세는 크게 근로소득세와 종합소득세(사업소득세, 기타소득세 포함)로 나뉘는데, 근로소득세가 1900만 노동자들의 '유리지갑'에 대한 과세라면, 사업소득세는 700만 자영업자 내지 전문직 종사자들에 과세되는 것으로 상대적으로 '불투명 지갑'이다. 따라서 이들에 대한 과세를 더욱 철저히 해야 한다. 한편 근로소득세와 관련해 국내 상위 10퍼센트가 내는 근로소득세가 전체 근로소득세 세수의 68.1퍼센트를 차지하고, 법인세의 경우 상위 1퍼센트가 전체의 86퍼센트를[11] 담당하고 있음에도, 고소득층

10 이재희, "삼성전자와 아기 목욕통", 〈부산일보〉, 2016. 12. 26.

11 김민구, "아서 래퍼와 담뱃값 인상의 역설(逆說)", 〈이데일리〉, 2014. 12. 26.

내지 고수익 기업들이 지는 조세 부담은 선진국들에 비해 훨씬 낮다. 일례로 선진 복지국가로 통하는 덴마크의 경우, 고소득자들은 약 50퍼센트에 이르는 소득세를 내는데, 너무 높다는 비판이 많아 최근 정부가 5퍼센트 정도 감세하기도 했다.[12]

한국의 경우 법인세 수입은 (이명박 정부 때 25퍼센트에서 22퍼센트로 낮아진 뒤) 정체해 있는 데 비해 소득세 수입은 증가하고 있다. 충남대 정세은 교수는 "현 정부 집권 이후인 2013년 이후 주요 3개 세목 세수 실적에서 소득세 수입 급증과 법인세 수입의 정체가 대조적이다"라고 했다.[13] 2013년의 경우, 전체 세수는 2011년 대비 15.5퍼센트가 늘어났는데, 소득세는 46.3퍼센트가 증가했음에 비해 법인세는 (기업 소득이 가계 소득보다 더 많아졌음에도) 0.3퍼센트 증가에 그쳤다. 특히 근로소득세는 매년 약 2조 원씩 늘어나 2015년 28조 2천 억 원으로 무려 49.5퍼센트나 늘었다.

그런데 이러한 소득세가 국내총생산(GDP)에서 차지하는 비중을 국제적으로 비교해 보면, 한국은 2.5퍼센트(양도소득세 포함 시 3.7퍼센트) 정도로, 유럽의 복지 선진국인 덴마크(26.4퍼센트), 핀란드(12.9퍼센트)는 물론 미국(9.8퍼센트)이나 영국(9.2퍼센트)보다 크게 낮다. 또한 전체 국가세수 대비 소득세 비중도 여전히 낮은 편이다. 즉 한국의 전체 세수 가운데 소득세 비중은 15.4퍼센트로, 경제협력개발기구 2012년 평균(24.5퍼센트)에 견줘 9퍼센트포인트 가량

---

12 "'복지 천국' 덴마크의 변심…소득세 내리고 연금수령 늦춰", 〈한국경제〉, 2016. 8. 31.

13 "법인세 인상 오해와 진실은 어디에", 〈M이코노미〉, 2017. 2. 5.

낮다.[14]

셋째, 법인세다. 법인세는 이명박 정부 때 당시 25퍼센트였던 세율을 2008년에 22퍼센트로 내려 기업들의 이윤이 증가했다. 실제로 감세정책으로 국내 10대 그룹 83개 상장사의 사내유보금이 2009년 271조 원에서 2014년 말 540조 원으로 두 배 늘었다.[15] 원래 사내유보금이란 설비 투자나 인수합병(M&A) 가능성에 대비해, 기업이 번 수입 가운데 일부를 쌓아 둔 일종의 비상금이다.

향후 법인세와 관련해 문재인 민주당 전 대표는 법인세 인상을 두고 '딜레마'라고 하면서도 "고소득자들에 대한 소득세 높이기, 자본 소득에 대한 과세 강화가 우선이며, 그 다음이 법인세"라고 했다. 이어 "대기업 조세감면제도를 고쳐 세수를 확보하고, 그래도 부족할 시 대기업에 한해 법인세를 올릴 필요도 있다"고 밝혔다.[16] 이재명 성남시장은 한술 더 떠 법인세를 30퍼센트로 올려야 한다며, "'한국판 리코 법' 제정으로 이재용 삼성 부회장 등 재벌의 범죄수익을 환수 조치하고, 영업이익 500억 원 이상 대기업 440개의 법인세를 22퍼센트에서 30퍼센트로 올려야 한다"고 했다.

한국의 법인세율은 조금씩 낮아져 온 편이다.[17] 1991년부터 2007년까지는 과세표준 1억을 기준으로 2단계 법인세율을 적용

---

14 "소득세 비중 늘었으나…세 부담 여전히 OECD 최하위", 〈한겨레〉, 2016. 6. 20.

15 김민구, "아서 래퍼와 담뱃값 인상의 역설(逆說)", 〈이데일리〉, 2014. 12. 26.

16 "법인세 인상 오해와 진실은 어디에", 〈M이코노미〉, 2017. 2. 5.

17 같은 글.

했으며, 2008년부터 2011년까지는 과세표준 기준 금액을 2억 원으로 상향 조정했다. 그뒤 2012년부터는 과세표준 2억 원 초과에서 200억 원 이하 구간을 신설해 3단계 법인세율을 적용하고 있다. 현행 법인세는 2억 원 이하에 10퍼센트, 2억 원 초과에서 200억 원 이하에 20퍼센트, 200억 원 초과에 22퍼센트를 적용한다. 다만 2억 원 초과 200억 원 이하에 대해서는 2천 만 원을, 200억 원을 초과하는 경우 4억 2천 만 원을 누진 공제해 준다.

법인세 인하의 이론적 배경엔 '낙수 효과'(트리클 다운)가 주장되지만, 그간 한국에서 법인세를 인하해 온 지 30여 년이 흘렀으나 그 효과는 별로 없다는 의견이 지배적이다. 심지어 IMF 보고서조차 "부는 아래로 내려가지 않으며, 소득 불평등은 경제성장을 오히려 가로막는다"라는 결과를 발표했다.[18] 또 참여연대에 따르면, 법인세율 인하 이후 상위 10대 그룹의 사내유보금이 2009년 271조 1천 억 원에서 2014년 537조 8천 억 원으로 크게 증가해 법인세율 인하가 사내유보금을 증가시켰다. 실제로 2015년 국정감사 당시 김현미 의원실이 2008년부터 2014년까지 1835개 상장사를 전수 조사한 결과, 상장사 전체 사내유보금은 2008년 326조 원에서 2014년 845조 원으로 6년간 519조 원(158.6퍼센트)이 늘어났다. 그리고 공정거래위원회에서 발표한 10대 그룹의 2015년 사내유보금은 652조 원, 2016년 상반기 30대 그룹 사내유보금은 약 760조 원으로, 2015년보다 35조 이상 늘었다.[19] 30대 기업의 사내유

---

18 "'낙수효과' 없다…재벌 중심 산업정책 바꿔야", 〈내일신문〉, 2017. 1. 17.
19 "최순실에 간 재벌 기부금, 사실상 '사내유보금'", 〈참세상〉, 2016. 11. 11.

보금은 전체 상장사 사내유보금의 2/3 정도를 차지한다. 반면 상장사들의 사내유보금과 당기순이익이 크게 증가했음에도 불구하고 기업들이 말하는 투자비율은 별로 증가하지 않거나 감소했다. 실제로 30대 기업들의 경우 투자는 2008년 57조 2천 억 원에서 2014년 62조 8천 억 원으로 미약한 증가에 그쳤다.

결국 법인세를 인하해 주고 기업의 이윤을 높여 준 결과, 기업들이 자발적으로 고용 창출이나 필요한 곳에 투자를 하기를 기대하는 것은 별 실효성이 없음을 알 수 있다. 자본주의 기업은 철저히 그 소유주나 주주의 이익에 복무하는 사명을 띠고 있으므로, '정의로운' 국가가 할 일은 (기업 활동 내용이나 경영 과정에 대한 문제는 별개로 치더라도 최소한 OECD 회원국 수준에 걸맞게) 이들에게 '상후하박'의 적정 과세를 하고, 그 세금 수입을 확실히 국민 복지에 쓰는 일이다.

넷째, '로봇세'(기술세)다. 우리나라에서 로봇세는 아직 생소한 이야기로 들리지만, 나날이 발전하는 과학기술 시스템에 걸맞은 세금제도를 고려할 때 매우 중요한 부분이다. 이광형 카이스트 문술미래전략대학원 원장은 국회 의원회관에서 열린 '제4차 산업혁명포럼'에서 이렇게 말했다. "4차 산업혁명 시대에는 고도화된 소프트웨어를 기반으로 한 로봇이 사람의 일자리를 대체할 것이다. 세원을 확보하고 부의 집중을 방지하는 차원에서 로봇세 도입이 필요하다."[20]

그는 "기존 사회 체제가 지속될 경우 실업자가 증가하고 사회

---

20 "4차 산업혁명 시대, 로봇세 도입 필요", 〈ZDNet Korea〉, 2016. 11. 22.

불안과 양극화가 심화되는 갈등 사회로 치달을 수밖에 없다"며 "지능화된 로봇이 인간의 일자리를 대신하면 실업률이 높아질 수 있지만, 반대로 로봇세가 도입되면 사회 구성원의 조세부담률이 낮아져 이를 상쇄하는 효과가 나타날 수 있다"고 강조했다.

실제로 4차 산업혁명으로 선진 15개국에서 약 700만 개의 일자리가 사라질 가능성이 있는 반면 200만 개의 새 일자리가 생길 수 있다고 한다. 결과적으로 약 500만 개의 새로운 실직이 일어날 전망이다.[21]

이광형 교수의 관점에 따르면 이 실업률 역시 '일자리 공유' 등을 통해 해소 방안을 마련할 수 있고, 오히려 "근로시간 단축이나 노동과 소득이 분리된 꿈의 사회 실현이 가능하다."

사실 나는 인공지능(AI)이나 로봇으로 상징되는 '4차 산업혁명'이 모든 걸 해결해 줄 것 같은 유토피아적 전망에 대해선 회의적이다. 이미 우리가 컴퓨터나 인터넷 등과 관련해 몸으로 느끼듯이, 과학기술의 폐해와 효익은 사회적으로 매우 '불평등하게' 적용될 것이기 때문이다. 게다가 농업과 같은 1차 산업을 경시하면서 발전하는 과학기술, 또 우애와 환대의 마음이 사라지는 가운데 전개되는 기술 혁신 등의 문제는 대단히 심각하다. 하지만 과학기술 발전의 효과를 인간다운 삶을 위한 토대로 삼자는 의견에는 동의한다. 물론 과학기술 발전의 폐해 역시 조심스럽게 접근해야 한다. 폐해에 유의하면서도 그 효익을 사회적으로 공유하는 것은 매우 중요하다. 바로 이런 의미에서 새로운 과학기술을 도

---

21 "4차 산업혁명… 일자리 500만 개 사라진다, WEF 보고서 '사무-관리직 특히 큰 타격'", 〈ZDNet Korea〉, 2016. 1. 19.

입하는 현장에서부터 '로봇세'와 같은 일종의 '기술세' 징수는 필수적이고, 이 기금을 새로운 일자리나 복지 향상을 위해 쓸 수 있어야 한다.

전체적으로 2016년 대한민국의 조세수입은 상당 정도 늘었다. 기획재정부에 따르면 2016년 정부의 국세수입은 242조 6천 억 원으로, 1년 전보다 24조 7천 억 원 늘었다.[22] 이러한 초과 세수 규모는 기획재정부가 7월에 추가경정예산을 편성할 때 예상한 9조 8천 억 원보다 훨씬 많다. 경기가 불황인데도 정부만 호황을 누린 것은 소득세(68.5조), 법인세(52.1조), 부가가치세(62.8조) 등 3대 세목이 모두 호조를 보였기 때문이다. 소득세는 부동산 거래 증가와 취업자 수 증가, 세액공제 방식으로 변경함에 따른 근로소득세 증가로 인해 2016년 세수가 지난해보다 7조 8천 억 원 늘었다. 법인세의 경우 지난해 기업의 영업 실적이 개선된 점이 시차를 두고 세수에 반영되면서 지난해보다 7조 1천 억 원 더 걷혔다. 부가세는 정부의 소비 진작책 등으로 자동차 등의 판매가 호조를 보이며 7조 7천 억 원 늘었다.

초과 세수가 늘어나면서 조세부담률 역시 19퍼센트 후반대에 달해 역대 최고 수준에 이를 것으로 보인다. 한국의 조세부담률은 2007년 19.6퍼센트로 역대 최고치를 기록한 후 하락해 18퍼센트 전후에서 등락을 거듭하고 있지만, 정부가 근로소득세 징세 방식을 소득공제에서 세액공제로 바꾼 후 가파르게 오르고 있다. 2013년 17.9퍼센트, 2014년 18.0퍼센트에서 2015년엔 18.5퍼센트

22 "최악 경제상황에 세수 사상 최대… 증가 원인 해명해야", 〈세정신문〉, 2017. 2. 28; "2016년 국세수입 242.6조 원", 〈조세금융신문〉, 2017. 2. 10.

로 비교적 큰 폭으로 상승했다. 하지만 이 역시 OECD 내지 선진 복지국가에 비하면 아직 갈 길이 멀다.

　중요한 것은 조세수입의 규모 그 자체보다는, 적으면 적은 대로 많으면 많은 대로 '상후하박'의 원칙으로 공정하고 철저하게 과세하고 투명하게 관리하되, 국민 복지와 행복을 위해 효과적으로 쓰는 일이다. 오늘날 대한민국이 '헬조선'이 된 것은 바로 이러한 조세수입과 그 지출에 대한 민주적 관리가 잘 되지 못한 탓도 있다. 언젠가 누군가에게 들은 비판적 발언이 기억난다. "대한민국이 복지국가가 안 되는 것은 돈이 없어서가 아니라 도둑들이 너무 많아서다." 귀 담아 들을 일이다.

6장

금융 개혁

> 돈의 본질은 물처럼 무색무취한 것입니다. 인간이 살아가는 데 편리함을 주는 도구일 뿐이죠. 하지만 잘 쓰면 이롭고, 잘 못 쓰면 악이 되는 돈은 두 얼굴을 지닌 야누스와 같은 존재입니다. 결국 쓰는 사람이 문제인 거죠. 그런데 희한하게도 인간은 자신이 돈을 잘못 사용해 놓고, 죄는 돈한테 묻거든요.
> ─임석민,《돈의 철학》

금융 개혁을 이야기하기 위해서는 돈에 대한 관점을 다시 살필 필요가 있다. 돈이란 인간 삶이나 사회에서 일종의 피와 같은 역할을 한다. 피가 돌지 않으면 우리 몸이 마비되듯, 돈이 잘 돌지 않으면 우리의 삶 내지 사회경제 생활이 마비된다.

이것은 무엇을 말하는가? 돈이란 결코 개인들의 부의 축적 수단이 아니라 한 사회를 건강하고 행복하게 유지하기 위해 부단히 돌고 돌아야 하는 혈액의 역할을 해야 한다는 것이다. 이런 면에서 원래 돈은 일종의 공유가치, 즉 '공유재'다. 사실 돈이란 각 개인이 얼마나 많이 소유하고 또 소비하는 데 쓰는가를 자랑하기 위한 수단이 아니다. 돈은 한 사회가 삶의 문제를 해결하기 위한 수단이 아니던가?

그래서 이 돈과 관련된 금융화폐제도를 다른 사회제도들(입법, 사법, 행정, 인프라, 문화, 예술, 의료, 교육, 군경 등)과 마찬가지로 일종의 '공유재'라 보는 것은 매우 정당하다.[1] 그런데 오늘날 자본주의 사회에서 화폐제도는 사적 이윤의 추구 수단으로 변질되었다. 나아가 2008년 세계금융위기 이후 미국과 유럽은 모순적인 사회경제 구조는 그대로 둔 채 마구잡이로 돈을 풀어 위기를 해결하려 했다. 하지만 위기는 더욱 깊어지고 세계는 '글로벌 슬럼프'에 빠졌다.[2]

앞에서 나는 '정의로운 대한민국'을 만들기 위해 적당한 수리 정도가 아니라 완전히 새로운 집을 지어야 한다고 했다. 이제 그 마지막 정리 작업으로 화폐금융 개혁을 제안한다.

순채권국 모임 파리클럽에 가입한 빚더미 나라

일단 확인할 것은 현재 대한민국 살림살이가 엄청난 빚더미 위에 앉아 있다는 점이다. 우선 가계부채가 대단히 위험한 수준이다. 실제로 현대경제연구원의 홍준표 동향분석팀장은 2017년 말 가계부채 규모가 1500조 원에 이를 것으로 추정한다.[3] 한편 한국 금융시장은 비교적 안정적으로 평가되지만, 급증하는 기업부채가

---

1   김종철, "성장시대의 종언과 민주주의", 〈녹색평론〉 148호, 2016년 5-6월호.

2   D. 맥낼리, 《글로벌 슬럼프》, 강수돌 · 김낙중 역, 그린비, 2011 참고.

3   "경고등 울린 가계 부채, 위기관리 철저히 해야 한다", 〈충청투데이〉, 2017. 2. 6.

심각한 불안 요인이다.[4] 또 통계청이 발표한 '2015년 기준 영리법인 기업체 행정통계(잠정)'에 따르면 2015년 전체 기업의 부채는 무려 6333조 2410억 원으로, 2014년 5745조 2350억보다 10.2퍼센트 증가했다.[5] 자영업자 부채는 600조 원에 이른다.[6] 게다가 공기업 및 정부부채, 즉 공공부채 또한 1천 조 원을 돌파했다.[7] 심각한 수준이다.

요컨대 2017년 초 대한민국의 총 부채 규모는 무려 9천 조 원이 넘는다. 연간 국내총생산(GDP)의 6배가 넘는 수치다. 1년 내내 생산하고 노동해 봐야 (하나도 안 쓰고 빚만 갚는다 해도) 그 빚의 1/6도 못 갚는다는 말이다. 한마디로 우리는 '부채 공화국'에 산다. 후손들에게 '헬조선'에다 '빚더미'까지 얹어 주어야 할 판이다. 이게 과연 나라인가? 무엇을 위해 이렇게 살아 왔는가? 앞으로는 과연 어떻게 해야 하는가?

다른 편으로, 'IMF 외환위기'를 맞았던 1997년과는 달리 현재 외환보유액은 그 절대치만 보면 제법 높다. 정부 당국에 따르면, 2017년 1월 말 기준, 우리나라 외환보유액은 3740억 4천 만 달러 (약 427조 원)다. 한국은행 관계자는 "1월 중순 이후 (공화당 트럼프 정부 출범과 함께) 미 달러화가 약세로 전환하면서 한은이 보유한 기

---

4 "韓금융시장 비교적 안정적…기업 부채는 '매우 위험'", 〈연합뉴스〉, 2017. 1. 10.

5 "지난 해 기업 부채 6333조…1년 새 10.2퍼센트 급증", 〈뉴시스〉, 2016. 12. 16.

6 "자영업자 부채 600조 원 돌파", 〈내일신문〉, 2017. 1. 31.

7 "홍익표 '국채 특수채 포함 정부 부채 918조, 특단의 대책 필요'", 〈이데일리〉, 2017. 1. 31; "공공 부문 개혁도 '공회전' 우려…개혁 추진동력", 〈헤럴드경제〉, 2017. 2. 6.

타통화 표시 외화자산을 달러화로 환산한 금액이 증가했다"고 말했다.[8]

또 우리나라는 2016년 7월, 국제 순채권국(국제채무보다 국제채권이 더 많은 나라) 모임인 '파리클럽'에 21번째 회원국으로 정식 가입했다.[9] 파리클럽은 순채권국들이 모여 국제 공적채무 재조정에 관한 논의를 하는데, 채무국이 공적채무를 정상적으로 상환할 수 없는 구조적 어려움(모라토리엄 등)에 처했을 때 일정 역할을 한다. 기존 회원국은 경제협력개발기구(OECD) 주요 회원국 등 총 20곳으로, 기존 선진국 외 국가로는 한국이 처음이다. 기획재정부 최상목 1차관은 "1950년대 세계에서 가장 가난한 나라 중 하나였던 한국이 기존 선진국이 아닌 국가로서 파리클럽에 참여한 첫 번째 국가가 됐다"고 강조했다.

정리하면, 대한민국은 총 부채가 9천 조 원을 넘는 반면 외환보유고는 427조 원 규모다. 아무리 잘 봐도 우리나라 살림살이는 (1인당 평균 1-2억 가까운) 부채더미에 빠졌다. 그런데도 순채권국 모임인 파리클럽에 가입해 마치 선진국들과 어깨를 나란히 겨루는 것처럼 보이는 것은 또 다른 자기기만에 불과하다.

이런 상황에서 과연 기존의 살림살이 방식처럼 재벌 대기업들이 수출을 많이 하고, 중소·영세 기업들은 하청업체로서 지겨운 '갑질'을 견뎌 내며, 노동자·농민·여성·비정규직·청년·노인 등은 '나라 경제'를 위해 무한정 허리띠를 졸라매야 할까? 그렇게

---

8 "1월 외환보유고 29억 달러 늘었다", 〈헤럴드경제〉, 2017. 2. 3.

9 "한국, 국제 채권국 모임 '파리클럽' 가입", 〈세계일보〉, 2016. 7. 2.

만 하면 이 부채 공화국에서 벗어날 길이 있을까?

나 역시 명쾌한 해법은 없다. 다만 큰 원칙은 있다. 그것은 우리 모두의 피와 땀과 눈물의 결실이 글로벌 주주들(자본)의 호주머니 속으로 흘러나가게 둘 일이 아니라 바로 우리가 사는 이 땅으로 다시 돌아오게 해야 한다는 것이다. 나아가 그 결실들이 고루 나눠지도록 사회적 분배 및 재분배 체계, 지배 구조와 경영 방식을 고쳐 국민 모두의 삶의 질 향상과 행복 증진에 기여하도록 해야 한다. 또다시 강조하지만, 돈이란 특정 개인이나 계급의 부의 축적을 위한 수단이 아니라 모든 사회 구성원들이 인간답게 살 수 있게 하는 공유재다.

획기적 금융 개혁을 위한 4가지 제안

바로 이런 맥락에서 나는 획기적인 금융 개혁을 제안한다. 이것은 다소 이상적일 수 있다. 그러나 천문학적 부채더미에 빠져 허우적거리는 대한민국 살림살이를 제대로 구해 내기 위해서는 기존 방식이 전혀 통하지 않고 오히려 더욱 깊은 곳으로 빨려 들어가고 있음을 정직하게 인정해야 한다. 바로 지금이야말로 창의적인 대안이 절실하다. 이런 맥락에서 다소 이상적이라는 비판의 가능성을 무릅쓰고 지금까지 곳곳에서 제시된 획기적 제안들을 제시한다.

첫째, 부채 문제다. 앞서 살펴본 대로 우리는 부채더미에 깔려 죽기 직전이다. 이 상황에서 어떻게 해야 할까? 우선 대외 부채에 대해서는 기본적으로 추가 부채 생성을 금지하고 갚을 수 있는 만큼 갚되, 1997년 말처럼 도무지 갚기 어려운 상황이 도래하면 과감히 '모라토리엄'을 선언한다. 마치 모라토리엄을 선언하면 국가가 파산해 공중 분해될 것 같지만, 전혀 그렇지 않다. 사실 1997년 아시아 외환위기 때 말레이시아 · 러시아 · 아랍에미리트 두바이 등이 모라토리엄을 선언하지 않았던가.[10] 비교적 최근에도 우크라이나가 러시아에 35억 달러 정도의 부채를 갚지 못한다고 선언했다.[11] 그래도 이 모든 나라들이 여전히 건재하다. 국토가 땅 아래로 꺼지지 않고, 국민이 팔팔하게 살아 있으며, 국가가 주권을 포기하지 않고 줏대 있게 나간다면 무엇이 두렵겠는가. 오해 마시라. 무조건 남의 돈을 떼어먹겠다는 것이 아니다. 빚에 대해 합리적으로 생각하고, 빚의 규모도 조정하고 빚 갚는 속도도 조절하자는 것이다.

국제적 차원에서 부채 탕감 운동도 필요하다.[12] 사실 서양 자본주의는 공황과 전쟁, 혁명을 위기이자 동시에 팽창의 자양분으로 삼아 성장했다. 가계와 정부에 서서히 쌓인 빚은 경제성장을 통해 해결할 수 있을 것으로 여겨졌다. 빚 자체도 경제성장의 동력이었다. 빚으로 먹고사는 은행들이 생겨났고, 기업과 병원, 학교들이 빚의 떡고물을 나누어 챙겼으며, 정치인들은 이 체제의 일

---

10 "모라토리엄", 〈기호일보〉, 2014. 4. 6.

11 "글로벌 경제 소용돌이…페소화 급락, 우크라이나 모라토리엄 선언", 〈이코노믹리뷰〉, 2015. 12. 20.

12 이와 관련해 앤드루 로스, 《크레디토크라시(부채의 지배와 부채 거부)》, 김의연 · 김동원 · 이유진 역, 갈무리, 2016.

부면서 동시에 수호자가 되었다.[13]

특히 부채와 이자로 몸집을 불리는 은행의 경우, 2008년 리먼 브라더스 사태처럼 파생상품 시스템이 위기에 빠지면 공적자금으로 수혈받았고, 부채를 갚지 못하는 개인과 국가는 구조조정을 강제당했다. 심지어 1980년대 말 IMF가 당시 급속히 빚을 갚던 한국에 권고한 것처럼, 채무자에게 너무 빨리 빚을 다 갚지 말라고 권장하기도 한다. 채무자를 영원히 채무 상태로 남겨두기 위해서다. 부채에 의한 지배방식 때문이다.

그러나 본질을 꿰뚫어보는 자들이 반드시 있는 법. 바로 이런 맥락에서 자생적 또는 의식적 부채 반대운동이 세계 곳곳에서 생겨났다. 대학생들은 학자금 부채를 개인의 부족함이나 부끄러움으로 여기지 않을 것을 주장하며 거리로 나섰고, 여러 나라들이 '주빌리'(Jubilee, 기독교의 희년) 방식의 부채탕감을 공공연히 요구하게 되었다.[14]

그런데 이러한 부채 반대 또는 부채 탕감 주장은 단지 피해의 완화나 부채의 경감만을 요구하는 것이 아니라 부채의 정당성까지 의문시한다. 《크레디토그라시》(*Creditocracy*)를 쓴 앤드루 로스(Andrew Ross)는 예컨대 다음의 경우들이 부당하거나 갚아서는 안 되는 종류의 부채라 한다. ①채권자에게 일방적으로 이익을 안겨주거나 채무자와 공동체에게 치명적인 사회적·환경적 손상을 입히는 대출, ②상환 능력이 없는 차용자들에 대한 대부, ③수익

---

13 김현우, "심각하게 부채 거부를 선동하다", 〈레디앙〉, 2016. 6. 11.

14 같은 글.

이 넘쳐나며 부채로부터 이미 충분한 이익을 얻은 은행들과 채권자에 대한 부채, ④수상쩍은 불로소득에 기인한 대부금 또는 민주적 책임 능력을 억압하거나 필수 공공재 이용권을 침해하는 채무들이 그것이다.

앤르루 로스에 따르면, 이런 잘못된 부채들을 변제함으로써 은행가들의 사기와 협잡, 반사회적 행동이 계속되게 만드는 것은 도덕적으로도 옳지 않은 일이다. 이런 경우 부채 거부는 부당한 일이 아니라 오히려 도덕적인 세상을 만드는 정당한 일이다.

더욱이 주요 채권 은행과 채권국들이 좀체 인정하지 않는 부채도 있다. 기후변화를 초래한 에너지 다소비 국가, 즉 선진 산업국들이 후진국들에 지고 있는 '기후 부채'가 그것이다. 예를 들어 이제까지 온실가스를 거의 배출하지 않아서 기후 채권을 갖고 있어야 할 남반구의 섬나라들은 해수면 상승으로 엄청난 희생을 겪고 있지만, 이 채권의 실체와 액수를 파악하기 어렵다는 이유로 현실에서 제대로 인정받지 못한다. 유엔의 기후변화협약 논의에서도 기후 부채는 기후변화기금 설치라는 다소 막연한 약속에만 머물러 있다.

앤드루 로스가 보기에 '부채의 지배'라는 고리를 끊는 일은 개인적 차원으로도 정치적 차원만으로도 달성될 수 없다. 부채의 지배를 정당화하고 불가피한 것으로 만든 GNP나 GDP 중심의 성장 논리 자체를 극복해야 한다. 그리하여 부채의 지배를 폭로하는 것보다 몇 배 더 어려운 일로 여겨지겠지만, 앤드루 로스는 다양한 상호부조적이고 비영리적 협동 경제의 맹아들에 관심을 기울인다. 새로운 지속가능한 안정 상태의 경제, 부담이나 치욕으로서의 빚이 아닌 공생 논리로 작동하는 경제를 위한 요소들 중 많은 것들이 이미 발명되어 일상적으로 활용되고 있음에 주목한다. 실제로 물물교환 네트워크 공동체 화폐, 선물 경제, 해커 공간, 협동 주거, 자치 교육 등 특히 아나키즘(지배 없는 자율자치주의) 그룹들 사이에서 발전한 것들은 자본주의 내부에서 이루어지긴 하나 본질적으로 비자본주의적인 실천과 기획들이다.

앤드루 로스가 희구하고 실제 존재하는 세계 곳곳의 부채반대 정치동맹, 청년과 노동자들의 동맹이 세계적 수준에서 조만간 가시화되기는 어렵다. 그러나 적어도 '점령하라, 월스트리트' 운동에서 보여 준, 진지한 '반체제' 운동의 역동성과 핵심 논리를 이해하는 일은 중요하다. 어차피 대안은 부채 사회의 비밀을 벗기는 데에서 출발할 것이고, 잘못된 현실에 대한 투쟁과 연대의 선언으로부터 빚어져 나올 것이다.[15]

앤드루 로스의 논리와 관점을 우리나라 가계부채나 기업부채 등에 당장 적용하기는 불가능할 것이다. 그러나 부채의 본질을 깨닫는다면, 우리는 언젠가 부채 탕감 내지 부채 정지를 선언하고 완전히 새 출발을 해야 할지 모른다. 마치 거대한 전쟁 뒤에 모든 사람들이 잿더미에서 다시 시작하듯 말이다. 만일 우리가 그런 대 혼란을 겪고 난 뒤 역사를 원점에서 다시 시작한다고 상상할 수 있다면, 아직 우리가 핵전쟁의 잿더미 없이 살고 있는 자체가 얼마나 고마운지 모른다. 사람이 살아 있고, 땅 덩어리가 튼튼히 버티고 있으며, 주권의식, 즉 우리의 줏대만 있다면 못할 것

---

15 같은 글.

이 무엇인가? 게다가 우리는 결코 혼자가 아니지 않은가? 우리는 우리 스스로가 무한한 가능성이 있는 역사와 사회의 주체이자 집단지성이 아닌가?

둘째, 금융 거품이다. 금융 거품의 핵심은 일차적으로 이른바 '신용 창조'를 통한 이자놀이다. 신용 창조란, 은행이 최초의 자금 중 극히 일부, 예컨대 10퍼센트 정도만 남겨 두고 수많은 사람들에게 대출해 줌으로써 원금 회수는 물론 이자를 버는 것이다. 여기서 '예대 마진', 즉 대출 이자와 예금 이자의 차이를 통해 돈을 버는 게 모든 은행의 기본 모델이다. 이걸 상업 은행이라 한다.

그러나 요즘은 투자 은행, 즉 각종 투자 증권이나 헤지펀드, 파생상품과 같은 다양한 투자 상품을 만들어 고위험·고수익을 추구하는 은행들이 금융 거품의 핵을 이룬다. 그래서 실물경제와 연동해 실물경제가 잘 돌아가도록 윤활유나 혈액의 역할을 하는 금융경제를 더 이상 찾아보기 어렵다.

현재 세상에 돌아다니는 화폐 중 실제 실물경제의 결제에 쓰이는 것은 불과 5퍼센트라고 한다. 나머지 95퍼센트는 단지 숫자만으로 거래되는 것, 그것도 사실상 투기를 위해 쓰이는 것이라 보면 된다. 대부분 거품이다.

원래 이슬람 문화권에서는 이자놀이 자체도 금한다고 한다. 돈이 급한 사람에게 빌려주고 원금을 되돌려 받는 것은 좋지만 이자까지 받는 것은 부도덕하다는 것이다. 사실 우리도 친구나 가족에게는 이자 없이 돈을 빌려주지 않았던가.

이제 우리나라에서도 '하우스 푸어'(깡통주택)가 큰 문제로 대두

했다.[16] 은행에서 수천만 내지 수억 원의 돈을 빌려 아파트를 한 채 사고 아파트 값이 올라가기만 기다리지만, 이제 그 질주가 멈추어 마침내 집값이 융자금을 따라가지 못하는 시기가 왔다.[17] 2008년 미국의 리먼브라더스 사태가 곧 한국에서 재현될지 모른다.

이런 상황에서 최선은, 당연히 거품을 서서히 빼는 것이겠지만, 과연 얼마나 가능할지 미지수다. 대체로 지금까지는 주택담보인정비율(LTV)과 총부채상환비율(DTI) 등을 기준으로 은행 대출을 규제했지만, 가계부채가 몇 년 전 1천 조 원에서 1500조 원으로 급속도로 증가한 데서도 보듯, 별 소용이 없다.

획기적인 부채 탕감과 더불어, 금융 거품 및 주거제도, 토지제도에 대한 발상의 전환이 일어나지 않으면 별 다른 돌파구가 열리지 않을 것 같다. 즉, 투기나 거품 등을 활용한 불로소득 개념을 완전히 포기하며, 주택 문제를 재산 증식(수익)의 관점이 아닌 주거(필요)의 관점에서 재정립하며, 각자도생이 아니라 공생공존을 도모하는 것에 대해 전 국민적 공감대가 형성되어야 한다. 모든 거품을 빼고 소박하게 더불어 사는 철학 없인 길이 없다.

셋째, 공공 은행이다. 현재 세계의 은행들은 대부분 공공 은행이 아니라 민간 은행이다. 수익성 추구가 주 목적이라는 것이다. 마치 농협은행이 민간 은행이듯이 미국의 연방준비제도(FRB)도 민간 은행이다. 민간 은행은 영리 목적으로 화폐를 발행해 부단히 대출한다. 이자를 벌기 위해서다. 앞서도 말했지만, 이런 식의

---

16 "하우스푸어 대란 시작됐다…'이자 높아지는데 집값은 떨어진다", 〈에너지경제〉, 2017. 1. 16.

17 "서울 등 전국 아파트 가격 하락", 〈뉴스1〉, 2017. 2. 6.

은행 활동은 결국 탐욕을 향해 달리기에 결코 만족이나 충분함을 모른다. 마침내 경제와 사회를 온통 파탄으로 몰고가고, 최종 파산 위험에 처하는 순간, 뻔뻔스럽게 국가에게 구제 금융을 달라고 요구한다. 이미 2008년 미국 리먼브라더스 사태나 그 이후의 유럽 금융위기 사태 때 모두 증명된 사실들이다.

이런 점에서 공공 은행이 대안으로 등장한다. 공공 은행 또는 공공 기관이 직접 화폐를 발행한다면 (저렴한) 이자 수입이나 화폐 발행으로 인한 소득으로 공공의 이익을 위해 쓸 수 있다.[18] 국민의 삶의 질 향상과 행복 증진에 필요한 경우 얼마든지 화폐를 발행할 수 있다. 주거, 교육, 의료, 노후 등 복리 증진을 위해서다. 기본소득의 재원 역시 국민을 위한 정부가 발행하는 화폐로 충당할 수 있다. 이미 1920년대에 클리포드 더글러스(Clifford H. Douglas)가 '사회신용론'이란 개념으로 그 가능성을 제시한 바 있지 않던가.[19] 대표적으로 미국 노스다코타주립은행을 들 수 있는데, 이 은행은 공립 은행으로 공공의 이익을 위해 운영된다. 그로 인해 노스다코타 주는 오늘날 미국에서 재정이 가장 건실하고 실업률도 가장 낮다.[20] 무하마드 유누스(Muhammad Yunus)가 창립한 그라민 은행(마을은행) 역시 공공 은행의 실험으로, 가난한 농촌 여성들의 자립을 돕기 위한 금융 지원으로 유명하다.[21]

---

18 빌 토튼, 《100% 돈이 세상을 살린다》, 김종철 역, 녹색평론사, 2013 참조.

19 김종철, "성장 시대의 종언과 민주주의", 〈녹색평론〉 148호, 2016년 5-6월호.

20 같은 글.

21 무함마드 유누스, 《가난한 사람들을 위한 은행가》, 정재곤 역, 세상사람들의 책, 2002.

넷째, 지역 화폐다. 지역 화폐란 국가 화폐와 달리 특정 지역이나 집단에서 통용되는 대안 화폐다. '대안통화연구센터'에 따르면, 현재 전 세계에서 지역 화폐를 쓰는 인구는 수십 개 나라, 수천 개 지역의 165만 4천여 명으로, 1990년에 비해 20배 이상 많아졌다.[22] 사실 대안 화폐의 기원은 19세기의 실비오 게젤(Silvio Gesell, 1862-1930)에게서 찾을 수 있다. 실비오 게젤은 화폐를 주로 연구한 벨기에 출신 독일 경제학자로, 훗날 J. M. 케인스에게 많은 영향을 주었다. 게젤은 금·은 등의 화폐 소재로부터 화폐를 해방시키면, 화폐의 유통 속도를 빠르게 하고 구매력을 증가시키게 된다는 자유화폐학설을 주장했다. 또 시간이 갈수록 그 화폐 가치가 감소하는 새로운 화폐(감가화폐)를 제안하기도 했다. 그래야 축장이나 독점이 아닌 거래나 교환이 활성화할 것이기 때문이다. 이와 동시에 그는 이자나 지대(地代)와 같은 불로소득의 폐지를 주창하여, 경제학적인 면에서 종합적 사회개혁안을 제시했다.[23]

중앙은행권이 아닌 지역 수준의 대안 화폐 실험은 1983년 캐나다 코목스 밸리 마을로 거슬러 올라간다. 당시 이 마을은 공군기지 이전과 목재산업 침체로 경제 불황이 닥쳐 실업률이 18퍼센트에 이르렀다. 현금이 없는 실업자들은 살기 힘들게 됐다. 그러자 컴퓨터 프로그래머였던 주민 마이클 린턴(Michael Linton)이 '녹색달러'라는 지역화폐를 만들어 주민 사이에 노동과 물품을 교환하게 하고 컴퓨터에 거래 내역을 기록했다. 바로 이것이 세계 곳

22 "한국은행 찍혀야 돈?…병원 가서 '두루'", 〈경향신문〉, 2016. 10. 5.

23 실비오 게젤, 《자연스러운 경제 질서》 퍼플, 2015; 실비오. 게젤, 《공짜땅 공짜돈》, 퍼플, 2016 참조.

곳에서 피어나고 있는 지역화폐제도 레츠(LETS: Local Exchange & Trading System)의 기원이다. 현재 전 세계에서 2천여 종의 레츠가 활용되고 있다.[24]

한국에서는 1996년 〈녹색평론〉에서 그 개념을 처음 소개했고, 그뒤 1998년 3월 '미래를 내다보는 사람들의 모임'(미내사)에서 '미래화폐'를 만들었다. 대표적 사례로 2000년에 출범한 대전 한밭레츠('두루')가 있다. 농산물 거래가 가장 많고 가정의학과·내과·치과·한의원이 있는 민들레의료사회복지협동조합, 약국, 미용실, 중고물품 거래에서 '두루'를 결제 수단으로 사용할 수 있다. 그외 경기도 과천과 서울시, 강원도 등 각 지역별로 녹색 화폐 또는 대안 화폐들이 통용된다. 노동이나 물건을 다른 회원과 거래해 지역 화폐를 번다. 이를 통해 당장 돈이 없어도 서로에 대한 신뢰를 바탕으로 필요를 채울 수 있어, 공동체 정신, 협동 정신, 인간적 교류, (강탈이나 뇌물이 아닌) 선물(膳物)의 경제가 활성화한다.[25]

비교적 최근인 2016년 10월, 서울 중구 환경재단 건물에서 열린 녹색당의 '기본소득 의제 모임' 총회에서는 참가자들에게 '기본소득 녹색 화폐' 40만 원을 나눠 주고 책, 옷, 엽서 등을 구입할 수 있게 했다. 기본소득을 녹색(대안) 화폐로 지급하는 아이디어는 이재명 예비 후보가 공유재인 국토에 대한 보유세를 신설, 연간 추가 세수로 들어오는 15조 이상의 돈을 국민들에게 지역상품권

24　"한국은행 찍혀야 돈?…병원 가서 '두루'", 〈경향신문〉, 2016. 10. 5.

25　"인간의 얼굴 '지역 화폐'…지역경제·공동체 부활 '일석이조'", 〈한겨레〉, 2014. 7. 21.

형태로 배분한다는 제안과 상통한다.[26] 지역상품권은 중앙은행권과 달리 권력의 기초가 아니라 지역 공동체 내부 거래 및 교류의 활성화를 위한 에너지로 기능한다.

물론 지역 화폐의 확산은 생각보다 더디다. 장애물도 많다. 워낙 중앙은행권이 가진 권력이 강하고, 사람들 역시 중앙은행권에 거의 전적으로 의존해 있기 때문이다. 나아가 지역 화폐에 참여하는 회원들의 규모가 일정 수준 이상 확대되지 않으면 일상생활에 필요한 물품이나 서비스를 해결하는 데 한계가 크다. 어차피 삶의 전반적 과정이 지역 화폐로 해결되지 않는다면 어쩔 수 없이 중앙은행권에 지속적으로 의존할 수밖에 없기 때문이다.

때문에 현재의 화폐금융 제도가 완전히 붕괴하지 않은 상태에서 지역 화폐(대안 화폐, 녹색 화폐, 레츠)를 확산시키기란 거의 불가능할지 모른다. 그러나 갈수록 '빈익빈 부익부' 현상이 강화하고 실업자나 미취업자가 많아지며 절대빈곤으로 추락하는 이들이 증가함에 따라 대안 화폐에 대한 갈망은 커질 수밖에 없다. 따라서 누군가 대안 화폐를 갈구할 때 '비빌 언덕'이 있어야 하는데, 바로 그 비빌 언덕들이 전국 곳곳에서 실험되고 있거나 가동되고 있다면 훨씬 더 많은 이들이 결합하기 쉬울 것이다. 대안이란, 결코 완성된 상태라서 대안인 것이 아니라, 누군가 대안을 갈구하며 다가올 때 '실험적으로 같이 해 보자'고 말할 수 있는 본보기가 되는 것, 또는 그 비빌 언덕에 몸을 약간 기대면서 우리가 '함께 만들어 가는 것'이 아닐까?

---

26 남기업, "바보야, 문제는 부동산 특권이야", 〈프레시안〉, 2017. 1. 25.

결국 인간이 그 삶의 유지와 발전을 위해 만든 화폐금융 제도가 오히려 인간 삶을 옥죄는 현실(부채의 덫), 특히 개인과 기업, 국가마저도 대부분 부채더미 위에 앉아 이를 대물림해야 하는 현실, 바로 이런 현실을 획기적으로 바꾸는 방법이 없을지, 더 많은 토론과 제안을 통해 같이 살 길을 찾아 나서야 한다. 앞에서 제시된 몇몇 아이디어는 최고의 정답이라기보다 그런 토론과 제안을 하는데 하나의 힌트 역할을 할 것이다.

촛불광장을 넘어
새로운 민주공화국으로

우리는 이제까지 앞만 보고 달려왔다. 그런데 지금 우리는 '중독의 덫'과 '부채의 덫'에 걸려 있다. 어떻게 해야 이 덫에서 빠져나와 자유와 해방의 기쁨을 맛볼 수 있을까?

지난 70년 이상 대한민국은 '잘사는 나라'를 만들어 보자며 허리띠를 졸라매 왔다. 그런데 황당하게도 '박근혜-최순실 게이트'로 상징되는, 극소수의 국정농단 세력들이 나라를 말아먹고 있었다. 그 뒤에는 재벌들이 있었고, 정치가와 국회의원들이 있었으며, 또 그 뒤에는 검찰과 법원, 변호사들이 있었다. 그리고 그 곁에는 언론과 대학이 있었으며, 무대 뒤에는 조폭들도 진을 치고 있었다. 그리고 국정원은 국가보안법을 손에 쥐고 무대 안팎의 모든 존재를 조용히 들여다보고 있었다.

이들이 만들고자 했던 나라는 농민·노동자·여성·빈민·청년 · 노인들의 고혈을 최대한 짜내 대기업과 재벌들의 배를 채워 주면서도 그 주변에 떨어지는 떡고물을 계속해 주워 먹을 수 있는 '성장 중독 시스템'이었다. 하지만 더 이상 무한 성장은 가능하지 않다는 것, 아무리 성장해도 내면의 만족과 평화가 오지 않는다면 아무 소용없다는 것, 무한 성장의 질주 속에서 모두들 몸과 마음이 병들고 있다는 것이 매일 언론의 뉴스를 통해 폭로되는 현실이다.

이제 촛불광장에 나온 시민들은 말한다. 바로 우리로부터 나간 권력을 돌려 달라고. 좋은 나라를 만들라고 일시적으로 위임해 준 권력을 배신해 왜 이토록 나라를 말아먹었느냐고. 이제 우리 후손들에게만큼은 좀 사람 냄새 나는 세상을 물려주어야 하지 않겠느냐고 모두들 외치는 것이다.

그렇다. 민주주의는 그래야 한다. '민주공화국'이란 모름지기 그래야 한다. 돈을 많이 벌어 재벌급 부자가 되는 것이 목표가 아니라 하루를 살아도 사람답게 사는 것이 목표라야 한다. 그래서 '정의로운 대한민국'을 만들어야 한다. 다행히 아직도 우리의 땅은 꺼지지 않았고, 다행히 아직 핵전쟁도 일어나지 않았으며, 더욱이 수천만 국민들이 아직 팔팔하게 살아 있다. 물론 하루 일당 몇 푼 때문에, 고급 외투 하나 때문에, 맹목적 충성심 때문에, 체질화한 복종심 때문에 소신도 없고 일관성도 없는 언행을 하는 사람들도 많다. 그러나 무엇이 옳고 그른지는 우리의 양심이 안다. 그리고 역사가 안다.

무서운 것은, 국민의 권력을 위임받은 대리인들이 (그 주인인 국민의 목소리에 귀를 기울이기보다는) 군주 내지 권력자 행세를 하며 국민의 권력을 사유화하고, 또 그 사유화한 권력을 손에서 놓지 않기 위해 재벌들에게 수십 억의 돈을 거둬 수천, 수만 명의 생각 없는 사람들이 '관제 데모' 등을 하도록 체계적으로 조종해 왔다는 사실이다. 따지고 보면 그 돈은 수백만의 노동자, 농민, 여성, 청년, 노인들이 흘린 피와 땀과 눈물에서 나온다. 요컨대 저들은 손 안 대고 코 푸는 격으로 이 나라를 난장판으로 만들었던 셈이다. 민주공화국이 사라지고 재벌 공화국이 만들어진 배경이다.

그러나 완벽한 범죄란 없다. 진실이 드러나는 데 시간이 좀 걸릴 뿐이다. 이삼제삼(以三除三)이랄까, 삼성 공화국이 삼성 공화국을 제거한다는 말이 가능할 듯하다. 그것은 첫째로, 삼성 재벌이 만든 휴대폰이나 태블릿PC가 '박-최 게이트'의 진실을 폭로하는 데 결정적 역할을 했기 때문이다. 이번 촛불혁명이 시작된 배경에는 〈조선일보〉나 〈한겨레〉의 역할도 있었지만, 2016년 10월 24일 저녁의 〈JTBC 뉴스룸〉이 결정적이었다. 범삼성가 중앙일보 소속의 JTBC 기자들이 최순실의 '더블루케이' 사무실에 있던 삼성제품 태블릿PC를 우연히 찾았는데, 그 속에 최순실의 국정농단 자료들이 상당수 들어 있었다. 알고 보니 '최순실-청와대-박근혜'가 한 몸으로 움직였다. '더블루케이'는 사실상 청와대 밖 청와대였다. 또 (고 황유미 씨 등 노동자들이 목숨 바쳐 가며 만든) 삼성 휴대폰은 (아이폰과 달리) 통화 중 녹음이 가능했고, 무수한 진실을 밝히는 증거 자료가 되었다. 슬픈 일이기도 하고 고마운 일이기도 하다.

그리고 이삼제삼의 두 번째 측면이 있다. 삼성이 최순실과 정유라에 대한 '무한' 지원을 해 주는 대가로 재벌 3세의 경영권 승계는 물론 삼성물산과 제일모직의 합병 과정에서 국가기관들로부터 전폭적 지원을 받은 사실이 드러났다. 삼성의 430억 원대 뇌물이 삼성 공화국을 해체 위기로까지 내몬 셈이다. 실제로 삼성그룹은 2017년 2월 17일 이재용 부회장의 구속 이후 2월 말부로 미래전략실을 해체하고 각 계열사들은 자율 경영을 한다고 공표했다.[1] 재벌들의 연합체인 전경련도 SK, LG, 삼성, 현대자동차 등 4대 그룹의 탈퇴 이후 사실상 해체 위기다.

끝으로 이삼제삼의 마지막 측면은, 삼성 공화국으로 상징되는 '중독 시스템'이 그 내부에서 허물어지려 한다는 점이다. 삼성 공화국은 이 나라의 정치경제 엘리트들은 물론 일반 시민들조차 대다수 돈 중독, 권력 중독, 충성 중독, 일중독, 소비 중독, 경제성장 중독, 심지어 성형 중독이나 약물 중독에 빠져들게 만들어 왔다. 크게 보면 '박정희 체제'는 최근까지 '중독 시스템'으로 이어져 왔다. 대부분의 국민들에게 '잘살아보자'는 말은 '부자가 되자'는 말이나 다름없었다. 그리고 부자로 산다는 것은 곧 권력이었다. 남들 앞에 '큰소리' 치며 사는 것이 권력이었다. 자신의 말이 법처럼 통용되는 것이 권력이다. 그러면서도 이 중독 시스템은 늘 권력자 주변에 아첨하고 동조하는 '동반 중독자'들을 거느리고 산다. 권력자의 심기를 건드리지 않기 위해 늘 눈치를 살펴야 한다. 정직한 말을 하면 잘리기 쉬우니, 늘 위선과 거짓으로 잘 모셔야 한다. 권력자는 항상 완벽해야 하고 늘 옳으며 무소불위여야 한다. 그래서 주변 사람들이 모두 자신의 전지전능함을 증명하는 데 동원되어야 한다. 그 과정에 장애가 되는 것은 철저히 제거된다. 블

---

1 "삼성, 경영쇄신안 오늘 오후 발표할 듯", 〈한국경제〉, 2017. 2. 28.

랙리스트나 화이트리스트, 통제와 감시, 조작과 사기가 판을 치는 것도 우연이 아니다. 그러나 역설적이게도 바로 그런 과정들이야말로 본연의 인간성과 정면충돌하기에 영원히 지속될 순 없다. 숨겼던 것은 언젠가 들킬 수밖에 없고, '뭔가 아니다'라고 느낀 사람들이 증거 자료를 모으기 시작한다. 거짓말은 언젠가 앞뒤가 맞지 않아 일이 헝클어지게 되며, 이상하게 움직이는 사람들의 흔적도 반드시 남게 된다. 누군가는 양심선언을 한다. 그게 순리니까. 그리하여 중독 시스템으로 기능해 왔던 삼성 공화국이라는 시스템 자체가 이제 삼성 공화국을 무너뜨리는 순간이 온다. 우리 속담에 '부자 3대 못 간다'는 말이 있는데 여기에 적용이 된다.

이제 우리는 촛불광장을 넘어 새로운 공화국을 창조해야 한다. 물론 촛불은 계속되어야 한다. 정권보다 무서운 게 언론이고 언론보다 무서운 게 여론이기 때문이다. 촛불광장에 빛이 사라지면 안 된다. 촛불광장은 넓은 마당이기도 하지만 우리 마음속에 있기도 하다. 늘 촛불은 빛나야 한다. 그것이 우리의 힘(power), 역량으로서의 시민권력이다. 우리 내면의 힘은 그 무엇보다 강하다.

그렇다면 그 촛불광장 너머의 새로운 공화국은 무엇이어야 할까? 더 이상 삼성(=재벌) 공화국이어서는 곤란하다. 더 이상 부채 공화국이나 중독 공화국이어서는 안 된다. 그렇다면 무엇인가? 이 책에서 나는 '정의로운 대한민국'을 제시했다. '헬조선'이 아닌 '행복 코리아'라 해도 좋다. 완전히 새로운 집이다. 국민이 사는 집이 곧 국가(國家)다. 국민이 정의롭게 사는 나라, 국민이 모두 행복하게 살도록 돕는 정의로운 나라를 꿈꾼다. 그것이 희망이니까. 그것이 곧 우리 아이들이 '헬조선'을 탈출하지 않아도 되는 지름

길이니까. 그래서 소박하지만 더불어 행복한 나라를 지금부터 만들어 갈 일이다. 그 길에 이 책이 작은 촛불 역할을 하면 좋겠다. 고마운 일이다.